华北电力大学马克思主义理论学科"双一流"建设经费资助

新时代高校网络育人研究

Research on College Students Network Education in the New Era

◎王栋梁　著

吉林大学出版社

·长　春·

图书在版编目（CIP）数据

新时代高校网络育人研究 / 王栋梁著 . 一长春：
吉林大学出版社，2023.6
　ISBN 978-7-5768-1161-2

　Ⅰ . ①新… Ⅱ . ①王… Ⅲ . ①互联网络－应用－高等
学校－思想政治教育－研究－中国 Ⅳ . ① G641-39

　中国版本图书馆 CIP 数据核字 (2022) 第 226676 号

书　　　名	新时代高校网络育人研究
	XINSHIDAI GAOXIAO WANGLUO YUREN YANJIU

作　　者	王栋梁　著
策划编辑	李承章
责任编辑	陶　冉
责任校对	蔡玉奎
装帧设计	朗宁文化
出版发行	吉林大学出版社
社　　址	长春市人民大街 4059 号
邮政编码	130021
发行电话	0431-89580028/29/21
网　　址	http://www.jlup.com.cn
电子邮箱	jdcbs@jlu.edu.cn
印　　刷	湖南省众鑫印务有限公司
开　　本	710mm×1000mm　1/16
印　　张	14
字　　数	250 千字
版　　次	2023 年 6 月　第 1 版
印　　次	2023 年 6 月　第 1 次
书　　号	ISBN 978-7-5768-1161-2
定　　价	88.00 元

作者简介

王栋梁　1986年生，华北电力大学电气与电子工程学院党委副书记，中国人民大学法学博士，副教授。曾出版专著《最好的时光》，在《思想教育研究》《思想理论教育》《光明日报》等刊物上发表文章20余篇。获2018、2019年全国高校思想政治工作优秀论文一等奖等省部级奖励。

序

网络已成为高校多维育人格局中的重要渠道。互联网技术在中国迅猛发展，成为重塑国际政治、经济、文化、社会和军事发展格局的重要力量，成为影响教育事业改革发展程度和人才培养质量的"最大变量"。新时代高校网络育人模式的产生和发展，为思想政治教育研究提出了理论深化需求和实践前沿导向要求。

网络育人是适应时代发展要求的必然选择。2016年12月7日，习近平总书记在召开的全国高校思想政治工作会议上发表重要讲话，强调做好高校学生思想政治工作，同样要因事而化、因时而进、因势而新，这是新任务、新时期、新形势下做好高校学生思想政治工作的总要求。现如今，高校网络已经成为青年学生学习生活的重要空间，是高校学子的学习工具，是生活娱乐的虚拟世界。学生在哪里，学生工作者的研究就要到哪里，学生工作者的思想政治教育阵地就要建在哪里。越来越多的学生工作者从围绕学生、关照学生、指导学生的角度出发，努力理解互联网，创作有思想、有深度、有内涵、适应互联网时代特点、受到新时代高校在校大学生喜爱的作品。但时下的网络育人工作也存在"线下内容照搬到线上""重技术轻内容""理论实践两层皮"等问题，尤其是在西方价值观和社会思潮的冲击下，高校之间网络育人的联动水平和对于错误思潮的回击力度还不够，网络育人在培育社会主义核心价值观路径上大有可为。

《新时代高校网络育人研究》一书是王栋梁同志在他博士论文的基础上修改充实而成。本书作者跟随我在中国人民大学攻读博士学位期间，一直关注和致力于新媒介与网络思政方面的研究。这一方向的选题体现了一个学生工作者对于网络育人工作理论的思考，也体现了思想政治教育特有的现实关照。网络育人是一个与思想政治教育关联度极高的问题，研究该选题既有理论价值，更具现实意义。难能可贵的是，该书作者从2010年硕士毕业开始，到攻读博士，再到参与高校思想政治教育相关工作，都一直在从事网络思政方面的探索研究，一直在运用网络开展学生工作，一直在思考互联网发展的阶段特征、新时代高校大学生的特点、网络思政工作的发展规律，对网络育人方面形成了一些独到见解和理论成果，相关研究成果也不断见诸刊物。

从实践到理论，再从理论到实践，是一线学生工作者应有的成长过程，同时，这也应该是新时代高校思想政治教育工作者应该遵循的研究路径和实践方法。实践是检验真理的唯一标准。网络育人作为一种相对"年轻"的育人方式，理应与思想政治教育实际需求和现实成效紧密地结合在一起。纵观互联网从诞生到如今实现与移动终端、大数据紧密结合的过程，研究者大致可以将其发展分为互联网时代、移动互联网时代和智能互联网时代三个阶段。在不同的技术时期，网络育人的方式和内涵都不一样，之所以与时俱进、因时而新，正是因为其追求思想政治教育的成效，追求网络育人理论与实践贴近社会的需求和发展，而在这些方面，我们还相对欠缺。

本书坚持以习近平新时代中国特色社会主义思想为指导，坚持用马克思主义理论与立场来进行分析和探索网络育人，一方面推进了思想政治教育的理论研究，另一方面有助于提升高校思想政治工作质量。本书对高校网络育人的理论蕴涵、机遇与挑战、基本形式、机制构建、科学管理等几个部分进行了梳理与论述，一定程度上有助于高校网络育人实践工作的开展。

普罗泰戈拉说："人是万物的尺度。"在网络育人的研究领域，该书作者能够较好地将这一理念融入其中。"网络育人"，以往我们把重点放在网络技术的发展和进步上，以及重视它带给思想政治教育的机遇和挑战；本书把重点聚焦在"人"，深入研究了网络发展对人的影响规律，把握网络时代青年思想特点和需求，对如何影响和改变教育对象的思想和行为进行了审视和探讨。

作为青年学者的阶段性研究成果，本书当然还是具有一定的不足和需要进一步深化研究的地方。相信在今后的成长中，作者会进一步加以完善和充实。希望这本书在网络思想政治教育方面的研究和实践，能在学术价值和现实指导方面作出应有的贡献。

是为序。

冯　刚

2022年7月15日

目　录

绪 论

一、研究的缘起

习近平总书记在全国高校思想政治工作会议上指出："要坚持把立德树人作为中心环节，以思想政治工作贯穿教育教学全过程，实现全程育人、全方位育人。"① 这一思想体现和落实在高校工作中，形成了多维育人的格局，鉴于网络信息技术的迅猛发展，互联网日益成为重塑国际政治、经济、文化、社会和军事发展格局的重要力量，成为影响教育事业改革发展程度和人才培养质量的"最大变量"。因此，"网络育人"成为多维育人格局中的重要渠道。

（一）思想政治教育要适应时代的发展要求

党的十六大以来，大学生思想政治教育在诸多方面均取得了显著的成效，并且积累了很多有意义的经验。但是，随着社会的不断发展，在互联网时代的背景之下，信息化网络时代向我们走来，科学技术的发展为学习生活提供了巨大的便利，为高校校园文化建设的现代化提供了可能。现如今，网络已经成为青年学生学习生活的重要空间，是高校学子的学习工具，是提供生活娱乐的虚拟世界。但是，互联网的飞速发展也给思想政治教育带来了新情况和新挑战。首先，网络对高校大学生的行动和想法都有着强烈的冲击。习近平总书记指出，互联网对社会、对工作、对人生产生重要影响，对于大学生而言更是如此。其次，高校网络育人的文化建设也依然存在着供给能力不够强、网络舆论引导能力不足、工作体制和机制不够健全、条件保障不够到位等问题。再次，高校网

---

① 习近平. 全国高校思想政治工作会议：把思想政治工作贯穿教育教学全过程，开创我国高等教育事业发展新局面 [N]. 人民日报，2016-12-09.

络育人将网络视作一种工具和平台，重点建设都在网络硬件、平台建设、队伍培养上面，如何将网络育人的关注重点聚焦到"人"，将互联网时代中"学生特点""网络规律"作为研究重点值得进一步思考。最后，网络带给人们视域的极大扩展使个人接受的思想、理论不再局限于国家供给，网上的多元文化冲击使人们对于文化认同和意识形态的认同存在现实困扰。

（二）思想政治教育理论要适应实践的发展需要

思想政治教育是一门实践性很强的学科，因此其理论发展必须适应实践的发展要求。随着互联网技术的飞速发展，互联网影响了20世纪以来全球社会经济的重大变革，改变了人们传统的生产和生活方式。纵观互联网从诞生到如今实现互联网与移动终端、互联网与大数据紧密结合的过程，大致可以将其发展分为互联网时代、移动互联网时代和智能互联网时代三个阶段。在互联网刚刚诞生之际，思想政治教育教育者更多地采取"防""管""堵"，避免互联网带给思想政治教育危害。随着互联网的普及，教育者开始将传统的思想政治教育内容搬到网上，通过网络来开展思想政治教育。这一时期，由于青年学生对于网络的知识结构的认识水平较低，对网络内容充满新鲜感，将网络看成一种工具，对实践具有指导意义。但是移动互联网的出现，将移动通信和互联网二者结合起来，成为一体，进而通过移动终端实现与互联网相连。在这个时期，移动互联网上出现的内容占领了高校学生的"碎片化时间"，为应对出现的新局面，教育者重新审视了互联网，视互联网为平台，开始研究互联网平台的特点，对症下药，使网络思想政治教育的理论能够很好地为实践服务。进入新时代，互联网又有了新的进化与发展，网络思想政治教育实践也有了创新，新时代互联网与大数据、数学计算运用结合之后，预见人类需求和发展趋势，实现与人类需求无缝对接的智能互通，即进入智能互联网时代。在这个时代，我们仍然需要运用互联网时代和移动互联网时代的网络思想政治教育理论。但是时代的发展和实践的创新也要求理论进行必要的丰富和创新，以适应和指导现代思想政治教育的实务工作。因此，结合新的互联网大势，丰富和创新网络育人的理论是促进学科发展、提升工作质量的重要内容。鉴于上述原因，本着适应世界发展趋势、结合本人工作实际、提升思想政治教育质量、推进思想政治教育理论与实践相融合的思路，笔者将新时代高校网络育人研究作为本次的选题。

二、研究的意义

（一）进一步创造性回答"如何培养人"的问题

对于回答"如何培养人"这一问题，关系着高校思想政治工作既定的目标能否通过科学的方法实现。毛泽东曾指出，要用马克思主义的基本理论武装干部和教育人民，强调提高马克思列宁主义政治理论课的教学水平是学校思想建设的中心环节。在新的历史条件下，邓小平强调，老祖宗不能丢，学马列要精、要管用的，要高度重视四项基本原则教育，反对资产阶级自由化，要用中国的历史教育青年；要把思想政治教育与业务教学结合起来，要用事实说话，要按照个人在成长过程中所表现出来的才能和品德差异区别对待。江泽民同志强调，当代大学生要"坚持学习科学文化与加强思想修养的统一""坚持学习书本知识与投身社会实践的统一""坚持实现自身价值与服务社会人民的统一""坚持树立远大理想与进行艰苦奋斗的统一"[①]，最终成为全面发展的人。胡锦涛曾指出，培养什么人、如何培养人，是我国社会主义教育事业发展中必须解决好的根本问题。大学生是国家宝贵的人才资源，是民族的希望、祖国的未来。要使大学生成长为中国特色社会主义事业的合格建设者和可靠接班人，不仅要大力提高他们的科学文化素质，更要大力提高他们的思想政治素质。只有真正把这项工作做好了，才能确保党和人民的事业代代相传、长治久安。大学生是民族的希望和祖国的未来，国家不仅要加大力度来提高他们的科学文化素质，更要努力提升他们的思想政治素质。习近平指出："思想政治工作从根本上说是做人的工作，必须围绕学生、关照学生、服务学生，不断提高学生思想水平、政治觉悟、道德品质、文化素养，让学生成为德才兼备、全面发展

---

① 江泽民.百年学府沐春风 [N].人民日报，1998-05-04.

的人才。"[1] 我国对新时代高校网络育人工作理论与实践的探讨、对网络育人本质内涵和运行的内在逻辑的总结，对"如何培养人"问题做出了进一步的深入回答。

（二）丰富和发展思想政治教育基础理论

正确的认识、科学的理论对实践有着很大的指导作用。思想政治教育自其学科建立以来，其基础理论取得了丰富的成果，在学科属性、范畴、方法论等方面都取得了长足的进步和发展。但是，在面对互联网环境发展变化的情况下，教育者需要针对思想政治教育的基础理论进行进一步的丰富。有学者认为网络育人在更多时候被当作一个实践问题，更多地把网络当作工具，解决"干什么""怎么干"的问题。因此，网络思想政治教育的内容供给总是落后于学生的需求，网络思想政治教育时效性总是"慢一拍"，网络思想政治教育的形式停留在"搬运工"的阶段。因此，网络思想政治教育出现了操作性不强、认可度低、效用不高的局面。随着互联网的深入发展，我们需要更多地考虑网络育人的价值理性，即"为什么要这么干"以及"干这个的目的"的问题。关注互联网的发展趋势、关注互联网思维下成长的一代人的特点，致力于研究互联网下成长的"人"，再来考虑用什么育人，如何育人以及育人背后的原理，这是关于深化网络思想政治教育育人内容、载体、对象、方法的基础理论的问题。因此，网络育人既以网络为视角，又以网络下成长一代的"人"的特点为抓手来研究思想政治教育的育人属性、内容、载体和方法，这对于丰富和创新思想政治教育的基础理论，回答思想政治教育的内涵、价值、地位等理论问题具有积极意义。

（三）提升高校思想政治工作质量

对于思想政治教育来讲，其工作质量的评价可以从其主体、客体和环体三个角度进行。首先，思想政治教育者的教育目标是否实现；其次，客体的思想政治素质是否得到提高，全面发展成长成才的需求是否顺利实现；最后，社会

---

[1] 习近平. 全国高校思想政治工作会议：把思想政治工作贯穿教育教学全过程，开创我国高等教育事业发展新局面 [N]. 人民日报，2016-12-09.

环境是否认可、接受、容纳思想政治教育。当前，思想政治教育在这三个方面都存在着诸如目标流于形式、认可度低等多方面不同程度的问题。首先，思想政治教育的目标因为内容建设上难以破解优秀作品传播机制的问题而易流于形式，目标变成口号；其次，部分思想政治教育学生不愿意接受传统的思想政治教育单向灌输式的教育引导，表现出对思想政治教育抵制的现象；最后，社会对思想政治教育的认可度和接受度仍需要提高，部分人对思想政治教育的重视度不高，认为思想政治素质不具备参考价值。因此，部分教育者从教育目标出发，对学生的实际情况和社会的具体需求缺乏必要的了解，这就极易造成教育活动与实际极其不相符的结果，最终难以提高思想政治教育的质量。网络育人从育人的目标出发，将网络作为载体、思维方式、内在价值蕴含来实现思想政治教育培养人、塑造人、改造人的全过程，用人们熟知的、切实的方式来提高学生的认知水平，满足人类在生产生活、社会交往、精神生活中的需求，最终实现人的自由全面发展。这对于实现思想政治教育目标、提升受教育者的思想政治素质、促进其全面发展、提升思想政治教育的认可度和影响力具有积极意义。

（四）创新高校思想政治教育工作机制

习近平同志指出："做好高校思想政治工作，要因事而化，因时而进、因势而新。要遵循思想政治工作规律，遵循教书育人规律，遵循学生成长规律，不断提高工作能力和水平。"[①] 高校思想政治教育工作的规律性认识和科学把握由此而来，为开展高校思想政治教育提出了明确要求。因事而化、因时而进、因势而新、遵循规律是指高科学化的根本要求，教育者通过全方位掌握学生信息，依托大数据信息把握学生的变化和需求，最终实现思想政治教育精准引导和有效对接；教育者还可以根据移动媒体、网络平台扩大自己的影响力，能够通过对学生的量化、调查等分析方法来发挥网络作为重要而不可或缺的载体的育人功能。

---

① 习近平.全国高校思想政治工作会议：把思想政治工作贯穿教育教学全过程，开创我国高等教育事业发展新局面 [N].人民日报，2016-12-09.

三、研究综述

"网络育人"作为一个新概念，在互联网诞生以后经历了一个从无到有，从实践摸索到理论把握的发展过程。同样，作为一个新概念，关于网络育人的直接研究成果较少，多是围绕网络育人展开的相关研究，包括高校网络文化建设、网络育人环境、育人对象、育人方式方法、育人载体等相关研究。经由国家图书馆检索，截至2019年12月，网络与思想政治教育相关的学术著作有190余篇，主要包括《网络时代大学生思想政治教育导论》《网络思想政治教育》《网络思想政治教育研究》《高校网络思想政治教育理论思考》《交往实践思想政治教育探析》《大学生思想政治教育前沿》等。论文方面，通过中国知网（CNKI）的检索，截至2019年12月，以"网络"和"思想政治教育"为题目关键词，共检索到1 500余篇学术论文，以"网络"和"育人"为题目关键词，共检索出80余篇学术论文，以"网络育人"全文检索 CSSCI、核心期刊共有600余篇文章，其中主要包括《新形势下推动高校网络文化建设的思考与实践》《思想政治教育创新发展的四个着力点》《高校网络思想政治教育的育人功能》《全环境育人视角下网络思想政治教育的历史方位、现实意义与实践路径》《高校网络育人工作的系统思考与实践探索》《着力构建网络育人质量提升体系》《虚拟空间与现实空间融合情境下网络文化育人机制新探》《"互联网 +"环境下青年思想教育的传承创新》等学术论文。研究的内容主要包括如下方面。

（一）关于高校网络文化建设的相关研究

高校网络文化建设是一项充满挑战和潜力的崭新事业，虽然有难题，有挑战，但只要研究者敢于直面应对，敢于抓住网络文化建设的规律和特点，进一步把握网络文化建设完善的途径，一定能够大有所为，主要研究内容如下：

1. 网络文化自身的特点

网络文化作为文化的一种类型，自网络诞生之时起就有了自己独特的文化特点。有学者认为，当前，网络已经成为高校师生学习生活的"第一环境"，也是思想政治工作面临的"最大变量"。① 也有学者认为，只有根据网络文化显著的生成特点，才能更加彻底地解决网络文化领导权的根本问题。有学者认为，高校网络文化是高校文化的衍生品，既具有高校文化的孕育积淀，又有网络文化的便捷快速②。还有的学者认为，网络文化的存在形式是多样的，高雅与低俗、先进与落后、社会主义与非社会主义等性质的网络文化共存于网络世界③。

把握网络文化特点是开展网络育人工作的前提和基础，是应对网络育人新形势、新情况、新挑战的重要举措。目前，网络文化特点探讨主要是指网络文化生成的特点，网络文化与传统媒体相比较突显出来的特点，网络文化特点把握对于网络领导权、对于践行社会主义核心价值观的影响。但是，在相关的研究当中，并没有用发展的眼光来看待网络的状态，网络文化本身是一个内容，也是一种载体，内容和载体都随着时代的变化发展在不断更新，而网络文化的特点归纳却没有能够跟上时代，需要将网络文化特点放到网络文化内容发展的大背景下来思考，以推动网络文化建设的研究。

2. 网络文化建设的功能和影响

有学者认为，网络文化的本质还是文化，是文化的一个组成部分，文化要繁荣，内在地要求网络文化要繁荣。中国高校要建设的网络文化，不是非主流网络文化，也不是别的意识形态和价值观主导的网络文化，而是中国特色社会主义网络文化，应当具有满足学生日益增长的网络空间精神文化需求的供给能力④。有学者认为，网络文化对高校学生具有双面影响，高校教育工作者要加强发挥网络文化的教育导向、凝聚激励、传承创新、陶冶情操功能，让学生在

---

① 冯刚，房正. 把高校思想政治工作推向新高度 [J]. 教育研究，2017，38（7）：29-36.

② 何晓雁. 高校网络文化育人功能及对策研究 [J]. 山西高等学校社会科学学报，2019，31（S1）：30-33+53.

③ 古帅. 社会主义核心价值观引领网络文化的路径探析 [J]. 思想理论教育导刊，2019（6）：76-79.

④ 王洁松，刘群鑫. 论高校网络文化建设的时代意义 [J]. 学校党建与思想教育，2019（6）：24-26.

网络文化的积极影响下茁壮成长[①]。有学者通过实证研究指出，网络思维、网络信息、网络文化对大学生文化自信的形成产生一定影响[②]。网络文化的建设能够如此迅速地发展，自然离不开网络文化建设的优势和功能，学者对于网络文化作为一种新的载体所承载的思想政治教育的功能进行了归纳和总结，但是，如何发挥网络文化建设的功能，如何使网络文化建设功能的有效性、实效性得到保证，需要学界进一步研究。

3. 网络文化建设发展完善的途径与方法

近些年国家对于网络空间相关问题进行了有效的治理和建设，加上各大高校加大了对网络建设与管理的力度，网络建设的方法和途径取得了可喜的成绩，积累了宝贵的经验。有学者认为，网络是意识形态交锋的重要平台，是形成社会"群体极化"现象的重要工具，是社会各种情结发散的泄流口，是校园获取各种信息文化的资源库，所以需要依据大学生接收信息途径的相应改变，来对校园网络的建设进行各方面的加强[③]。理想的网络文化是一个能够维系自身运转、净化和完善的体系[④]。有学者认为，破解网络文化建设的难题，主要在以下途径着手研究。在内容建设上，要着力破解优秀作品产生、传播机制的问题。在阵地建设上，要着力破解网络、传统媒体统筹协调的问题。在队伍建设上，要着力破解人才成长动力、环境的问题。尤其是在处理问题的方式和方法上面，要尽力去解决网络传播过程当中的话语转换和加工问题[⑤]。此外网络文化对于思想政治教育而言是一项新生事物，二者之间存在着两个矛盾难以调和，一方面是思想政治教育的强意识性与网络文化的泛意识形态之间的矛盾，

---

① 宣王威.高校网络文化育人功能与价值研究 [J].教育现代化，2019，6（99）：267-268.

② 徐冶琼.试析网络对大学生文化自信的影响 [J].学校党建与思想教育，2018（8）：50-52.

③ 孙兰英.网络文化建设和管理思想与高校思想政治教育的创新 [J].思想理论教育导刊，2012（2）：95-99.

④ 刘兴华，李冰.国际安全视域下的网络文化与网络空间软实力 [J].国际安全研究，2019，37（6）：73-103+155.

⑤ 冯刚.新形势下推动高校网络文化建设的思考与实践 [J].思想教育研究,2015(8)：3-5+29.

另一方面是教育者与受教育者在掌握计算机网络技术上的矛盾[1]。面对困难，高校网络文化建设一是要正确处理网络文化与大学文化的关系，二是要处理好网络文化需求与供给的关系，三是要正确协调网络传播与舆论引导的关系，传播过程要突出趣味化、精准化等[2]。在此基础上，做到"建好网、用好网、管理网，掌握网络思想政治教育主动权、话语权和管理权"[3]。有学者认为，建设积极健康的网络文化，维护主流意识形态话语权，必须发挥高校党委的主体责任，建章立制加强高校网络文化阵地管理；调动教师、学生乃至于社会等各方力量同向同行，建构协同育人网络平台；创新内容、改进方法、革新形式三位一体推进网络文化育人模式创新，提升网络文化育人效果[4]。

当前，网络文化建设得到了相关部委领导和学界同仁的高度重视，对校园文化建设的理论、特点、意义与实现途径进行了较为深入的研究。虽然学者们意识到网络文化建设的重要性，意识到网络文化建设的主客体平等性与交互性，教育内容的多样性与开放性，教育形式的虚拟性与隐蔽性，但是对于网络文化建设当中的客体，也就是网络文化建设中的受教育者的特点，网络文化建设中内容、载体、方式方法与受教特点的融合问题，对于网络文化建设与思想政治教育的内在逻辑关系问题，对于利用网络文化建设调动网民的积极性主动性问题，对于增强受教育者在网络文化建设中的自我教育和自我管理问题需要进一步思考，这也是网络育人需要解决的重要问题。

（二）关于网络育人环境的相关研究

1. 网络育人环境的本质

思想政治教育环境的本质即根本属性是什么，一直是学者们广泛探讨的问题，学者们存在不同意见。有学者将思想政治教育环境的本质做以下总结：

① 曹毓民.网络文化背景下高校思想政治教育研究 [J].思想教育研究，2010（8）：74-77.

② 冯刚.新形势下推动高校网络文化建设的思考与实践 [J].思想教育研究,2015（8）：3-5+29.

③ 冯刚.创新网络思想政治教育的几点思考 [J].学校党建与思想教育，2014（5）：4-6.

④ 李凯，刘贵占.新时代高校网络文化育人的探索与实践 [J].思想理论教育导刊，2019（11）：144-147.

一是思想政治教育环境是影响学生思想与思想政治教育活动以及行为因素的总和，包含外部条件与学生所处环境两方面。二是思想政治教育所面临的、围绕在学生周围并对学生产生影响的客观事实。三是通过思想政治教育活动对人们思想道德品质形成和发展产生影响的自觉环境因素。其中，第一个定义是把思想政治教育环境理解为影响人和思想政治教育的外部条件。第二个定义则更侧重于思想政治教育。第三个定义即把思想政治教育环境的定义集中在教育情境上①。

总体上来说，思想政治教育环境的界定随着时代和学科的发展而不断完善，而随着互联网时代的发展，新时代新媒体下的网络思想政治环境又有了新的属性和定义。有学者认为：思想政治教育新媒体环境的本质不仅是人的延伸，而且是思想政治教育存在和发展的新空间。网络环境当中同自然生态系统中的生物体一样，高校网络思想政治教育是一个复合的"生命系统"，存在着形成、发展、兴衰、演替的生命过程②。而针对目前高校网络思想政治教育环境，有学者认为，网络育人究其本质来说就是发挥网络在人的全面发展过程中的积极作用。高校网络育人是指高校网络育人工作者通过网络平台对学生进行思想、政治、道德教育，使学生在网络生活中受到熏陶，形成正确的世界观、人生观、价值观。有学者把网络环境称为拟态环境，亦称"虚拟"环境，或曰"似而非"环境，它并非客观真实环境的镜像再现，而是具有"后真相"的特征。其源于信息供给对人们的认知兼具扩展深化和限制约束的两面性以及网络时代信息易于产生和传播，但却难于辨识和分辨真伪的双重性③。

思想政治教育环境本质的相关研究也在根据时代的特点不断进行丰富与延伸，但对于网络育人环境的本质的探究尚且没有开展，结合育人功能后，网

---

① 李辉，任美慧.思想政治教育环境论：现状、问题与展望 [J].思想理论教育，2014（7）：33-38.

② 周梅.高校网络思想政治教育生态位维度与测度 [J].毛泽东思想研究，2016，33（1）：145-148.

③ 陶志欢.当前思想政治教育质量提升困境及其应对 [J].中国青年社会科学，2020，39（1）：70-77.

络环境的新定义、新属性有待继续完善。

2. 网络育人环境的特征

思想政治网络育人环境是一个特殊的环境系统，其特殊性表现在：和思想政治教育的环境、教育方法、教育个体等都有密切联系，因此网络育人环境的特征是在思想政治教育环境特征、新媒体教育环境特征的基础上，再一次对教育环境特征的细化与发展。

目前针对思想教育环境的特点，不同研究者从不同的维度给出了不同的概况，有学者总结如下。第一，多话语主体：作为信息传播者或接受者的角色界定在该环境被模糊了，环境当中的每一个参与者都是潜在的接受者和传播者。第二，多向互动的环境：具有交互特征，载体和形式得到了丰富。第三，虚拟性与现实性相耦合：在以往传统的思想政治教育活动中，教育者和受教育者往往是确定的个体不同，当教育者与受教育者通过虚拟网络空间联结起来后，具有与现实性不同的耦合特性[①]。有学者认为，大学生网络生态环境，呈现出后现代主义特征，而后现代特质的育人主旨归纳主要包括精神上的超越性，社交上的互动性，操作上的现实性以及革故鼎新的创新能力[②]。

思想政治教育在网络环境下处于一个更为开放的境地中，其原有时间和空间的局限性获得了极大的改变，富有更具有时代特性的特征，但是思想政治教育的主体是育人，如何在新的时代特点下，将思想政治教育环境与育人环境有机结合，总结提炼网络育人环境特征是值得研究的关键问题。

3. 网络育人环境对思想政治教育影响的研究

马克思主义认为，人是环境的产物，环境创造人，人能动地作用于环境。因此，环境的变化对思想政治教育过程的各个阶段都会产生不容忽视的影响。

对于网络环境与思想政治教育环境这二者之间的联系，有观点认为网络不仅为思想政治教育提供了大量技术性教育资源、平台、手段等，还拓展了教育实践活动的所涉范围，使教育活动成为开放的互动过程。网络思政的场域不

---

① 李辉，孙飞争 . 论思想政治教育新媒体环境的本质 [J]. 思想教育研究，2016（12）：57-60.
② 李梦圆 . 后现代主义网络生态环境下的育人机制 [J]. 文教资料，2019（25）：127-128+142.

仅需要建设线上的教育场域，还需要协同建设线下的教育场域[①]。有学者认为，网络育人对高校激发思想政治教育活力、拓宽思想政治教育渠道、整合思想政治教育资源具有重要意义[②]。

就现阶段高校思想政治工作受到网络育人环境影响的这一问题，大家一致认为网络虽然为高校思想政治教育工作提供了新模式、新发展、新机遇，但同时网络的技术价值观、网络多元文化思潮等因素也给高校思想政治教育工作带来了新问题、新挑战[③]。有学者认为，网络平台和网络媒介内容丰富全面，形式多彩多样，如果能以大学生喜闻乐见的方式来传播，那么不论是在育人工作的时间衔接还是针对高校育人的实际效果而言，都会是对德育工作一种不可或缺的补充，同时也必然增强育人的效果[④]。现有的研究往往集中于网络环境对思想政治教育方式与工作形式的影响，网络环境关于育人方面的影响效果、影响深度、影响因素等没有深入挖掘，在思想政治教育中，如何能发挥网络环境育人的最优效果和作用，也有待深入探究。

（三）关于网络育人对象的相关研究

学生在广义上讲包含教育者与受教育者两部分，而从狭义上指受教育者。学生是一个复杂的集合体，可分为不同类型不同层次，具有不同的特征，同样网络育人对象也是一个复杂的集合体，研究内容主要集中在网络育人对象的特征，网络育人活动的类型，网络育人对象与教育者之间的关系。

1. 网络育人对象的特征

学生的特征包括广泛性、层次性、可塑性和主体性。伴随着互联网的兴

① 景星维，吴满意. 论网络思想政治教育的新理念 [J]. 思想政治教育研究，2019，35（6）：143-148.

② 刘骏鹏. "互联网+"时代高校思政育人体系研究 [J]. 当代教育实践与教学研究，2019（24）：11-12.

③ 兰明尚，郭丛斌. 网络时代大学生思想政治教育的挑战与对策 [J]. 中国高等教育，2019（23）：35-36.

④ 商琴琴. 互联网环境下高校育人实践路径思考：以太原理工大学为例 [J]. 山西高等学校社会科学学报，2019，31（S1）：54-58.

起与发展，网络思想政治教育活动中受教育者相较于传统的学生体现出了一些特征。随着社会的变革，学生的主体性得到确认和增强，有学者表示，网络化提高了学生在思维方面的创造性，加强了学生的主体参与意识、平等意识等主体性[①]。有学者认为，网络的存在使得思想政治教育主客体的在场方式发生了改变，高校大学生的思想行为呈现出不可控性、开放交互性、交流复杂性的特点[②]。有学者认为处于当今网络下，大学生的思想心态呈现了价值多样化、现实和虚拟的轮换、思维浅薄化倾向的新特征[③]。

当前，学者们对于网络学生的特点有较为深入的探讨，但是在网络学生的特点方面，大多数的研究都集中在网络自身带来的特点，而不是从网络带给学生影响的角度来阐述学生的特点，有必要从这一角度进一步开展研究。

2. 网络育人主客体关系

在思想政治教育的进行过程当中，教育者与学生必然发生某种联系，这种联系就是教育者和学生之间的关系。这种关系既有直接联系，也有间接的联系，在联系的过程中呈现出明确目的性、兼容性、非对等性以及以学生利益为中心的特征。相较于传统的思想政治教育关系，网络思想政治教育中的教育者和学生呈现出新的特征。有学者指出，网络思想政治教育主客体在网络世界这个虚拟开放的舞台上可以尽情地进行交往和互动，主客体关系因网而生、因网而寸、因网而变、因网而新[④]。也有学者认为，网络思想政治教育主客体存在着特殊的关系，主客体表现为一种双向、多向的叠加互动关系。网络思想政治教育主客体的转换表现为主体客体化和客体主体化，主客体的转换通过网络思想交往实践实现[⑤]。也有学者认为，通过网络思想政治教育主客体关系的转化

---

① 倪新兵，刘争先.对学生及其主体性的思考 [J].思想理论教育导刊，2010（6）：85-87.

② 朱志勇.网络时代下大学生思想政治教育工作特点探析 [J].中国高教研究，2009（10）：56-58.

③ 楼巍，张志伟，黄静.网络环境下大学生思想政治教育研究探索与思考 [J].思想理论教育导刊，2014（5）：113-115.

④ 佘时珍.论网络思想政治教育主客体关系及其优化进路 [J].中州学刊，2020（10）：8-12.

⑤ 骆郁廷.论网络思想政治教育的主体与客体 [J].马克思主义与现实，2016（2）：1-7.

可以实现网络思想政治教育的目的。主客体关系的转化是一个"教育者以'为我'方式构建、学生自主选择信息"的过程。要尊重学生的主体地位，充分发挥教育者的主导作用，强化网络教育功能[①]。有学者认为，新时代高校思想政治教育不能游离于互联网环境之外，应当从"以教师为中心"转向"以学生为中心"，从"静态单项"转向"动态多维"，从"权威灌输"转向"互动交流"，新时代大学生思想变化的新特点、新规律、新思路因网而增、因网而生、因网而化[②]。

现阶段学界对于网络条件下主体性的扩展，主体客体化、客体主体化都有类似的观点，但是对于客体主体化的原因和影响，还有教育者如何引导规律客体主体化过程中的育人工作还有待进一步研究。

（四）关于网络育人方式方法的相关研究

网络育人具有鲜明的时代特征，又有思政工作的根本特性。网络育人方式方法是网络育人重要的组成部分，对网络育人方式方法的研究方面，我们可以在总结网络育人理论思考的同时丰富网络育人实践探索。

1. 网络育人文化的建设

文化作为一种育人的重要手段，可以称其为思想政治教育的有效力量[③]。学者们以此为前提，对网络育人文化建设进行了探索。一方面以网络文化共建共享为载体，外化社会主义核心价值观教育成果，拓宽育人空间，增强育人实效[④]。有学者指出，高校要积极开展综合的网络文化活动[⑤]。另一方面要适应互

[①] 李红革.论网络思想政治教育主客体关系的转化及其策略 [J].重庆大学学报（社会科学版），2013，19（3）：133-137.

[②] 刘迎春，陈丹.新时代大学生思想变化的新特点、新规律、新进路 [J].华北理工大学学报（社会科学版），2020，20（1）：68-72.

[③] 冯刚，刘晓玲.坚持以文化人　深入推进社会主义核心价值观培育践行 [J].思想理论教育导刊，2016（1）：96-99.

[④] 高德毅.核心价值观长效机制的系统设计和创新 [J].中国高等教育，2015（5）：15-16.

[⑤] 贾国强.高校网络舆情：生成机制、变动规律与应对策略 [J].中国成人教育，2016（2）：69-71.

联网离散的、无中心的结构模式运作方式，遵循互联网应用中"平等性"的思维特点，形成"去中心化"的平等社群①。有学者认为，网络社群更偏爱扁平化组织，其有别于众多学生组织科层制的运行模式，更受到当代大学生的喜爱，要进一步探索在网络社群中与大学生平等交流、双向互动的新平台，打破组织育人的物理边界，开拓网络组织育人的新模式②。有学者认为高校必须将传统的教育方式转化为双向平等互动的教育模式③，培育和引导具有较强的技术能力、相对匿名性和话语主导性等优势的网络舆论领袖，发挥典型示范和引领作用。塑造独立思考、民主包容、理性平和、自律共享的网络传播精神，提升大学生网络素养④。现有研究对于促进网络育人文化建设具有积极的指导意义，但是，相关研究仍有需要进一步完善之处。网络文化建设的核心是推进环境建设育人。在建立良好的网络文化环境之后，如何推动网络文化与现实生活的互动，实现虚拟与现实的有效对接，切实实现总体联动，实现育人效果，仍需根据文化育人的基本理论进行进一步的探索。

2. 网络育人管理制度

有学者指出要以培养合格的建设者为中心目标，建立一个"三全"网络育人工作机制，即全过程、全员、全方位育人⑤。目前，关于网络育人管理制度在宏观层面的结果丰硕，主要的研究成果集中在着力点和实践路径上，在微观层面仍然存在一些需要深入研究的问题。例如，网络育人管理制度如何在高校范围内具体开展实践以及监管高校网络运营，形成网络意识斗争合力，需要深入研究。

① 阮俊华.互联网思维与育人机制创新 [J].中国青年研究，2015（3）：110-112+104.

② 严帅，任雅才.新时代高校学生组织育人的功能内涵与实施路径 [J].学校党建与思想教育，2019（9）：32-35.

③ 张鹏远，李庆华.网络德育的育人价值实现途径探析 [J].思想政治教育研究，2016，32（3）：125-129.

④ 贾国强.高校网络舆情：生成机制、变动规律与应对策略 [J].中国成人教育，2016（2）：69-71.

⑤ 白海霞."网络育人"价值生成机制建构 [J].人民论坛，2016（23）：130-132.

3. 网络育人队伍建设

有学者从整体出发指出高校应按照"素质过硬、结构多样、相对稳定"的要求，建设一支政治素养高、工作责任心强、熟悉网络技术及新媒体传播特点和规律的专兼职结合的网络舆论引导工作队伍[①]。也有学者从具体实践出发认为这支队伍的构成应该是多层面的：不仅要有专家教授对学科各方面、各渠道的信息进行及时的传播，更要有领导进行正确且合适的舆论引导[②]。有学者提出，学生是网络育人效果的直接受众及反馈者，同辈群体影响也不容忽视，应当发挥优秀学生骨干的引领作用，在辅导员指导下，将学生骨干纳入网络育人队伍，整合主体力量，构成协同育人主体，共同发力[③]。现有的研究成果明确了网络育人队伍建设的意义以及要求，为网络育人的队伍建设提供了具体指导。但立足高校相关工作人员对互联网规律把握能力不足，不善于运用互联网有效开展工作等现实情况，学者们还应在创建队伍准入制度以及如何具体的对高校相关人员进行必要的实践指导和专业技术支撑多做探索。

4. 网络育人技术创新

我国应不断发展和开拓网络德育育人载体，以建设学校德育网站为重点工作目标，同时要大力提高学校在网络德育方面的针对性和实效性[④]。有学者认为，基于网络特殊的容载性和传播性，高校可以通过纪录片或百科课堂等形式，扩大学生视野，激发学生兴趣，促进高校网络育人的全面发展[⑤]。当前对网络育人技术创新的研究多是在追随网络技术发展、更新育人载体的基础上进行的。笔者认为，网络自身的含义极为丰富，就技术创新本身的研究应超越网络的工具

---

① 周福战，侯庆敏，许剑.建构高校网络文化建设管理机制 [J].中国高等教育，2017（Z3）：46-48.

② 唐继琼.网络文化与学生思想政治工作关系简析 [J].教学与管理，2009（24）：39-40.

③ 黄晓敏，郭飞.协同理论视域下高校网络育人工作探析 [J].山西高等学校社会科学学报，2019，31（S1）：20-25.

④ 赵建伟.基于社会主义核心价值体系引领的高校网络德育探索与实践 [J].理论观察，2014（5）：129-131.

⑤ 石婷.新时期高校网络育人挑战及对策 [J].山西高等学校社会科学学报，2019，31（S1）：26-29.

性层面，着眼于网络在发展过程中日益凸显的社会文化意义，立足于网络社会观来探索网络育人技术的丰富内涵和创新意义。此外，育人是一个系统功能，在技术创新的同时，学者应积极进行多种技术手段协同发挥作用的探索。

（五）关于网络育人载体的相关研究

1. 网络育人载体的内涵

思想政治教育载体是一个相对新的概念，因此学术界对其定义说法不一，观点也各不相同，有学者根据不同的界定条件总结为以下几种观点：第一，思想政治教育载体是思想政治教育活动的一种，它用以传播教育内容的同时能够被其教育者所利用；第二，载体即承载信息的方式，它连接着信息的主客体；第三，思想政治教育载体是传播者和接受者发生联系、产生影响、达到目的所采取的某种形式、手段、物质的中介[①]。以上三种内涵的界定各有长处与不足，目前更容易被学界所接受的定义是：思想政治教育载体是贯穿于思想政治教育的全过程，容易被教育的传播者运用，促进传播者和接受者之间相互作用的方法形式和物质实体[②]。有学者认为，应丰富网络育人内容和形式，提升网络育人工作吸引力。教育者通过媒体融合的方式丰富网络平台内容，充分调动网络工作者工作的积极性，满足大学生的好奇心和求知欲，使网络育人达到最佳效果[③]。

互联网的迅猛发展和广泛运用，为高校思想政治教育提供了新的载体，但目前我国教育界对新载体的理论研究还比较薄弱，对其内涵的把握不够科学。如何能准确认识网络载体的内涵，厘清网络载体内涵与思想教育活动之间的关系，进而做到有效利用、发挥作用，有待进一步研究。

2. 网络育人载体的特征

特征是指某一事物异于其他事物的特殊标志，是使其发挥育人功能必不可

---

① 文小兰，孙兆静. 思想政治教育载体研究综述 [J]. 山西青年管理干部学院学报，2007（4）：51-53.

② 张耀灿. 现代思想政治教育学 [M]. 北京：人民出版社，2006：392.

③ 叶明红，解萍. 新时期高校网络育人功能及其举措探析 [J]. 内蒙古统战理论研究，2019（4）：25-28.

少的探究。

思想政治教育载体同其他事物一样，具有多重属性，从不同的角度可以概括出不同的特征。有学者认为思想政治教育载体的本质特征为：具有客观性、承载性、中介性和可控制性。有学者则从思想政治教育的传播者和接受者等其他因素相区别的角度出发，认为载体的特征有以下几组：第一，承载与传导性；第二，客观与主观性；第三，实践与发展性①。关于思想政治教育载体的特征，当前的研究还不够充分，例如一些学者提出的承载性、中介性等，只是一般载体所表现出的特征，并不能够表现出其特殊性所在。也有学者在实践变化中总结出，新时代思想政治教育的载体呈现出多样化发展、分众化发展、互动性发展、融合式发展的新态势②。

依据网络载体的相关特征，高校思想政治教育的载体也出现了不同以往的形态、特征。有学者认为，网络载体运用的网络技术先进，信息传播速度快，受众面广泛，形式更加丰富，教育模式立体化③。也有学者认为载体具有兼容性、交互性等不同方面的特点④。

网络本身具有虚拟性、无序性等特点，会对思想政治教育产生信息干扰、观念误导等负面影响，如何客观、准确地把握网络育人载体的特征，值得深入研究。

3．网络育人载体的功能

学者们对思想政治教育载体的内涵进行探究以及对其特征进行分析，不仅仅是为了获得纯理论的认识或纯逻辑的梳理，而是要在思想政治工作中更好地发挥其特有功能，为高校思想政治教育网络载体建设提供方向，以切实提高育

---

① 陈万柏.论思想政治教育载体的内涵和特征 [J].江汉论坛，2003（7）：115-119.

② 孙梦婵，杨威.论新时代思想政治教育载体的新发展 [J].思想政治教育研究，2018，34（3）：63-67.

③ 王晓荣，易玥瑾.网络思想政治教育的合规律性与合目的性探析 [J].教育理论与实践，2018，38（9）：30-32.

④ 文丰安.新时期高校思想政治教育网络化探究 [J].国家教育行政学院学报，2011（1）：60-62.

人质量。

有学者认为，网络载体的思想政治教育功能为：导向功能、覆盖渗透功能和改革功能，即通过网络载体进行思想政治教育，可以使学生在网络氛围中自觉提高思想政治素养和思想道德素质。思想政治教育网络载体可以使教育内容从平面化走向立体化，使教育的内容呈现出丰富具体的特点[①]。

相关学者就高校思想政治教育载体在思想教育过程具体的功能与影响，做了探究：有学者认为网络载体首先使得传统的思想政治教育主客体的地位发生了变化，转变了高校思想政治教育的观念；其次网络载体让思想政治教育内容表现形式更加丰富多彩；最后网络载体丰富了高校思想政治教育手段和教育方式，为教育主客体的交流与沟通提供了便捷[②]。有学者认为推进多媒体和网络技术应用于高校思想政治工作中，能够丰富思想政治教育方法，整合思想政治教育资源，提高思想政治教育工作者效率，增强高校立德树人的生动性与灵活性[③]。网络载体的融入使得高校思想政治教育与时俱进，因此教育者如何掌握网络育人载体，利用其公众化和潜移默化式的特征，进一步探索网络育人载体在运行当中存在的问题以及相关规律，以此来增强思想政治教育的高效性，有待进一步研究。

4. 网络载体的建设

网络载体与网络一样，是一把双刃剑，兼具正能量和负效应，必须要取其精华，去其糟粕，通过搭建平台、培养队伍、完善体系等多种途径，完成网络思想政治教育载体建设，切实做到为我所用。

如今，网络载体的建设问题成为众多学者进行探究和讨论的课题。有学者认为，应充分发挥互联网载体的作用，使党建和思想政治教育实现资源共享，

---

① 徐建军. 网络与思想政治教育的关联 [J]. 现代大学教育，2009（5）：58-60.

② 李泽虹. 构建高校思想政治教育网络载体的策略研究 [J]. 山东社会科学，2015（S2）：365-366.

③ 冯毅. 新媒体环境下高校思想政治教育网络育人的现实思考 [J]. 湖北开放职业学院学报，2019，32（15）：84-86.

凸显网络思想政治教育途径的多元性[①]。有学者认为，网络载体建设需要高校重视思想政治网络的建设、完善具备网络载体的强大师资、提升客体运用网络载体的基本素养[②]。有学者认为，在建设网络载体中，也应当立足马克思主义系统思想和主体性思想，基于网络空间的高校思想政治教育治理创新发展应体现在系统重构与协同共建、信息生产与供需平衡、秩序调控与活力创造、动态开放与价值对话四个方面，从而实现理念、方法、路径和机制创新[③]。

思想政治教育载体在与时俱进，不断优化创新。现阶段网络思想政治教育载体建设的主要形式为：以红色网站为代表的思想政治教育网站；以 BBS、论坛为代表的公共交流平台；以 QQ、微信、MSN 等为代表的即时通信软件平台和以微博、博客为代表的网络交流途径[④]。也有学者提出，要通过环境优化、打造一支高素质的队伍、创新教育方法与激发大学生自身的主观能动性等方式，运用新媒体强化对当代大学生的隐性思想政治教育，以期实现新媒体技术与高校思想政治教育的有效契合[⑤]。

虽然学者们当前对网络育人载体建设的形式和内容方面都有了较为深入的探究，但是新载体的不断出现和载体合力过程中的不确定性都给载体的建设带来新的课题，机制形成、技术开发、制度保障等方面依然存在盲点，因此怎样有效发挥网络载体的育人效果，不断提高网络载体的育人效果，仍然是高校思想政治教育工作急需解决的重点和难点问题。

---

① 党姗，马晓川.互联网视阈下高校党建与思政教育协同育人机制研究 [J].智库时代，2020（2）：23-24.

② 李泽虹.构建高校思想政治教育网络载体的策略研究 [J].山东社会科学，2015（S2）：365-366.

③ 李颖，靳玉军.网络空间视域下高校思想政治教育治理的创新发展研究 [J].重庆大学学报（社会科学版），2020，26（3）：215-226.

④ 文丰安.新时期高校思想政治教育网络化探究 [J].国家教育行政学院学报，2011（1）：60-62.

⑤ 李志如.新媒体环境下的大学生隐性思想政治教育 [J].学术探索，2017（12）：146-151.

四、研究思路与研究方法

（一）本课题的研究思路

（1）以高校网络育人的实践经验为支撑，从理论框架、科学逻辑、理论价值三个方面理解新时代高校网络育人的理论蕴涵。本课题具有文献研究特点，研究中将系统梳理中国共产党领导人关于网络育人的基本论述，党和国家关于网络出台的政策、文件，梳理其中的理论框架，探索其间的科学逻辑，把握相关论述的理论价值。

（2）以新时代高校网络育人的理论蕴涵为基础，结合中国经济发展实践、高校发展的实际情况，把握新时代高校网络育人重要论述的战略指向。本课题将通过文献研究、实证案例和社会调查，聚焦高校网络育人的时代要求、现实挑战和重要机遇，关注实践领域、实际问题，明确相关论述的战略指向。

（3）以新时代高校网络育人的理论蕴涵为指导，以其战略指向为着力点，探索新时代高校网络育人在高校人才培养中的应用研究。坚持理论与实际相结合，探讨在人才培养过程中网络育人的基本形式、机制构建和科学管理，探讨"网络育人"的价值和实践路径。

（二）本课题的研究方法

本课题拟采取文献分析法、社会调查研究方法、交叉学科研究方法及辩证思维方法。文献分析法是一种针对传播所显示出来的文献内容进行客观的、系统的、定量的描述的研究技术，用此方法对相关重要论述进行梳理分析，探索其理论蕴涵；兼用问卷调查和田野访谈，把握高校青年学生互联网成长环境下的个人特征和需求；运用交叉学科研究方法，借鉴相关学科研究范式，对"网络育人"在培育时代新人中的价值和应用路径进行学理探讨；在具体问题的分析和探讨中坚持归纳与演绎、分析与综合、抽象与具体、逻辑与历史相统一等辩证思维方法。

五、研究的创新点和难点

在现有研究成果的基础上，本书的创新点主要体现在基本观点、研究内容和研究方法三个方面。首先，本书聚焦全员育人、全过程育人的多维育人格局，阐述新时代高校网络育人的理论蕴涵与战略指向，深入探索"网络育人"这一育人方法的创新发展，进而深化思想政治教育的理论。其次，就新时代高校网络育人的研究内容来看，一方面，本书注重互联网思维和思想政治教育的整合发展，厘清互联网发展的内在规律和阶段特点，客观分析互联网下学生的思想特点、文化模式和行为逻辑，从而运用互联网思维推动思想政治教育的创新发展。另一方面，基于新时代网络育人的理论基础，本书探索了高校新时代网络育人的实践应用，系统梳理相关论述的发展脉络，构建基本理论框架。最后，本书综合运用社会学、经济学、心理学、人类学等研究方法，结合文献分析法和辩证思维方法，努力创新思想政治教育研究范式，做好理论研究与实践应用的深度融合。

在本次研究中，存在一些客观难点。首先，网络育人是一个发展迅速、时效性强的范畴，一方面，网络技术的发展日新月异，各种形式的网络育人载体层出不穷，特点各异，需要不断探索；另一方面，高校大学生的思维模式有一般性，但是不同高校的学生成长过程不尽相同，不同层次高校学生思维特点有其特殊性，这给高校网络育人的实践探索增加了客观难度。其次，高校网络育人的实践探索蕴含着互联网思维运用、高校管理机制建设、人员队伍培养建设等，材料众多、关系复杂，需要根据高校和学生成长的特点去粗取精、去伪存真，因此在材料的选取中存在难度。最后，分析高校网络育人的内部逻辑以及运行模式，明确高校网络育人的实践操作环节，发挥高校网络育人的效用，还需要运用社会学、人类学等研究方法，结合文献分析法和辩证思维方法，多学科交叉视域的研究模式存在客观难度。

第一章　新时代网络育人的理论蕴涵

网络育人作为新时代思想政治教育研究的重要范畴，教育者首先要把握其中深刻的理论蕴涵，从理论上科学回答什么是网络育人、网络为什么可以育人、运用网络培育什么样的人等基础理论问题。新时代网络育人绝不是"网络"和"育人"的简单相加，在实践探索和理论研究的深化发展中，其基本蕴涵不断丰富和发展。这些丰富的蕴涵具有深刻的理论支撑，伴随网络社会的崛起、变化和发展，教育者需要深刻把握新时代网络育人的基本目标、原则、特征和定位，这是深化网络育人基本规律，推进网络育人实践创新发展的重要基础。

一、网络育人的基本内涵

从早期"网络"与"育人"的单独使用，到"网络"与"育人"的结合使用，再到"网络育人"特有范畴的丰富发展，新时代网络育人的内涵和外延在不断拓展。梳理网络社会的变化发展过程，理解互联网思维的诞生、运用和规律，把握网络时代育人对象特征，是把握新时代网络育人基本蕴涵的应有之义。

（一）网络社会的崛起、变化和发展

随着互联网技术的飞速发展，互联网成为20世纪以来全球社会经济变革的重要因素，改变着人们传统的生产和生活方式。纵观互联网诞生到现如今互联网与移动终端、大数据的紧密结合过程，互联网的发展过程可以划分成三个阶段：互联网时代、移动互联网时代和智能互联网时代。

互联网又称网际网络，始于1969年美国的阿帕网。互联网是以"网络互联"为基础，覆盖范围遍及全球的网络结构。其最重要的特征有开放、平等、互动、

共享。第一，开放性。互联网网络结构开放多样，不但可以根据用户特定需求自行设计和使用，还可以针对专门用户进行单向连接，具有高度的开放性。第二，平等性。互联网交流具有双向性，用户间交流方式平等。整个互联网是开放的架构，不属于任何公司或者机构。所以，不管是谷歌的首席执行官还是普通的学生，在网络上都是平等的。第三，互动性。互联网诞生之前，信息的流动依靠的是像电视、广播、报纸一样的传统媒体。这些媒体的特点是意向输出，用户只能是被动的接收，而互联网的出现，使信息可以在任意网络节点间双向流动。互联网对于信息进行数字化处理，通过信息的双向流动，给了人们无国界信息交互的自由和机会。第四，共享性。互联网能实现对信息等资源的充分共享，网络上的信息还可以进行科学的分类，对于使用者来说，查找容易，检索方便，缩短了信息交流的周期。用户通过搜索能够很容易找到符合自己需求的网友，这就容易形成新的沟通虚拟社区。

移动互联网是移动通信和互联网完美结合的产物。移动互联网的定义有广义和狭义之分，广义的移动互联网是指用户可以使用手机、笔记本等移动终端通过协议接入互联网，狭义的移动互联网则是指用户使用手机终端通过无线通信的方式访问采用 WAP（无线应用协议）的网站。在移动互联网的情境下，互联网开放、平等的特征得以延续与维持。同时，移动终端与互联网的结合，使互联网"互动"和"共享"的特点进化成"即时交互"与"即时共享"。"即时交互"与"即时共享"是指移动终端的成熟使产品的操控感、易用性、功能性发生了巨大的变化，衍生出各类更先进的应用和更佳的用户体验，确保共享者之间"交互"与"共享"能够随时、随地高效发生。

智能互联网是指互联网与大数据、数学计算运用结合之后，在自动收集数据、完成数据加工、储存数据的基础上，可以预见人类需求和发展趋势，实现与人类需求无缝对接的智能互通，为人类服务。在智能互联网的环境下，互联网的开放、平等特征仍旧得以延续与维持。同时，互联网与大数据、数学计算运用相结合后，智能互联网表现出了"智能互动"与"智能共享"的特点。"智能互动"与"智能共享"是基于大数据与数学计算的基础，实现物与物、人与

物、人与人之间的交互联系，通过互联网实现人、物、计算机三元融合。而这个时期的共享，不是基于人主观地、主动地查找或操控，而是基于先进算法和庞大的大数据分析，在用户没有意识到、预见到的时候就已经为用户提供了互动的行径，提供了各类更先进的应用、解决方案和更佳的用户体验。比如微博能够通过分析用户关注的微博账号，推荐类似微博账号给用户关注；电商平台通过分析用户的购买历史和浏览历史，分析用户的喜好并据此在主页上显示用户可能需要购买的物品，方便用户购买；网络媒体通过用户浏览的热点记录，分析用户的偏好，为用户及时推送其可能喜好的热点新闻；期刊网站通过分析用户的查阅历史，分析用户的研究领域，更加快速准确地为用户提供研究领域内的搜索结果，极大地方便了用户查阅文献的工作。智能互联网潜移默化地为我们提供服务，这已经成了日常。智能互联网运用最典型的案例有很多，以"今日头条"新闻应用为例，它在"五秒可以算出你的兴趣"，并且"根据兴趣智能推荐新闻"，它基于大数据双向在线的理论，在用户侧输入用户的兴趣爱好，便可输出匹配的新闻信息，形成不需要人工编辑的新闻引擎。

（二）在互联网思维中深化培育机制

就一般性而言，网络育人中的"育"指代教育、塑造和培养。就特殊性而言，网络育人下的"育"指思想政治教育视域下的价值引领，是解决思想品德要求与受教育者思想品德水平矛盾的方式之一，其中融入互联网技术手段的探索、网络育人理论的运用、网络育人的实践探索，从而有的放矢地对受教育者进行教育、塑造和培养，实现对受教育者进行思想政治教育的价值引导。

网络育人蕴含着深刻的互联网技术创新。我国应运用现代信息技术，创建高校网络思想政治教育平台；不断拓展和开发网络德育育人载体，要重点建设学校德育网站，提高学校网络德育的针对性和实效性。我国要创新对互联网本身的研究，着眼网络在发展过程中日益凸显的社会文化意义，立足网络社会观来探索网络育人技术的丰富内涵和创新意义。此外，育人是一个系统功能，在技术创新的同时，应多做多种技术手段协同发挥作用的探索。

网络育人蕴含着深刻的教育实践探索。在互联网时代，"育"的方式方法的改进提升必须从网络实践中来，又回到网络实践中去接受实践的检验。现阶段，网络信息技术发展日新月异，这就要求教育者在开展网络育人的实践工作当中要善于总结经验，总结学生的特点，学习新的方式方法，不断地交流与提升，在思想政治教育的实践活动中发挥网络育人的功能。教育者要勇于开展实践探索，要尊重多元价值观，树立正确的主导，把握正确的方向。要求思想政治教育者放弃唯成绩中心论，发掘、尊重学生的闪光点，真正做到在多元中立主导，在多样中把握方向，基于智能互联网，激励学生寻找所热爱的事业、兴趣与爱好；要健全完善模型，增强及时反馈；要借助管仲的"取之于无形，使人不怒"理念，了解学生的信息于无形，并且能够积极地给学生反馈。

网络育人蕴含着深刻的教育理论创新。"育"是指思想政治教育培育、塑造的方式方法，是一种实践活动，但是实践的方式同样需要理论的指导，在实践过程中，高校的思想政治教育者需要不断总结实践的经验，不断发展。"育"作为一种理论提升，一方面是通过不断总结实践经验，将实践的经验经过总结、凝练和分析，上升成为理论。另一方面是吸取众人之所长，将心理学、社会学、管理学等相关学科与思想政治教育进行交叉研究，借鉴心理学、社会学、管理学等相关学科的既有理论，将这些理论知识与思想政治教育的理论与实践相结合，形成思想政治教育的理论体系，以提升思想政治教育的稳定性和吸引力。

（三）在互联网思维中把握育人对象

我国接入国际互联网20多年以来，伴随着互联网成长的几代人深受互联网影响，潜移默化地具备了不同程度的互联网思维。中国互联网信息中心于2021年8月发布了第48次《中国互联网络发展状况统计报告》，其中指出："截至2021年6月，我国网民规模为10.11亿，较2020年12月新增网民2175万，互联网普及率达71.6%，较2020年12月提升1.2个百分点。截至2021年6月，我国手机网民规模为10.07亿。"我国公民广泛使用互联网，并深受互联网影响。网络社会虽然只是一个虚拟空间，但由于它是现实中的人在其中从事客观活动，因此从一定意义上讲互联网社会也是一个客观存在，人都在互联网中影响着他人和被他人影响。因此，只有深入了解互联网时代下"人"的发展需求和想法，解构互联网时代下"人"的精神特质，总结互联网时代下"人"的活动规律和行为特点，才能更好地把握网络育人的丰富蕴涵。

当代学生对话语权要求较高。伴随着互联网长大的一类人，环境不一样，特征品质就不一样。小时候，我们被教育成"大人讲话，小孩别插嘴"，久而久之，我们都习惯听，而不是说，即使有意见，我们也会深思熟虑，谨言慎行，唯恐有不周到的地方。因此，在我们成为教育者的时候，我们潜意识是希望现在的小孩子和我们一样，我们会习惯用自己的经验来进行教育，希望小孩子能够听，能够接受我们的安排与意见，接受我们经验之上的安排。而事实上，现在的小孩子已经出现了新的特点，当他拿着平板电脑放歌的时候、玩游戏的时候，是有社会交互行为的。当他经历校园学习生活的时候，当学校有决定、老师有要求的时候，他会自然地想到表达观点，参与决策。以学校砍树为例，他会自然地想到，为什么学校砍树不征求我的意见，为什么我不能参与学校决策的过程？这些客观变化，使得我们不得不认真思考，转变思维，准确认识学生在互联网思维下对于话语权的要求，给予学生更多对话的机会。而在互联网的情境下，如果我们不让学生发表意见和观点，不代表他不会在其他地方讲，他可以有多种途径讲，可以微信上讲，微博上讲，可以在论坛里讲，可以在官方媒体评论里留言讲，今天不讲可以明天讲。因此，我们从意识思考到平台搭建，都应该给予学生交流对话的机会。

当代青年更加注重内心满足感。如今手机已经成为重要的网络移动端，当代青年对其依赖程度也越来越高，通过手机来聊天交友的方式已成为大部分学生的常态。除聊天交友外，学生喜欢通过微信朋友圈、微博等平台发表自己的感受和心情，希望得到朋友的关心和评价。随着关注度的增加，学生会产生一种强烈的被尊重感和满足感，"晒朋友圈""晒微博"，通过"晒"获得认同、满足自我，积极建立人际关系。此外，当代青年做事不再是"要我做"，而是更希望"我要做"，也就是我要自己做。近年来风靡的 DIY 风，对青年的影响也逐渐增大。从最初做自己喜欢的手工到参与大品牌的研发和设计环节，甚至包括设计一些比赛、组织的标识，都成为他们表达自我、展现自身独特性的舞台。当代青年通过自身参与其中，让产品增添自己需要、想要的元素，在过程中收获参与感和满足感。

当代学生知识面越发宽广。处于互联网高速发展的新时代，学生不再依赖课堂和老师来完成对知识的获取，"内事不决问百度"，以前老师是万宝全书，现在互联网成为这样的老师，而随着移动互联网与智能互联网的更迭，学生与学生、学生与计算机之间的交互，真正实现了"三人行，必有我师"。特别是智能互联网的出现，其利用身临其境的体验、全能充沛的服务、现实与虚拟的结合，改变着人类的学习方式。以前学生需要在教室认真听老师讲述加拿大的地理知识，现在的学生能够利用互联网的 VR 技术参观加拿大的每一间教堂。学生也能够戴上3D眼镜进入海洋模式，瞬间就能从温婉的江南切换到浩瀚的海洋。

青年学生学习效率不断提升。"即时交互"的出现，使学习更有效率。过去学生想要了解新闻、时事，要通过阅读报纸、杂志，想学习专业知识只能靠查找书籍或者请教相关人士，往往过程中就会花费很多时间。如今，通过搜索引擎，输入几个关键字，即可搜出海量学习资料以供参考学习；一些网站通过问答形式，不仅可以提出问题等待解答，也可以看到之前相似的问题或者别人的问答记录。此外通过聊天软件可以拍摄图片或实时视频，被请教者无论身在何处，都可以为求问者回答问题，大大提高了求知效率。同时，网络上也有很多视频课程，学生可以随时随地根据自己情况调整学习时间和计划，一部智能手机即可完成线上学习。以前学生制订学习计划，往往只能靠自觉性和自律性完成，如今一些手机 App 可以设置每日目标，将一些学习任务（如背单词）以打卡或小组的形式加入学生的日常生活中，学生可以利用"碎片时间"进行学习，叠加完成日计划的持续天数并可以将其发布在朋友圈、微博中，极大地提升了学习热情和学习效率。

互联网时代使青年学生更加突显个性。互联网的另一个特征就是共享。例如百度和知乎的答题模式：有人自愿利用自由时间组织活动；有的网络社区会利用各自的自由时间组织网上社团，分享技巧、交流心得，如我们熟知的校园论坛、粉丝社区；有人在论坛连载自己的小说，免费让人阅读，如2006年的历史畅销书《明朝那些事儿》，最早就是在天涯论坛免费连载的。在这个过程中，网友们共享的动力来自认同感的获得，当一个人能够通过分享让更多的人了解并且认可自身的能力，内心就会有满足感，当年明月在《明朝那些事儿》的写作过程中，来自读者的认可是他不停写作的动力。

（四）作为现代育人形式的网络育人

随着网络对思想政治教育的影响逐渐加深，如何发挥网络的育人功能，如何适应网络的发展，以及现代教育环境如何变化等内容都成为思想政治教育的关注点和研究点。针对"网络育人"这一概念，基于不同层面，围绕不同的重点，理论界有多种界定和定义。

首先，网络育人的概念是基于网络带给思想政治教育的空间变化而形成的。技术的进步发展能够不断推进教育理念、方法、载体等方面的创新。随着互联网技术广泛应用于思想政治教育活动中，网络实践活动不断丰富创新，网络技术既作为工具技术也作为方法技术不断深入地影响师生的日常生活。网络思想政治教育不仅仅将互联网视为科学技术运用于思想政治教育理论与实践之中，同时也重视网络所发挥的育人作用，网络空间下思想政治教育存在发展和运动的状态。网络育人概念的提出，是基于网络是一个新生事物，随着网络的诞生，高校学生逐渐成为使用互联网的主力军，利用网络空间来开展思想政治教育工作也被提上日程，因此，在这一阶段，高校教育者开始将传统的思想政治教育内容搬到网上，通过网络来开展思想政治教育，但是其内容并没有因为网络空间的特点、网络技术的进步有所改变，仅仅是将内容在空间上做了迁移，比如由以前的口头、课堂、短信通知，变成了通过网络通知。有学者强调，网络育人就是利用人类与互联网日益密切的关系来增大教育的涵盖广度，从而广泛提升教育的影响力[①]。有学者认为，从马克思主义理论的角度进行解读，认

---

① 李德敏.网络文化对高校思想政治教育的影响和对策 [J].学校党建与思想教育，2012（3）：60-62.

为网络育人是在虚拟空间中对大家进行思想政治教育的全新方法①。这些对于网络育人的定义把传统的思想政治教育内容搬迁到了虚拟的教育环境当中，让高校大学生在虚拟空间中接受传统的思想政治教育。

其次，网络技术的进步为网络育人开展思想政治教育奠定基础。互联网具有传递性、自由性、实时性、交换性、共享性、开放性等特点，打破了时间和空间的局限性，使众多教育方式与教育资源相互融合。有学者指出，网络育人实现了课堂教育、日常管理、发展服务的融合发展，不但有网络技能培养、网络发展辅导等基础功能，还有网络人格塑造、网络人生提升等提升个人发展水平的卓越功能②。有学者提出，网络育人这种新型教育方式以新形势和新环境为背景，以青年用户的个人需求为基础，适应当代社会发展需要。这种新的网络教育手段内容丰富、形式多样，可以有效促进学生自由、全面发展③。教育者不仅要从工具性角度看待网络，了解其作为信息技术和信息交往平台对思想政治教育所发挥的作用，同时也要从社会性角度来看待网络，将网络作为一种人的活动场域和空间，将其当作随着社会发展人们可以选择的一种生存、生活方式。这些网络育人的定义是基于网络技术的进步而言的，强调网络育人是新媒体的背景下教育方式和内容的新体现、新进展、新平台。总而言之，互联网对于个人、社会和思想政治教育都不仅仅是单一的、辅助的工具。教育者应当在互联网和信息技术迅速发展的时空情境下，正确认清网络的本质和影响，充分运用网络开展思想政治教育，发挥网络育人的效果。

最后，网络育人的概念是基于平台的特点研究思想政治教育而形成的。随着互联网技术的进一步发展和网民规模的逐步扩大，互联网也更加全方位地影响着全人类生活。此时，博客、微博、微信等现象级的互联网产品相继诞生，

---

① 张再兴，张瑜.加强高校网络辅导员队伍建设 占领网络思想政治教育新阵地[J].高校理论战线，2006（5）：36-40.

② 杨锟.社会主义核心价值观引领下的高校网络文化育人研究[J].学校党建与思想教育，2018（15）：87-88.

③ 屈林岩.以先进政治文化育人是新时代大学建设的内在要求和根本特征[J].中国高等教育，2018（6）：23-26.

也吸引了众多的大学生参与。高校的德育工作者开始认识到这些网络产品可以成为思想政治工作开展的新平台，能够实现学生的自我教育，提高德育的实效。在此基础上，高校的教育者开始关注、重视、研究互联网平台的特点，并且开始借助互联网平台积极开发网络育人资源，比如借助微博的粉丝影响力来传播"正能量"，研究如何能在140个字里面，简短又不失趣味地开展思想政治教育；借助微信公众平台来吸引粉丝关注，通过文字、文字＋图片、短视频等方式来适应学生的习惯。在这个阶段，网络育人的重点仍然是传统思想政治教育内容，但其是以更贴近青年学生需求的方式，是在研究了互联网平台的发展和特点的基础上开展的教育活动。2020年，《教育部等八部门关于加快构建高校思想政治工作体系的意见》明确指出要构建日常教育体系，"加强网络育人，提升校园新媒体网络平台的服务力、吸引力和黏合度，切实增强易班网、中国大学生在线等网络阵地的示范性、引领性和辐射度，重点建设一批高校思政类公众号，发挥新媒体平台对高校思政工作的促进作用。"网络育人的发展离不开互联网平台的构建与完善，网络育人的概念也正是基于高校网络平台的特点研究以及高校思想政治教育理论与实践而形成的，《教育部等八部门关于加快构建高校思想政治工作体系的意见》的发布也为高校网络育人平台的构建指明了方向。

随着互联网的飞速发展与快速更迭，各个高校的网络思想政治教育工作也在不断地变化发展。定义网络育人，要看到网络技术的变化、"育"的平台方式的变化，而随着互联网成为几代人学习成长过程中不可缺少的因素，现阶段定义网络育人更应该看到网络带给"人"的变化和影响，随着互联网诞生至今，网络自身的演变和发展有了新的特点。人们在互联网的环境里成长学习、接受教育和教育他人，互联网从人类的工具转变为了人类生存不可或缺的环境。基于此，不管是初期的互联网、与移动终端结合的移动互联网、还是当今与计算机相结合的智能互联网，都不可避免地给网络使用者烙上了网络时代的印记，在他们的成长过程中塑造了各自的生活方式、消费习惯、性格特点、思想动态、兴趣偏好、发展需求等重要特征。因此，将互联网下成长的人的共性作为切入点来拟定更为合理、适宜的目标，是网络育人应该关注的重点和方向，是网络育人接下来研究的主要课题。

综上所述，我们从"人"的角度来界定网络育人，即网络育人是教育者为了实现一定的教育目的，运用互联网思维，借助互联网载体和手段，深入研究网络发展对人的影响规律，把握网络时代青年思想特点和需要，从而运用网络有意识、有计划、有步骤地影响和改变学生思想和行为的一种思想政治教育新方式。

二、网络育人的理论基础

网络育人既是一个重要的实践命题，也是一个重要的理论命题。作为实践命题，它需要有科学理论作出指导；作为理论命题，它需要科学探求网络育人的理论支撑与内部机理，回答"网络为什么能够育人""为什么需要开展网络育人""网络育人的目标和方向"等基本理论问题。思想政治教育视域下的网络育人，更加强调人才培养中的价值引导，想要科学回答这些基本问题，就需要坚持以马克思主义理论为根本指导，尤其是学习马克思主义中国化理论成果中关于网络育人的相关论述。改革开放以来，面对快速发展的互联网建设，中国共产党人在实践中不断深化对互联网的认识，在我国互联网建设中形成了一系列的重要论述和科学理论，为网络育人提供了丰富的理论支撑。

（一）深刻理解互联网这把"双刃剑"

由计算机、远程通信等技术构建起的连接世界各国、各地、个人的网络系统，向人们展现出"全球联网"的发展前景，通过计算机设备的连接，信息得以被广泛地分享和交换。互联网对人类生活的影响同样是多元的，既给人类带来了正面的作用，其消极的负面影响也不断凸显出来。正如迈克尔·海姆在《从界面到网络空间——虚拟实在的形而上学》中提道："在20世纪80年代的10年中，书面语言的生产和存储都发生了戏剧性的变化。大约有80%的书面语言开始以数字形式存在。计算机吞噬了讲英语国家的文化遗产和传统。"[1] 数字

---

[1] 海姆. 从界面到网络空间 [M]. 金吾伦，刘钢，译. 上海：上海科技教育出版社，2000：7.

技术的发展使得社会生活更加便捷、选择更加多元，也使得传统信息形式、传统生活模式受到巨大冲击。信息网络技术的飞速发展对人类文明作出了巨大贡献。但是，作为人类文明发展历史中的一个新兴事物，客观全面地认识信息网络技术，成为互联网时代到来前的一项重要任务。了解互联网在我国运用和发展的历程，有利于全面把握我国对互联网的运用态度，有利于在理论与实践相结合中把握网络育人的发展进程。

明确我国信息网络发展的基本方针。自1994年接入国际互联网，我国经历了由被动应对到主动出击的过程，在经验总结、反思提升中逐渐加深对互联网的认识，逐渐注重对网络意识形态阵地的建设。我国互联网事业起步相对较晚，但是对信息互联网技术的认识却较有前沿意识。江泽民同志指出，"对信息网络化问题，我们的基本方针是：积极发展，加强管理，趋利避害，为我所用，努力在全球信息网络化的发展中占据主动地位。"[①] 这就为此后信息网络的发展指明了方向。首先，对于人类文明历史发展进程中的这一大创举，我们必须积极应对，创新探索。人们已经经历了以信息科学为理论指导，以现代信息技术为基础，以信息的社会化为目标的社会变革，这是社会进步发展的必然过程，也是人类的物质文明和精神文明的产物。网络的运用与发展符合时代发展的规律和进程，因此，只有保持正确的态度运用网络信息技术，遵循社会发展的一般规律，才能真正面对未来的人类世界。其次，信息网络技术的发展要有科学的引导，使这项人类的复杂工程朝着健康有序的方向发展。网络信息技术的出现和发展推动着人类社会朝着新的方向不断前进发展，信息网络技术不仅为人类社会提供了技术理性也提供了物质基础的支撑，而科学的指导方向是避免技术异化的有效方式。再次，信息网络技术对社会发展的影响是复杂的，要凸显它的有利作用，规避它的负面影响。技术是生产力的重要组成要素，既直接影响着物质的生产方式，也对社会的组织关系、人类社会制度的变迁有着重要影响。马克思在《资本论》中从物质内容与社会形式方面对技术进行批判，同时，马克思也在手稿中多次强调技术拜物教对国家的危害，人们应当善于驾驭和使

---

① 江泽民文选（第三卷）[M]. 北京：人民出版社，2006：300.

用技术,将技术合理、充分地运用到社会建设中,推动社会健康发展。信息网络技术作为现代社会的重要技术,同样深刻影响着人们的生活和生产方式,人们应当趋利避害地加以运用。最后,我们应使信息网络技术助力人类进步,为人类自身繁衍发展所用,并且努力在信息网络发展中承担更大的责任,扮演更加重要的角色。

用互联网技术推进工作,要防御互联网的危害。互联网技术从产生起,也给人们带来了诸多困惑和负面影响,而围绕计算机伦理学和信息伦理而开展的研究即网络伦理学,也在随着网络理论与实践的推进而迅猛发展。围绕个人隐私的不道德共享、网络信息自由权利的滥用、网络与信息的安全危机等相关问题得到广泛关注。网络伦理建设是一个系统而又复杂的工程,而网络育人与网络伦理学的构建十分密切。网络伦理学既为开展网络育人提供了理论指导,也为网络育人提供了发展思路,网络育人在挖掘"人"的因素的同时,也要正视和抵御网络中存在的不良影响。一方面,随着互联网技术的不断发展和其在全社会的使用不断增多,互联网技术带来的包括迷信、色情、暴力和其他有害信息层出不穷,给全社会造成诸多的负面影响。另一方面,当公民过分依赖互联网时,数字化的生活模式必然会使网民的学习、工作和生活发生巨变,使人们深陷于技术所带来的依赖和异化之中无法自拔。有学者发现:网络依赖和孤独、人格障碍和社会行为障碍等动机变量存在显著正相关[1]。人们的生活样态已深受互联网的影响,而虚拟网络的符号社交已然影响和反映于现实社交之中。

对此,我们不能一味地拒绝新兴的技术,将其拒之门外,也不能对互联网技术听之任之。江泽民指出:"我们要抓住机遇,加快发展我国的信息技术和网络技术,并在经济、社会、科技、教育、文化、国防、法律等方面积极加以运用。"[2] 由此看出,一方面,我国要理解互联网技术的发展趋势,从人民群众的现实需要出发,对互联网技术的发展持开放的态度,要从互联网满足了经济社会的发展需求的动力和支撑点出发,支持互联网的健康快速发展;另一方面,

---

[1] 孙伟平.人工智能与人的"新异化"[J].中国社会科学,2020(12):119-137,202-203.

[2] 江泽民文选(第三卷)[M].北京:人民出版社,2006:300-301.

要了解互联网技术对国家治理、社会发展提出的新问题，比如网络违法行为日益突出，网上出现的谣言和非法信息对青少年的身心健康有很大的危害等，这些实际情况促使我们要在互联网面前保持清醒，不断地提升管理水平，使互联网技术真正能给人民群众带去实际的益处。对于思想政治工作而言，教育者一方面要充分运用好互联网技术，另一方面要对网络信息技术进行科学有效的引导。趋利避害，加强引导，有效利用好互联网这把双刃剑，是积极发挥网络育人效用的前提性认识。

（二）网络建设必须坚持党的领导

经过互联网进入国内的"慌乱"期，党和国家领导人对互联网有了更深层次的认识，并开始从文化发展规律层面加强网络文化建设和管理。同时，高等学校高度重视互联网基础建设，加强网络文化队伍建设，加强对青年学生的引导教育，使青年学生成为中国特色社会主义先进文化的传承者。党和国家日益重视互联网的作用与其存在的弊端，我们需要加强管理，从各级党委和政府到高校的保障机制，要实现依法管理、科学管理，以满足人们日益增长的美好生活需要和人们自由全面发展的需求这两方面的具体要求。

网络建设必须坚持党的领导。首先，网络技术发展和我国网络文化建设密不可分，需要党的正确领导。网络文化的迅猛发展，网络建设水平的逐步提升，为党的理论政策、重大方针的传播提供了有力支持，而同时网络文化的建设也成为社会主义文化建设中的新议题、新课题。网络建设的好坏直接关系、影响着社会主义文化的建设和传播，直接影响着公共文化服务的平台搭建、人们精神世界的新空间建设。此外，网络建设也影响着国家信息安全、国家文化安全，影响着社会主义建设的进程。因此，网络建设必须坚持正确的发展方向，必须坚持中国共产党的正确指导。胡锦涛指出："网络文化建设和管理，要坚持把社会效益放在首位，坚持一手抓建设、一手抓管理。"① 互联网当中的信息技术，在社会主义市场经济建设过程中扮演着越来越重要的作用，但是就一般性而言，互联网信息技术作为人类劳动生产过程中生成的一种文化，必须要有鲜明

---

① 胡锦涛 . 胡锦涛在中共中央政治局第三十八次集体学习时讲话 [N]. 人民日报，2007-01-25.

正确的价值引导，需要有科学的方向指引。其次，网络建设必须遵循科学的方针政策。网络既是人们交往的开放空间，也深刻影响着国家文化的传播和发展。网络的建设与发展需要正确的方针政策作为指引。只有坚持党的领导，才能确保网络建设为人民所用，为中国特色社会主义事业所用。因此，在网络建设过程中，人们应坚持党的领导，学习和熟悉信息网络，善于运用信息网络，提高运用信息网络进行引导和管理的能力，按照发展社会主义先进文化的要求，坚持积极利用、大力发展、科学管理，以先进技术传播先进文化。一方面是要突出它的经济效益，通过网络技术手段推动经济发展，将网络信息技术应用到各项推动社会发展的事业当中。另一方面是要突出它的社会效益，发挥互联网在满足人民日益增长的对美好生活向往中的价值，突出它在提升人们认识世界和改造世界中的价值，使互联网成为人们自由全面发展的重要载体和媒介。最后，必须占领网络意识形态阵地。胡锦涛同志在全国宣传思想工作会议上讲话时指出，意识形态工作要"毫不动摇地予以坚持，任何时候都不能放松"。网络空间中的意识形态仍旧严峻，我国只有坚持党的领导，坚定马克思主义理论和党的基本路线、方针、政策，才能在网络领域坚持正确的意识形态发展导向，加强网上舆论阵地建设，掌握网上舆论主导权，提高网上引导水平。我国始终坚持党对网络媒体舆论的引导，积极在各领域推进网络建设。我国要全面加强校园网的建设，使网络成为弘扬主旋律、开展思想政治教育的重要手段；要利用校园网为大学生学习、生活提供服务，对大学生进行教育和引导，不断拓展大学生思想政治教育的渠道和空间。

（三）互联网是文明互鉴的重要媒介

自党的十八大以来，以习近平同志为核心的党中央，按照创新、协调、绿色、开放、共享的新发展理念推动我国经济社会发展，习近平对"互联网"问题思考不断深入，反映着互联网对世界大势和中国的发展大势的影响，体现着中国经济社会发展的新探索。习近平的相关论述是思想政治教育中网络育人理论架构的重要支撑。

加强互联网建设的全面性，营造清朗的网络空间。随着信息技术革命的兴起，互联网日益成为社会进步、经济发展、文化传承的重要力量，深刻地改变着世界面貌和人们的生产生活。习近平深刻认识到互联网给中国发展带来的机遇，在多个层面提出要加强互联网的创新驱动。在经济上，提出"加快建设制造强国，加快发展先进制造业，推动互联网、大数据、人工智能和实体经济深度融合，在中高端消费、创新引领、绿色低碳、共享经济、现代供应链、人力资本服务等领域培育新增长点、形成新动能。"在教育上，提出"推动城乡义务教育一体化发展，高度重视农村义务教育，办好学前教育、特殊教育和网络教育，普及高中阶段教育，努力让每个孩子都能享有公平而有质量的教育。""要运用新媒体新技术使工作活起来，推动思想政治工作传统优势与信息技术高度融合，增强时代感和吸引力。"军事上，提出"提高基于网络信息体系的联合作战能力"，政治上，提出"善于运用互联网技术和信息化手段开展工作"，文化上，提出"互联网是传播人类优秀文化、弘扬正能量的重要载体。中国愿通过互联网架设国际交流桥梁，推动世界优秀文化交流互鉴，推动各国人民情感交流、心灵沟通。"① 在全面看待互联网的优势与弊端的基础上，习近平也指出要防范互联网带来的挑战，提出要加强互联网环境内容建设。一方面，站在时代发展的战略高度，要将互联网融入各个领域，用发展的眼光来解决中国遇到的重大问题和重要问题，推进经济社会发展，促进教育公平，建设教育强国，提升国防势力，提升国家的文化自信和中华文化的影响力，更好地造福中国人民。另一方面，习近平清醒地意识到互联网领域的发展不平衡，世界范围内的网络犯罪高频发生，网络监听、个人隐私受到侵犯时有发生，网络恐怖主义成为常态等等问题，我国要在互联网建设和发展平台的基础上加强管理，营造清朗的网络空间，更好地共享互联网发展成果。

推进互联网全球治理，构建网络空间命运共同体。一方面，要构建好我国网络空间意识形态体系。科技的进步同样推动着国家意识形态的建设，我国要使马克思主义意识形态在国家思想体系中占据主导地位，为中国特色社会主义

---

① 习近平.决胜全面建成小康社会夺取新时代中国特色社会主义伟大胜利：在中国共产党第十九次全国代表大会上的报告 [N].人民日报，2017-10-28.

事业提供智力、精神支持。互联网技术的快速发展能够推动我国主流意识形态的传播、传递，而在西方价值观的渗透下推行的强势文化、"普世价值"等思想仍然冲击着马克思主义的指导地位。网络空间是虚拟的，但运用网络空间的主体是现实的，新时代背景下，网络空间的意识形态治理成为重要命题。党的十九大报告提出："加强互联网内容建设，建立网络综合治理体系，营造清朗的网络空间。"此后，党的十九届五中全会审议通过的《中共中央关于制定国民经济和社会发展第十四个五年规划和二〇三五年远景目标的建议》提出："加强网络文明建设，发展积极健康的网络文化。"将治理思想运用于互联网之中是推进网络空间健康发展的重要方向。"网络空间意识形态治理体系构建要在中国共产党的领导下，遵循一定治理目标和原则，协同多元治理主体，综合运用多种治理手段，实现多层治理模式联动优化和调动网络空间意识形态治理的内在动力，最终实现我国新时代网络空间意识形态治理效能最大化。"①2020年，中共中央印发了《法治社会建设实施纲要（2020—2025年）》，将"依法治理网络空间"作为重要内容，就推动社会治理从现实社会向网络空间覆盖，建立健全网络综合治理体系，加强依法管网、依法办网、依法上网，全面推进网络空间法治化，提出了具体措施。只有不断推进网络空间意识形态治理体系，才能更好地参与互联网全球治理，构建网络空间的命运共同体。另一方面，随着中国的国际地位和国际影响力与日俱增，为了顺应互联网全球治理的浪潮，习近平总书记提出要构建我国自己的互联网全球治理理念，为世界贡献中国人民对于互联网全球治理的先进理论。习近平指出："互联网让世界变成了'鸡犬之声相闻'的地球村，相隔万里的人们不再'老死不相往来'。可以说，世界因互联网而更多彩，生活因互联网而更丰富。""我们倡导'四项原则''五点主张'，就是希望与国际社会一道，尊重网络主权，发扬伙伴精神，大家的事由大家商量着办，做到发展共同推进、安全共同维护、治理共同参与、成果共同分享。""天下兼相爱则治，交相恶则乱。""完善全球互联网治理体系，维护网

---

① 冯刚，王楠. 新时代网络空间意识形态治理体系建构的若干思考 [J]. 北京教育（德育），2022（4）：36-40.

络空间秩序，必须坚持同舟共济、互信互利的理念，摒弃零和博弈、赢者通吃的旧观念。""网络的本质在于互联，信息的价值在于互通。只有加强信息基础设施建设，铺就信息畅通之路，不断缩小不同国家、地区、人群间的信息鸿沟，才能让信息资源充分涌流。"① 这些论述一方面充分反映出互联网是人类共同的活动空间，在活动空间内的国家都是平等的，应该享受同样的权利和义务，不应该有网络信息的霸权，不应该通过单边主义来实行网络信息霸权，应该"加强沟通、扩大共识、深化合作，共同构建网络空间命运共同体。"另一方面，我国也充分意识到要理解互联网的内涵，通过多种方式开展国与国之间的互联网领域的合作，各国提高开放水平，搭建更多沟通合作的平台，加强偏远地区信息基础建设，加强全球互联网的合作治理，充分利用好互联网带来的重大机遇，互联互通，推动世界优秀文化交流互鉴，推动各国人民情感交流、心灵沟通。

回顾改革开放以来党和国家领导人关于互联网的相关论述，我们从中不难发现，在中国特色社会主义现代化发展进程中，我国对于网络建设的主体、意义和目标等基本理论问题的认识越发清晰。坚持党的领导，突出互联网信息技术在社会发展中的积极效用，使互联网成为现代社会文化交流的重要媒介。突出互联网在时代新人培育中的价值，已经成为新时代网络育人的重要理论遵循。

三、网络育人的理论框架

新时代下的网络育人是理论性和实践性相统一的。在实践性方面，网络育人必须有科学理论来做指导；在理论性方面，网络育人需要厘清其理论框架和内部机理，梳理网络育人的基本目标、基本原则、基本特征和基本定位，从而更好地指导实践工作。因此，无论是基于实际工作的需求，还是理论的构建，我国教育者都需要在新时代的视域下构建网络育人的理论框架，从而更好地提升网络育人的效应。

---

① 习近平出席第二届世界互联网大会开幕式并发表主旨演讲 [N]. 人民日报，2015-12-17.

（一）网络育人的基本目标

马克思主义的历史唯物观认为，目的性是人类活动的重要特点，目的对于人类活动的顺利有效进行有着重要意义。因此，厘清网络育人的目标，明确其价值判断，对于网络育人活动的开展，帮助学生成长成才全面发展，适应社会的发展有着重要的意义。

网络育人的根本目标是通过网络提升人认识世界和改造世界的能力。我们可以从马克思主义辩证法思维去理解这一问题，马克思主义辩证法思维包含着抽象与具体。马克思在写作《1857—1858年经济学手稿》时以唯物辩证法和历史唯物主义为基础，确认了以抽象与具体的辩证法为自己的指导思想。这一辩证法的完整结构包括从客观事物本身的具体到思想的抽象和从思维抽象到思维具体两个环节，是从具体上升到抽象、抽象上升到具体，达到对事物真理性认识的过程。在高校的思想政治教育格局中，理论课教学作为"主渠道"，日常教育作为"主阵地"，尽管两者的途径不同，优势各异，内容有别，但是综合考虑二者的内在本质，宏观把握二者关于思想政治教育的整体，抽象二者对关于整体事物的统一认识，可以发现二者的根本目标都在于促进大学生成长成才与全面发展。把握思想政治教育视域下的网络育人的根本目标，深刻理解网络育人的方向，一方面能够指导网络育人的具体实践工作，确保思想政治教育活动充满前进的动力；另一方面可以保证思想政治教育运行的方向不会出现偏差，不会脱离科学的目标指向，不会影响思想政治教育的预定假设和功能发挥。因此，理解由具体到抽象，有利于把握思想政治教育视域下的网络育人根本目标，这关乎网络育人的存在价值、运行效率以及可持续发展的动力。

网络育人直接目标的落脚点是立德树人。网络育人的目标是具体的，又是统一的。在不同的网络育人实践中，育人目标会依据不同的实践任务而确定不同的具体目标。尽管这些具体实践活动中的目标有所区别，但是这些具体目标又统一于人类育人的根本目标——提升人认识世界和改造世界的能力，促进人的自由全面发展，它作为育人目标的一般内容，蕴含在各个具体目标之中。网络育人的根本目标具有一定的抽象性，习近平总书记强调："高校立身之本在于立德树人。"① 首先，立德树人满足了现代人的现实需求。马克思主义认为，需要是人类社会生活的动因，人类历史的逻辑起点是人的需要。网络育人是一种社会实践活动，是在改造世界的实践活动中进行的，立德树人强调提升人们认识和改造世界的能力，满足人类在生产、社会交往和精神生活当中的需求。其次，立德树人促进人的自由全面发展。在《共产党宣言》中，马克思和恩格斯第一次明确宣布："代替那存在着阶级和阶级对立的资产阶级旧社会的，将是这样一个联合体，在那里，每个人的自由发展是一切人的自由发展的条件。"② "每个人的自由而全面发展""自由人的联合体"是马克思为之奋斗一生的共产主义理想的最高追求和价值目标。立德树人也体现了思想政治教育的基本要求和价值取向。就一般性而言，马克思主义思想政治教育致力于提高人的思想品德素质，丰富人们的精神生活，帮助人们树立正确的世界观、人生观和价值观，使人们以积极向上的精神状态投入中国梦的伟大实践当中，通过精神反作用于物质，促进人实现自由全面发展；就具体而言，就是帮助人自觉树立马克思主义的世界观和方法论，不断解放和发展人的生产力，使人在自由自觉的类本质劳动中实现全面发展。立德树人就是帮助人在理解马克思主义的基本观点、基本立场、基本方法的基础上，建立马克思主义信仰，成为社会主义的合格建设者和接班人，实现自身、社会和国家的全面发展。

网络育人的具体目标具有多样性。在网络育人主渠道和主阵地的具体实践中，思想政治理论课和日常思想政治教育的功能有所不同，育人目标会依据不同的实践任务而有所区别，思想政治理论课的网络育人目标是提升大学生马克思主义的理论素养和拓宽思想品德培养过程中对理论认识的渠道，比如了解党和国家的大政方针、行为纲领、奋斗目标、重大任务等。而在日常思想政治工作中，其目标是解决大学生在学习、生活、实践中面对的现实问题。比如在高校的管理工作中，网络育人的具体目标是为高校教育教学、人才培养维持正常的网络教学秩序；在高校的就业工作中，网络育人的目标是挖掘学生兴趣爱好，

---

① 习近平谈治国理政（第二卷）[M].北京：外文出版社，2017：377.

② 马克思恩格斯选集（第一卷）[M].北京：人民出版社，2012：422.

帮助学生做好职业生涯规划；在高校的资助工作中，网络育人的目标是帮助学生战胜贫困，积极应对人生挑战；在高校"慕课"中，它的具体目标就是利用网络优势提升专业课堂教学的质量和效率；在网络舆论引导中，它的具体目标就是在网络中树立正确的价值导向，传播社会正能量。因此，我们要准确把握网络育人的具体目标。

（二）网络育人的基本原则

1. 方向性原则

网络育人的方向性指的是要坚持正确的政治方向，应该始终坚持社会主义和共产主义方向，与中国共产党的根本宗旨、基本纲领、基本路线相一致。首先，方向性原则体现在价值引导层面上。网络育人需要对学生进行正确的价值引导，党的最终目标是实现共产主义，21世纪的网络育人要以此为方向。正如习近平总书记指出："办好我国高等教育，必须坚持党的领导，牢牢掌握党对高校工作的领导权，使高校成为坚持党的领导的坚强阵地。"[①] 其次，网络育人的内容要保持方向性。网络上的内容纷繁复杂，加上西方国家利用网络技术对我国意识形态进行的攻击，网络育人内容保持方向性至关重要。我国强调在网络育人过程中，教育者要提升对网络信息内容的处理能力，要根据当代青年学生的特点，摒弃传统思想政治教育单一的文字形式，采取青年学生喜闻乐见的形式，如使用适量图片、视频等资料，帮助学生更好地理解和吸收教育内容。但内容的选取、讲授都要把握政治方向性，要通过网络育人切实提升青年学生认识和改造世界的能力，又要对学生进行党的教育和共产主义的理想信念教育，从而确保我国社会主义思想政治教育的本质。最后，要坚持网络育人管理的方向性。网络育人是一项包括教育者、学生、人民群众共同参与的实践活动，只有坚持方向性原则，才能够统一社会成员的思想与行动，引导人们广泛参与社会主义现代化的建设，因此，网络育人要把正确的政治方向放到第一位，要坚持党的领导，无论何时何地何种条件下都要坚持社会主义方向不动摇。

[①] 习近平.把思想政治工作贯穿教育教学全过程，开创我国高等教育事业发展新局面[N].人民日报，2016-12-10.

2. **科学性原则**

网络育人的科学性原则是指用科学的方式开展网络育人实践活动。网络育人是随着时代的发展，为适应新形势、新情况、新挑战的过程中出现的思想政治教育育人的重要方式，从理论基础到实践过程都体现出科学性，能够推进思想政治教育的发展和创新。首先，网络育人以马克思主义基本理论为科学指导，网络育人工作的开展不是盲目的、随意的。网络育人工作的开展都是以"现实的人"为出发点和落脚点，从互联网时代人的特点去理解人，以尊重和发展人的需要，实现人的能力与时代环境、社会关系协调发展，最终促进人的全面发展。其次，网络育人是在广泛的实践基础上形成的，具有深刻的实践基础，有着丰富的历史经验可以遵循。一方面是网络育人对传统思想政治工作内容经验的积累，通过网络融入传统思想政治教育的过程中，吸取和借鉴了传统思想政治工作开展的特点和优势。另一方面，网络育人是一个不断变化发展的系统工程，网络育人通过互联网时代、移动互联网时代、智能互联网时代的互联网形态的变化，其内容重点、表现形态的不断传承和创新，使现在的网络育人有着丰富的实践基础。再次，网络育人讲究实事求是，一切从实际出发。网络世界崇尚平等自由的原则，自然信息纷繁复杂，如果网络育人仍然使用形式主义的东西，不但网络社会更加难以把握和驾驭，更无从谈及育人。因此，网络育人实事求是，注重效果，舍弃了网络的"虚"，把握育人的"实"，从纷繁复杂的现象中，抽丝剥茧，探索互联网的本质规律，把握青年学生的本质特征，以实事求是的态度、精神和内容赢得青年学生的信任，取得育人的成效。最后，网络育人符合现代教育发展规律。网络育人的发展结合了当今互联网技术的发展情况，结合了青年学生的特点研究，确保网络育人的发展方向满足于社会经济的发展需要。

3. **时效性原则**

网络育人的时效性原则是指网络育人打破了时间和空间的限制。不论是互联网时代、移动互联网时代还是当下的智能互联网时代，网络育人运用网络技术，有序推进思想政治教育与时俱进，满足了思想政治教育的时效性原则，与

"三全育人"即全员育人、全程育人、全方位育人的机制具有内在的统一。一是网络育人内容发布具有即时性。随着流媒体技术的发展，不论是大到党的大政方针，还是小到学校就业资讯，教育者都可以通过互联网将信息及时地传递给学生，且互联网能打破传统课堂教学人数和场域的限制，提高信息传递的效率，从而提升教育效果。二是网络育人实现了信息即时交互。不同于传统思想政治教育学生处于被动接受的地位，网络育人实现了即时交互，即实现人际交流的双向信息传播，在教育者即时"一对一"或者"一对多"的内容之后，学生马上能通过网络与教育者进行知识、观点、情感的即时相互交流与沟通，即时交互发生在信息发布之后，教育者即时反馈之前，是一个承上启下的过程，为即时交互后的即时反馈激励奠定了基础。三是交互后的即时反馈激励。互联网时代，网络育人内容发布、即时交互是实现教育者对学生的及时反馈激励的前提条件和重要基础，网络育人充分利用互联网的便利性，缩短教育者与学生双向传播影响的过程，构建了及时反馈的平台和流程，保证及时反馈的效果以达到不断增强思想政治教育时效性的目的。网络育人是一种"教育者发布内容—学生及时接收—学生及时反馈—教育者再及时引导"这种有来有回的"乒乓式"良性循环，最终提高了思想政治教育的整体质量。

（三）网络育人的基本特征

网络育人是伴随着互联网技术不断更新迭代而出现的系统育人方式，但是这并不等于网络育人与传统思想政治教育育人方式的区别只是新媒体的手段和信息网络技术的使用与否。是否采用了信息技术手段是网络育人的基础条件，但不是全部，作为一种全新的育人方式，与其他的育人方式相比，网络育人有以下几点主要特征。

1. 网络育人环境的虚拟性

习近平在《关于加强和改进新形势下高校思想政治工作的意见》（中发〔2016〕31号）中指出：坚持全员全过程全方位育人[①]。在传统思想政治教育的

[①] 习近平.把思想政治工作贯穿教育教学全过程，开创我国高等教育事业发展新局面 [N].人民日报，2016-12-10.

七种方式中，从育人环境上来看，都属于学校环境，其教育环境是稳定的且在现实中是切实存在的，是能够看得见、摸得着、亲自体验的。"虚拟实在就是这么一种技术革新，它可以用于人类的每一项活动，而且可以用来中介人类的每一个事物。由于你全身心地沉浸在虚拟的世界中，所以虚拟实在便在本质上成为一种新形式的人类经验——这种经验的重要性之于未来，正如电影、戏剧和文学作品之于过去一样，它的潜在影响非常之大，有可能界定因此利用而产生的文化。"① 网络育人这种方式依赖虚拟的数字技术，它所构建的育人环境是信息化的、数字的，是虚拟的，以图片、视频、文字、网站等作为存在形式。同时，在网络虚拟环境里，传统的物化环境中的教育者、学生和教育内容等环境要素都被信息编码所取代，并通过全新的媒介进行鲜活的再现。在虚拟环境中，教育者能够借助虚拟环境对学生进行真实、有效的教育，对学生的思想品德形成和发展产生影响。例如，教育者可以借助 MOOC 课程，让学生在宿舍、自习室、甚至是远在千里之外的国外能随时"上课"。这对于教育者的育人全局把握、育人效果提升是一个全新的挑战，对于学生的自我控制能力、想象力和领悟力也提出了更高的要求。

2. 网络育人的主体间性

在传统的育人方式中，教育者与学生的地位往往是不对等的，由于教育者处于主体地位，掌握了话语权，具有天然的权威性，学生处于客体地位，处于被指导、被教育的地位，难免会畏惧向教育者提出自己不同的见解，不敢修正或反对教育者的观点。而在网络空间里，教育者和学生的身份可以是真实的，也完全可以是匿名的，这一定程度上淡化了教育者的权威，增加了学生的话语权，让学生能够自由表达自己的观点和意见，能够平等地借助网络平台进行沟通、交流和讨论。这体现了网络育人的"主体间性"，即强调教育者和学生互为主客体，突出两者的相关性、统一性和调节性。当然，这是对于主体性思想政治教育的继承、修正和创新，确保了教育者与学生的良好互动、相互理解，

---

① 海姆. 从界面到网络空间：虚拟实在的形而上学 [M]. 金吾伦，刘钢，译. 上海：上海科技教育出版社，2000：1.

给予教育者更好的途径将教育内容传递给学生，更好地吸引和帮助学生学习教育内容，在良好的、和谐的主客体关系上，推动思想政治教育取得良好的效果。

3. 网络育人内容选择性

在传统教书育人、科研育人、服务育人等育人方式中，根据教育者的目的、学生的专业和实际情况，教育内容并没有太多的选择性，如科研育人"就是通过让学生参与科研活动，并在活动中达到育人育德的目标。"[①] 根据学校的教学安排和学生学习阶段的具体任务，科研育人有"规定动作"，并没有太多自主选择的内容，但是网络育人的内容选择就截然不同，学生拥有选择教育内容和学习时间、进行教育互动等方面的自主性。由于网络育人在育人时间上的及时性和运行空间上的统一，育人内容的可选择面大大拓展，大到时政热点、方针政策，小到生活中的一点一滴、生活娱乐，比如生活中学生助人为乐的小视频等都能够选取为网络育人的内容。此外，学生也不再单纯地从教育者层面接收内容，不再是有什么就吸收什么，而是开始根据自己的兴趣爱好、专业特长、性格特点自由选择、学习教育内容。只有当教育者选择的教育内容与学生选择的教育内容互相贴近时，才能够增强学生参与思想政治教育的积极性和主动性。

4. 网络育人作用方式的潜隐性

教书育人、科研育人、实践育人等传统思想政治教育的育人方式都有着明显的目的性和灌输性，部分育人方式甚至会通过强制的考试对学生进行考核，这些育人方式会使学生处于被动、压迫的地位，容易引起学生的逆反心理，出现弱于预期、甚至与预期完全相反的教育结果。基于网络本身的匿名性、虚拟性、自由选择和共享的特点，网络育人的作用方式更多地将思想政治教育的各项信息、目的、任务通过当代青年学生喜闻乐见的方式渗入网络的方方面面，通过对学生进行更为精准化的识别与认知，从而达到对教育内容分众化地进行传播。比如一篇介绍出国经验的文章，一个奖学金获得者的典型事迹介绍，一个幽默而温情的老师寄语视频，一名杰出校友的新闻报道等。网络育人可以通

---

① 刘建军.论高校思想政治工作的育人格局[J].思想理论教育，2017（3）：15-20.

过潜移默化、润物无声的方式对青年的世界观、人生观和价值观产生影响，使学生处于一种不知不觉的学习状态，将思想政治教育知识内化于心，外化于行。

5. 网络育人作用场域的广泛性

传统的育人方式会受到空间、时间的限制，教育信息资源的交流都会有一定场域的限制。比如教书育人，学校设置课程，通过教师课程教学和相关的活动来达到育人的效果，其覆盖面相对来说比较窄，教师资源的使用效果也会受到一定程度的限制。而网络育人借助网络的超时空特点，打破了时间和空间的限制，实现了信息资源的高度开放和共享，在作用时间和运行空间的统一下完成了育人作用的广泛覆盖，不管是处于互联网时代的电脑终端，还是处于移动互联网时代的手机终端，只要在连网的条件下，教育者都可以随时随地地通过互联网共享相关的资源，影响来自全世界各地的学生，最大化覆盖教育场所，使教育资源发挥最大效能。

四、网络育人的科学定位

哲学社会科学中，定位用来表示事物的性质和地位，而自然科学中的"定位"则用来说明物体的方位、位置。明确网络育人基本定位就是要在思想政治教育的全过程当中，正确把握网络育人所处的性质以及地位，这对于科学理解网络育人的含义具有重要意义。

（一）网络育人是思想政治教育过程的重大创新

网络育人是关于思想政治教育的过程的重大理论和实践创新。判断是否是思想政治教育的过程，要看它是否符合思想政治教育活动展开、运行、发展的流程，要看他是否有明确的目的性，是否由教育者和学生通过一定的介体共同参与、相互作用。网络育人作为一个整体，是教育者通过网络介体对学生教育、引导、组织以及对学生的能动的认识和体验等多个方面进行结合的活动过程。

网络育人之所以可以作为思想政治教育过程当中对于理论和实践两方面的创新，是因为他拥有着思想政治教育过程的具体特点，其过程具有自身独有的特性。首先，网络育人突出明确的计划性和极其鲜明的正面性。思想政治工作归根到底是做人的工作，高校的立身之本在于立德树人，立德是基础，树人是核心。而网络育人作为高校思想政治教育的重大创新和重要方面，始终明确育人的根本方向，具有突出的计划性和导向性。网络育人坚持社会主义教育方向，坚持马克思主义的立场、观点和方法，全面贯彻党的教育方针，坚持为人民服务，为中国共产党治国理政服务，为巩固和发展中国特色社会主义制度、为改革开放和社会主义现代化建设服务。因此，网络育人仍旧坚守党的教育方针，努力培养堪当民族复兴重任的时代新人，培养德智体美劳全面发展的社会主义建设者和接班人。同时，设计网络教育内容的教育者会选择积极有价值的正能量内容和有利于学生的教育方式对学生施加影响。网络育人的背后离不开网络育人队伍，而在思想政治工作育人系统中，教育者在遵循网络规律、了解学生心理的情况之下，可以积极选取符合学生需要的教育内容，同时自觉提升处理网络信息的能力，运用优质的网络教育内容打动、鼓舞和引领学生。其次，网络育人是一个复杂工程，内容多，平台多，能够从知、情、意、信、行多个方面开始教育过程。同时，网络育人的作用场域性也决定了其广泛的社会性，网络育人能够覆盖社会各个领域。现如今，网络对于青年学生来讲已经不仅仅是获取知识的渠道、社交活动进行的场域或是购物平台。互联网已经将现实世界与虚拟世界的隔阂破除，打造出一个全时空、全立体的场域，已经深刻地渗入青年学生的每一个学习时刻、生活的点滴瞬间之中，根本性、实质性地改变青年一代的生活方式以及价值理念。而网络育人的发展，也延展了教育的空间，使得全员育人、全过程育人、全方位育人有了更清晰的着力点。习近平总书记在全国高校思想政治工作会议上指出，"要坚持把立德树人作为中心环节，把思想政治工作贯穿教育教学全过程，实现全程育人、全方位育人，努力开创我国高等教育事业发展新局面。"[1] 网络育人可以实现教育的延伸和发展，丰富思想政治教育的内容与形式，充分发挥学生的主体作用，在学生主动参与的过程中实现其成长成才的需求。最后，网络育人有鲜明的"思想道德价值引导"，

---

[1] 习近平.把思想政治工作贯穿教育教学全过程，开创我国高等教育事业发展新局面[N].人民日报，2016-12-10.

且这种引导是长期的，必须经过日积月累、循序渐进，从而全方位地让学生的思想和道德水平得到提升。网络育人必须坚持正确的政治导向，旗帜鲜明，弘扬主旋律，确保网络意识形态科学治理方向，输出符合青年学生全面发展的优质文化内容。网络育人是思想政治教育的重要方面，必须遵循思想政治教育的基本原则、基本方法，同时运用多种载体推进高校思想政治教育不断发展。一方面需要创新对校报校刊、校园广播电视等载体的运用，另一方面也需要对新兴社交媒体进行开发、建设、管理和维护，在充分运用网络的过程中，推进高校思想政治教育的创新发展。

网络育人之所以可以作为思想政治教育过程当中对于理论和实践两方面的创新，是因为网络育人的发展进程有利于正确处理思想政治教育的矛盾。思想政治教育过程是一个诸多因素相互作用的复杂的运动过程，这个过程充满着各种各样的矛盾。教育者所掌握的一定社会的思想品德要求与学生的思想品德水平之间的矛盾是思想政治教育过程的基本矛盾，而在思想政治教育过程中诸要素之间的本质联系及其矛盾运动的必然趋势构成了思想政治教育过程的规律。网络育人与传统思想政治教育方式相比，突出的特点是，网络育人的主体间性更容易实现。主体间性强调教育者与学生间的平等交流、互相补充，这样就解决了教育者与学生之间的矛盾。通过互联网的传播交往形式，使得教育者与学生、信息传播者与受传者之间能够实现更便捷的交互作用，正如哈贝马斯所说："交往理性不是简单地存在于一种主体或者一种体系的状态上而是参与所应该维持的东西的结构化。"① 网络信息不仅为人们提供了全新的交往方式，也推动人际关系向着反馈更及时的交往模式发展。网络育人作为互联网的交往活动，同样具有很强的交互性、及时性。网络育人的过程中，更加注重教育者与学生之间的互动交流、平等对话，同时学生可以自觉选择一定的教育内容，而网络育人所强调的教育内容选择性，有利于妥善解决社会环境与社会发展的客观要求之间的矛盾，对思想政治教育基本矛盾的积极回应，充分展现了网络育人的过程内涵。网络育人与网络密切联系，但网络中所提供的教育内容、平

---

① 哈贝马斯：交往与社会进化 .[M]. 重庆：重庆出版社，1989：101.

台、素材才是真正有利于发挥育人作用的方面。但是网络育人与日常育人同样密不可分，重要网络议题、话题或是与网络相关的线下活动同样是网络育人可以发挥作用的方面。

（二）网络育人是网络思想政治教育的整体表达

网络社会的兴起和发展给思想政治教育带来了巨大的挑战和机遇，网络与政治、经济、文化、社会生活等各个领域的密切结合，给全世界带来了深远的变革和影响。思想政治教育与网络的结合，已经从最开始把网络当作一种工具、平台、局部环境演变成将其视为思想政治教育活动的新空间。网络思想政治教育的概念有着广义和狭义两方面的理解，对于广义的理解来说，网络思想政治教育是在网络层面对传统思想政治教育从理念、内容、载体与过程的全面体系的构建；而对于狭义的理解来说，其单纯地利用网络，将网络作为思想政治教育的工具、方法，以此加强和改进思想政治教育。网络育人是高校网络思想政治教育在新时代最集中的功能体现和系统表达。

网络思想政治教育并不是简单地将传统思想政治教育"嫁接"或"移植"到网络平台，而是认真把握互联网这一重要环境和场域，了解其工具性、交互性、整体性、开放性等特点，使互联网与思想政治教育产生深度融合。无论是传统的思想政治教育还是网络思想政治教育，其根本都要聚焦"人"这一主体和对象，都是以教育人、引导人为出发点的。党的十九大以来，习近平总书记多次强调，我国应当科学认识网络传播规律，提高用网治网的水平与能力，充分运用新媒体、新技术创新思想政治工作，增强时代感和吸引力。教育部在2017年12月发布《高校思想政治工作质量提升工程实施纲要》，其中明确提出构建"十大"育人体系，"网络育人质量提升体系"作为高校政治工作质量提升工程的重要组成部分，也为网络思想政治教育的发展指明了方向。网络育人更多强调的是将思想政治教育的传统优势融入网络精神家园的建设之中，着眼于新的现实形势和网络技术，整体把握青年学生群体的特征及其内在需求，立足于现实中的有效工作，一方面充分了解网络舆情，掌握网络技术，整合教育资源，另一方面搭建完善的教育平台，提供优质网络文化，在守正创新中构建完整的网络思想政治教育体系，探索有效的育人途径。网络育人将思想政治教育的原理内涵与网络技术、互联网思维进行深度结合，使人们在潜移默化中逐渐形成符合个人成长、社会发展的思想和行为。网络育人的发展不是一蹴而就的，是思想政治教育发展与网络技术发展的结果，也反映了教育现代化和互联网思维影响下人的需要。探索网络育人的过程，既要通过总结和反思线下思想政治教育的实践经验，也要在理论与实践相结合中不断探索、开拓创新。

网络育人是"全员育人""全方位育人""全过程育人"理念在信息化背景下的新体现。随着党和国家对"培养什么人、怎样培养人、为谁培养人"的根本问题的深入认识，教育部提出实施思想政治工作质量提升工程，大力推进"三全育人"综合改革，坚持把立德树人作为中心环节，把思想政治工作贯穿教育教学全过程，进而实现全员、全方位、全过程育人，强化对青年学生的思想理论教育和主流价值引领。而网络育人与"三全育人"之间密不可分。网络育人是高校网络思想政治教育在新时代最集中的功能体现，也是推进"三全育人"工程的重要内容和着力点。网络育人的发展离不开理论与实践的相互影响、相互推进，网络育人既涵盖课堂教育、日常管理也涵盖发展服务等手段方式。从管理内容上看，网络育人也包括对高校网络舆情的管理、引导工作，对高校网络社区的建设工作，对网络文化的培育工作等内容。从技能提升上看，网络育人也包含对青年学生网络技能的培养、网络发展的辅导、网络人格的培育塑造等内容。可见，网络育人是将网络社会与青年成长成才密切相连，从系统性的角度引导学生理性、客观、辩证地看待虚拟与现实、网络与生活之间的关系，帮助青年学生适应网络、了解网络、掌握网络，在网络中树立正确的三观，在网络与现实中实现全面发展的过程。可见网络育人与"三全育人"具有内在统一性，也是"三全育人"在互联网世界的具体体现。

因此，结合网络育人的基本蕴涵，考虑网络育人在网络思想政治教育中的定位，教育者要严格地遵从其最新的理论研究以及实践探索等方面的发展需求，要在网络思想政治教育中，牢牢地把握住网络育人的定位，使其更加偏向于广义理解的范畴。

（三）网络育人是高校思想政治教育的空间扩展

"环境的改变和人的活动的一致，只能被看作是并合理地理解为革命的实践。"[①] 网络空间为高校思想政治教育的发展提供了全新的、广阔的空间，相较于其他的育人方式而言，网络育人在时间上来说属于"新鲜的"育人方式，是与时代的发展紧密相连的，它的出现，必然会充分地扩展高校思想政治教育的整体空间。

网络育人本身扩展了高校思想政治教育的网络空间。当前时代背景下，移动互联网以及智能技术主导的技术时代已然到来，这也意味着互联网技术不断发展成熟，大数据、人工智能、虚拟现实等技术得到开发和应用。新的技术为网络思想政治教育提供了发展的机遇，例如可以通过大数据运算、分析、处理思想政治教育中的信息资源，也可以通过数据治理实现网络思想政治教育信息精准化、科学化，从而使网络思想政治教育更具有针对性，符合学生的个性化需求；可以通过人工智能技术实现可视化应用，将虚拟现实用于网络育人之中，使学生体验沉浸式教学，大大拓展高校思想政治教育的教育空间。刘建军教授指出，"习近平总书记在全国高校思想政治工作会议上提出了以德树人为核心的思想政治工作全面育人战略思想，并由此形成了多维育人的格局，包括网络育人、组织育人、自我育人等多种育人渠道"[②]。我国将网络育人提高到了与其他育人同等重要的地位，突出了网络育人在这个时代的重要性，很大程度上来说，这是因为网络育人提供了以往育人方式不具备的育人空间，对于教育者来说，有了网络空间，育人从此不局限于面对面，不再局限于教室，如在新冠疫情暴发时期或者其他相关特殊时期，网络作为新技术就很好地支撑了学校的育人活动。

网络育人和思想政治教育的其他内容相互补充可以大大扩展思想政治教育的整体空间。习近平总书记在全国高校思想政治工作会议上指出："要坚持把立德树人作为中心环节，把思想政治工作贯穿教育教学全过程，实现全程育

---

① 马克思恩格斯文集（第1卷）[M]. 北京：人民出版社，2009：500.

② 刘建军. 论高校思想政治工作的育人格局 [J]. 思想理论教育，2017（3）：15-20.

人、全方位育人。"① 当然，各育人方式的侧重点不一样，如教书育人是通过教师的教学活动，特别是课堂教学来培养学生的，实践育人是通过教育者组织学生参加高校的社会实践活动，比如职业体验、社会调查、社会服务等实践活动来培养学生的思想品德和知识技能。而网络育人则是运用互联网思维，深入研究网络对人的影响，把握网络时代青年的特点和需要。但是，这并不代表各育人方式之间是各自为战，毫无关联的。相反，网络育人是其他育人方式空间延展的工具和平台，因为不论是教育育人、实践育人还是服务育人，在很长的时间里都是将网络作为硬性的基础条件，离不开网络进行管理和服务。此外，这些育人形式想要取得好的育人成效，也需要深入了解网络影响下的青年学生特点；其他育人方式是网络育人的基础和实践方式，网络育人需要研究学生的特点和实际需求，这些都离不开其他育人方式的协助，而网络育人质量的检验，同样离不开其他相关育人方式。因此，只有网络育人与其他育人方式相互补充、互相配合，才能扩展空间，形成育人合力。

---

① 习近平.把思想政治工作贯穿教育教学全过程，开创我国高等教育事业发展新局面[N].
人民日报，2016-12-10.

第二章　新时代高校网络育人的机遇与挑战

新时代高校网络育人呈现出迅速发展的态势，这对高校思想政治教育活动中的教育者、学生、教育载体、教育方式和方法都带来深刻的影响。作为一个和社会发展紧密相连的、具有突出特征的育人途径，其应当厘清现阶段面临的机遇与挑战，这是进一步提升网络育人效用的重要着力点。就一般意义而言，科学把握系统结构，促进系统有效运行，是发挥系统育人效用的核心因素。对于高校网络育人而言，深刻把握其面对的机遇与挑战，就是要深入理解新时代网络育人的外部环境、内在属性，理解网络育人运行的基本规律，推动网络育人的系统性工程建设，从而使新时代网络育人在高校育人中发挥出更大的效用。

一、高校网络育人的时代要求

高校网络育人工作的产生和发展有其社会历史性，符合时代进步的需要，符合思想政治教育的发展需要，符合学生的成长发展规律。重视和强调高校网络育人工作，不是现阶段思想政治教育"需要"做的工作，而是思想政治教育"不得不"做的工作，是确保国家意识形态安全、推动网络思政工作发展、加强多元文化氛围价值引导、适应当代高校青年学生新思维特点的切实需求，也是推进高校思想政治教育时代化发展的必然趋势。

（一）确保国家意识形态安全稳定

国家意识形态属于国家思想上层建筑，受经济基础和其他多种因素的影响，意识形态的安全是一个国家能够确保稳定、长治久安的有力保障。"大国网络安全博弈，不单是技术博弈，还是理念博弈、话语权博弈。"[①] 在互联网时代，国家意识形态安全稳定受到多重因素的影响，关注网络带给国家意识形态安全的影响是高校必须重视的课题。

网络意识形态领域斗争愈加复杂化，要进一步增强马克思主义意识形态话语权。意识形态工作是党的一项极端重要的工作。不管是互联网时代、移动互联网时代，或者到现如今的智能互联网时代，信息技术的不断革新与进步并没有改变互联网最核心的特点，即共享和互动，这也造成了比以往任何时代都复杂的意识形态斗争局面。在信息化时代，互联网日益成为意识形态斗争的主阵地、最前沿。必须承认的是，我国与发达国家在信息技术上还有一定的差距，在运用互联网技术进行国家意识形态传播方面，发达国家起步早，掌控方式更有经验。在互联网时代，国内外敌对势力利用网络信息超越国界传播的特性，充分发挥网络传播的便利性，利用信息对象受众的信息不对称，把国内外网络热点、社会政策、民族问题、社会矛盾焦点、国际争端、社会发展过程中的贫富分化等问题制造为复杂多变的政治舆论，在思想层面影响高校青年人才。马克思曾指出："一定的认识形式的解体足以使整个时代覆灭。"[②] 青年学生处于"拔苗育穗"期，人生观、世界观、价值观很容易受到影响。高校应当高度重视网络意识形态领域斗争的复杂性，剖析意识形态领域出现的新情况、新问题，巩固马克思主义意识形态的话语权，牢牢把握意识形态的主动权和领导权。高校要高度重视用马克思主义理论来加强网络阵地建设，要坚持中国共产党的领导，遵循网络意识形态工作按照属地管理、分级负责和谁主管谁负责的原则，明确主体责任，坚持领导班子主要负责人为第一责任人，直接主管的班子成员承担主要领导责任，要在网络世界里面坚定立场，使内容与时俱进，适应网络育人的要求，在复杂的网络意识形态斗争中潜移默化地正面影响学生。

网络意识形态领域斗争愈加隐蔽化，要进一步加强高校网络载体建设和技术监管。"网络安全是整体的而不是割裂的，是动态的而不是静态的，是开放

① 习近平. 在网络安全和信息化工作座谈会上的讲话 [N]. 人民日报，2016-04-19.
② 马克思恩格斯全集 [M]. 北京：人民出版社，1972：169.

的而不是封闭的，是相对的而不是绝对的，是共同的而不是孤立的。"[①]意识形态领域斗争已经不同于往日的"明刀明枪"，不再是旗帜鲜明的口号、条幅和领导人发言主张，而是呈现出"暗箭难防"的态势。意识形态斗争更加隐蔽化，而互联网的迅速发展，更是加深了这一特征。大多数的西方国家利用网络信息技术的优势以及互联网信息资源的垄断地位，在信息技术控制的基础上，完成了信息资源产品的倾销。经过精心策划，一个普通的发帖，一个正常的意见反馈，一个正常的社会事件，都能够在网络社会中引发非理性的共鸣，都能够引发大规模的社会关注与讨论，从一个普通事件发酵成热点事件，再上纲上线到社会制度和意识形态层面的质疑，持续不断地冲击社会民众的心理，从而加剧社会矛盾，影响社会稳定，这些都无形中对中国学生的价值观和新时代中国特色社会主义思想形成冲击和挑战。针对这一情况，网络育人需要加强载体建设，要搭建师生网络互动平台，要让高校青年学生时刻听到教育者的声音，感受到教育者对事物的认识和思考。同时，加强网络平台的互动性，一方面能够加强教育者和学生的情感联系，另一方面能够及时迅速地解答学生的思想困惑，增强主流意识形态的影响力和引导力。

网络意识形态领域斗争愈加尖锐化，要进一步加强网络育人的队伍建设。意识形态的斗争方式已经由"明"转向"暗"，但是意识形态领域的斗争强度却没有丝毫的减弱，意识形态的斗争主要有两个方面，一方面是西方资本主义国家的意识形态和价值观念对中国的渗透，另一方面是西方资本主义国家通过多种途径弱化和冲击社会主义意识形态的稳定构建。在互联网时代，这两种意识形态斗争都愈加尖锐。在互联网时代，青年学生"泛娱乐化"的特征给了西方资本主义开展意识形态领域斗争的机会和途径。习近平总书记指出："网络安全为人民，网络安全靠人民，维护网络安全是全社会的共同责任，需要政府、企业、社会组织、广大网民共同参与，共筑网络安全防线。"[②]网络空间符合人民的利益，需要人民来维护。在高校，网络信息的多元性和繁杂性，青年学生

---

① 十八大以来重要文献选编（上）[M]. 北京：中央文献出版社，2014：113.

② 习近平. 在网络安全和信息化工作座谈会上的讲话 [N]. 人民日报，2016-04-19.

群体的不稳定性、对意识形态的疏离感，这些特点的融合也决定了高校网络意识形态的斗争需要一支懂理论知识、会网络技术的人才队伍，在网上树立屏障的同时，需要充分研究青年学生群体的心理特点和需求，正确把握青年学生的思想认识情况，并且根据学生的反馈及时进行调整，增加青年学生的意识形态教育，加强意识形态的宣传工作，进行消解西方敌对势力对于国家安全的攻击和抹黑。

正因如此，正视网络育人的重要性，是加强网络育人的研究、丰富网络育人的实践经验，通过全面思考和系统运作进一步探索通过网络育人来确保国家意识形态安全的必然选择。

（二）加强多元文化氛围价值引导

当今世界，经济全球化潮流不可阻挡，多元文化交流与冲突并存，主流文化不可避免地遭受到了冲击。美国国际政治学家亨廷顿在《文明的冲突》中提到的关于文化、文明之间的冲突论述引起了学界的关注。在文明与文明相交织、文化与文化相融合的过程中，冲突也是必然存在的。如何有效运用网络信息技术，在多元文化背景中明确价值引导，促进中国特色社会主义文化创新发展，减轻西方思潮对我国文化所产生的冲击，进而维护和构建世界文明秩序，是高校网络育人在发展过程中需要思考的另一个时代命题。

世界文化呈现出多元交流的趋势。随着互联网的不断发展，人类文明活动的互相交织，不同民族、国家之间的生活方式影响更加密切，这些体会、思考和思想交流在网络空间中迅速传播，多样化的网络思想、社会思潮层出不穷。就如同亨廷顿所指出的："未来不会出现一种普世皆准的文化，人类仍然生活在一个不同文化并存的世界"[1]。在所有开放的国家的文化当中都会存在着多元文化，西方的各种思想观念和生活方式都会与东方的传统文化并存[2]。世界文化发展过程中的差异以及多元发展的趋势受到了文化的民族性、时代性和地域

---

[1] 亨廷顿.文明的冲突与世界秩序的重建[M].北京：新华出版社，1998：140.

[2] 葛吉霞.中国传统文化的出路：传承与创新——基于塞缪尔·亨廷顿"文明冲突理论"的思考[J].前沿，2011（21）：179-182.

性等方面的影响。首先，世界上的不同民族内都形成了相对持久、稳定的文化，对维护民族的稳定、发展和繁荣起着重要作用。当不同民族与不同民族之间的文化相碰撞之时，民族习俗、行为风格等形成的差异会使得交流交往中产生矛盾和冲突。其次，文化作为社会意识的重要内容，由社会存在决定和影响，在不同时代受不同的经济、政治的影响，必然会形成具有时代性特点的文化，而随着时代的发展又会产生新的文化。但同时文化具有相对独立性和稳定性，当新旧文化碰撞时，新旧文化心理、价值观相互交织时必然会相互排斥，进而形成新旧文化的矛盾。最后，在文化的地域性影响下，语言、风俗、价值、心理等文化特性都有不同程度的差异和矛盾，在坚持和捍卫文化的过程中，人们表现出的是对价值观、行为准则甚至家国情怀的坚守。世界多元文化的发展正是多民族、多时、多地文化相遇后形成的态势，而由于文化本身的异质特点，多元文化下的文化冲突是客观存在的。但文化之间的碰撞也会促进文化的持续发展，在一定程度上，世界文化的引入与中国的主流文化出现了交流融合，中国文化也与不同的文化共生共存，并日益发展和繁荣。在高校的思想政治工作中，当个体面对文化的多样性，只要价值引导得当，个体就能够在多元文化中塑造个性，突出自我。比如随着来华留学生的数量日益增多，随着中国学生与留学生的交流日益深入，中国学生走出国门学习先进文化的趋势进一步增强，在正确的价值引导下，诸多高校学生在国外学有所成，在世界优秀文化的滋养中成长成才，报效祖国，实现了自身的全面发展。

中华文化软实力需要进一步增强。"人类社会一切重大的社会行动，如果仔细观察的话，都有一定的文化背景在起作用。"[①] 文化对社会发展、对个人成长都具有重要作用。互联网时代，多元文化的涌入给中国民众带来了强烈的文化冲击，由于"新鲜"效应，部分人经受不住西方价值观念的诱惑，出现了"外国的月亮比中国圆"的错误思想。但是，改革开放以来，中国经济飞速发展，中国人的文化需求同样在不断增长，文化素质在不断提高。同时，中国文化不仅在国内带给国人自信，受国人追捧，也逐渐走向世界，影响世界。中国对世

---

① 田学斌.文化的力量[M].北京：新华出版社，2014：2.

界的文化输出日益增强。中国的孔子学院经常举办极具特色的、高水平的中华文化传播活动，参与人群涉及广泛，活动类型丰富，包括汉语体验课、中国概况讲座、书法讲座、剪纸课、茶艺讲座与体验、中国风筝制作课、中国美食饺子制作课、太极学习与体验课等，每年都有数十万人参与活动，并且通过春节文艺演出、夏令营、中国知识竞赛等活动为外国民众带来了不出国门体验地道中国文化的宝贵机会，促进了中华文化与当地文化的全面融合，推动中外文明互鉴。求木之长者，必固其根本；欲流之远者，必浚其泉源。中华优秀传统文化是中华民族的精神命脉，是涵养社会主义核心价值观的重要源泉，也是我们在世界文化激荡中站稳脚跟的坚实根基。如何在网络信息技术发展背景下进一步弘扬中华优秀文化，增进中华文化软实力，是网络育人的现实要求。

网络空间下的多元文化给意识形态安全带来了风险。网络具有平等、开放、共享等特点，同时又具有极强的隐蔽性，网络空间的政治观点、各类思想极易聚集又易传播。"新技术不断迭代，改变了网络意识形态传播渠道和方式，不断重塑网络意识形态阵地的安全环境，消解主流意识形态在话语优势和环境优势。"[①] 当前网络环境下还存在"去中心化""消解权威""泛娱乐化"特征，青年学生对文化的需求具有多样性、选择性，但对世界的认知、人生的理解、价值观的追求，仍需要得到正确的引导。网络环境中的不稳定因素加剧了三观教育的难度，而网络意识形态领域进行的是没有硝烟的斗争，关乎人民的安全，关乎党和国家的生死存亡，关乎中华民族伟大复兴，是一场必须面对、必须打赢的斗争。教育者要正视网络空间中多元文化对意识形态、主流文化的冲击，坚定马克思主义在意识形态领域的指导地位，以社会主义核心价值观为引领，发挥政治领导力、思想引领力，运用现代科技手段充分挖掘民族文化的丰富资源，发挥民族文化的积极作用，使其与当代社会相适应，与现代文化相适应。同时，教师应当不断推进文化创新，学习社会主义先进文化，增强文化的感召力和发展活力，以优秀网络文化涵养高校思想政治教育，直面高校领域中意识

---

① 冯刚，金国峰．"十四五"时期网络意识形态阵地建设的逻辑理路 [J]．高校马克思主义理论研究，2022，8（1）：106-112.

形态的问题、难题。

因此，面对多元文化长期并存的大势，对于承载着中国文化发展前途的高校青年而言，教师应当持续对他们进行价值引导，使他们具备一定的判断能力和辨别能力，能够抵制西方错误思潮的影响，确保中国文化在多元文化的共存中不断进步。

（三）适应学生的新思维特点

互联网以其技术手段融入了人们的生活，改变了原有的社会形态，其中最核心的就是改变了互联网用户的认知、行为习惯和思维模式。在互联网环境中的高校学生具备一些独有的特点、需求和想法，因此，教育者只有真实地了解学生，才能够高效有序地开展思想政治教育工作。习近平总书记讲"教育对象到了哪里，我们就应该到哪里"。这就要求教育工作者了解在"互联网环境下成长的一代人因为互联网而具备的能力和内在水平、需求和想法、思考模式和行动逻辑"[①]。网络育人正是适应了学生的新思维特点，能够满足学生，引导学生的需求。

网络育人满足了青年学生注重独立性和主体性的需求。互联网的各种开放的特点和特征使得青年学生有了更多表达自我、发展自我的机会。网络平台的发展改变、超越了原有获取知识、解决问题的途径。互联网平台的完善、新媒体平台的搭建使得原本被动接受教育或只能接受线下教育的青年学生群体拥有了更广阔的学习空间，信息传播的主导权也逐渐转向了受众之中，青年学生能够在网络空间中自由地开展娱乐、获取信息资料、学习知识、进行社交沟通等。在互联网社会发展过程中，特别是随着互联网企业的不断发展壮大，人们充分意识到当代青年学生注重体验、更加注重自己内心的满足感。因此不论是学生的学习过程，比如 MOOC 平台的选课、竞赛活动的设计等，还是在学生的生活当中，比如用 App 在点餐、购物、参加娱乐活动的设计时，网络育人都应当最大限度地满足学生自身个性和需求，这也会进一步强化青年学生的独立性和主体性。网络育人为培养当代青年学生的独立性和主体性需求提供了着

---

① 冯刚. 互联网思维与思想政治教育创新发展 [J]. 学校党建与思想教育，2018（3）：4-8.

力点，这个着力点主要有两层含义。一是指拥抱技术、顺应技术发展，做到不被抛弃、不被放弃。互联网科技日新月异，而高校学生往往是最新科技、最新技术的接收者，而大部分教育者往往是被动地、落后地使用某项互联网技术，表现出来的情境大多是"慢一拍"。网络育人要求教育者审时度势，将兼具即时性和智能性的互联网中蕴含的平等、开放、互动、共享思想有效融入思想政治教育，结合思想政治教育的内容、载体、方式方法开展工作，提高思想政治工作的实践能力。二是指拓宽了思想政治教育者的思维视域，教育者同学生一样，需要不断进步，不断深化对互联网的认识和理解，并提高运用互联网的能力。辅导员、教师可以通过平等的身份加入学生在新媒体中的虚拟社会交往圈子，这样在平等的社交环境下，教师不但能够精确地掌握学生的个体动态，深入了解学生的全貌，也可以在一定程度上减少师生因身份界限而产生的疏离，从而为师生交流提供一个全新、平等的交流平台。不论是公开交流或是私下交流，都为促进师生关系的良性发展提供可能性。互联网所提供的新平台、新方法、新载体能够开拓教育者的思维视域，帮助教育者更为全面、深入地了解学生和教育内容。

网络育人满足了高校青年学生对"话语权"的需求。在互联网平台，人人都拥有一个话筒，人人都能够发布信息。当互联网环境下长大的学生拿着智能手机听歌的时候，在学习、在玩游戏的时候，都是有交互的，互联网上的一言一行、一举一动，在他的成长过程中，是有回应的。随之，当他踏入大学校园，经历校园学习生活的时候，当学校有规定、老师有安排的时候，他会自然地想到表达观点，参与决策，同时更加注重表达个人感受，特别是在涉及自己利益的领域，当代学生有了更多的表达意愿和维护自身权利的意识。新时代下，高校不断加强网站、微信平台、微博、App 软件等网络载体建设，随着网络载体智能化程度的提高、知识信息供给方式的进一步丰富，在思想政治教育开展过程中，教育者通过有效的线上交流和沟通，能够满足学生在"话语权"方面的需求，给学生创造平等对话的机会，有效地促进学生接纳思想政治教育的内生动力的强化。同时，互联网天生具有平等、互动等特征，它会淡化教育者与学生的疆界。与其他年龄段的网民相比，青年网民普遍接受过相对较好的教育，所拥有的知识面、接触面更广，因而接受新生事物的意愿更强，更加关注时政大事和社会热点，更加注重彰显自己的个性并表达观点，擅长主动传播、扩散和共享信息。同样，更注重沟通与交流、更注重话语权与参与感是不论处在哪一个阶段的互联网思维下成长的一代所具有的共同特点，因而，学生特点的改变必定受到教育者的高度重视，进而使工作的思维和方式得到转变，自由沟通得到倡导，学生得到平等对待，有利于创新机制、搭建平台挖掘学生的兴趣，培育学生的认同感与满足感。

网络育人满足了青年学生开放学习的需求。互联网时代，信息量大，传播的速度非常快，随着移动互联网和智能互联网的发展，网络成为学生学习的重要场域。青年一代是伴随着互联网技术的发展而成长起来的，顺其自然地成为"网络原住民"。现如今，网络使青年学生的学习方式更加多元化，能够便利到一部智能手机即可完成哈佛大学的线上学习课程，学生的学习效率高，而且可以通过"碎片时间"进行学习。而例如国家开放大学终身教育平台自建学习资源，将338所知名高校课程资源汇入其中，通过打造10个头部平台的特色课程等方式，提供共计50万门课程，满足青年群体甚至社会大众多元化、个性化的学习需求。同时，青年群体具有很强的创新思维，能够将开放、多元的知识相融合，并且勇于尝试新颖的、个性的、多样的知识内容和媒体形式，从而在开放多元的学习环境中探寻出符合自身发展的知识体系。但是由于高校大学生还处于世界观、价值观、人生观的形成时期，具备易变性，他们自身的学识和人生经历还不足以对网络上繁杂、虚假的信息做出清晰的判断，容易轻信"大胆""新鲜""劲爆"的信息，特别是对一些特立独行的"专家"言论缺乏更准确的判断。因此，如何有效运用互联网这把"双刃剑"，在丰富青年学生知识的同时，进一步加强价值引导，成为新时代网络育人的重要时代要求。

（四）推动网络时代思政工作发展

习近平总书记指出："要把思想政治工作贯穿教育教学全过程，实现全程育人、全方位育人。"① 这一思想落实在高校工作中，体现为高校形成了包括"教书育人、科研育人、管理育人、服务育人、心理育人、实践育人"的多维育人格局，这是对高校"培养什么样的人，如何培养人以及为谁培养人"做出的深刻论述，既指明了为什么要开展高校思想政治工作，又说明了应如何推动高校思想政治工作。2021年，中共中央、国务院印发了《关于新时代加强和改进思想政治工作的意见》，其指出："加强网络思想政治工作，深入实施网络内容建设工程，加强网络传播能力建设，依法加强网络社会管理，推动思想政治工作传统优势与信息技术深度融合，使互联网这个最大变量变成事业发展的最大增量。"② 互联网时代，网络已经贯穿了社会的方方面面，成为当代人，特别是高校青年学生生活中的"空气"，无论是学习、实践还是购物、吃饭，人们都已经离不开网络。网络育人也同样如此，因为网络已经不可避免地被运用到各种育人方式当中，如教书育人中的网络课堂、管理育人中的学生管理系统。不仅如此，如果将网络育人作为一个独特的育人形式，那么它对于思想政治工作的实践拓展起到了极大的推动作用。

网络育人要求教育主客体协同发展。网络育人中的"人"包括教育者和学生，共同活动场所是"网络"。在网络中，学生把网络当作知识的来源，学生是一个自由选择的个体，面对思想政治教育内容的同时，也面对了诸多的"流量软件"以及繁杂的信息和神秘的网络世界。学生期待思想政治教育工作如同其他的"流量软件"一样，不但要有事实的说服力，也有喜闻乐见的方式，有榜样的引导力和感染力。而由于社会发展、年龄、成长的背景不同，学生对网络的运作、依赖程度、理解是超前于教育者的，因此，教育者面临着与其他的"流量"争夺高校青年学生"关注度"的压力，这就在一定程度上"逼迫"教育者去了解网络形式，掌握育人类型，去消解杂乱错误信息的影响，去化解敌对势力有意识的攻击和渗透，去建立网络育人的阵地，去宣传"正能量"，传

---

① 习近平.全国高校思想政治工作会议：把思想政治工作贯穿教育教学全过程，开创我国高等教育事业发展新局面 [N]. 人民日报，2016-12-09.

② 中共中央国务院印发《关于新时代加强和改进思想政治工作的意见》[N]. 人民日报，2021-07-13.

播更多的正面信息，发挥网络育人的功能。法国作家勒庞说过："不要走在我的前面，因为我可能不会跟随，不要走在我的后面，因为我可能不会带路，请走在我的身边，做我的朋友。"[①] 教育者之于网络的关系，就应该如此，不是贸然的追随，也不是冒昧的拒绝，教育者需要根据网络的特点和学生的特点来弘扬育人"正能量"，来把握契机，时刻关注网络之于教育的作用，关注网络对于学生的影响，思考教育与网络结合的育人方式，紧密结合思想政治工作立德树人的根本目标，赢得学生的信任和取得育人的成效，在与学生共同的成长过程中既提升自我，又推动学生的成长成才。

网络育人要求丰富思想政治工作理论体系。思想政治教育是在思想政治工作实践基础上形成的一门科学，因此，它的理论必须与时俱进，必须适应实践的发展需求。进入互联网时代以来，随着高校思想政治工作环境的变化以及教育者、学生对于自身思想认识的变化，思想政治工作的实践也发生了巨大的变化，从传统的灌输式育人发展为网络育人、教育育人、管理育人、服务育人、实践育人等多种形式的结合。因此，随着互联网时代的发展和实践的创新，网络育人理论的进一步丰富，从1999年"网络思想政治工作"的提出[②]，到2000年"网络思想政治教育"概念的提出，网络育人理论也得到了飞速的发展，从关注网络硬件的建设，到网络平台特征的分析到现如今关注网络成长环境下"人"的特点和规律，再运用网络来丰富其内容，这对网络育人实践的指导具有积极的意义。新时代，随着网络育人实践的创新发展，它对于思想政治工作理论深化的要求也越发凸显。

网络育人要求思想政治教育工作协同发展。当前，高校思想政治工作中形成的多维育人的格局，就是要根据习近平总书记的领导，做到"思想政治工作贯穿教育教学全过程"[③]。其与其他育人方式不同的地方就在于，它拓宽了思想政治工作上的实践领域。一是在拓宽实践的场所上，他改变了传统思想政治教

---

① 勒庞.法国大革命[M].张武顺，译.长沙：湖南科学技术出版社，2014：21.

② 中国共产党思想政治工作大事记（1921—1999年）[M].北京：学习出版社，2000：296.

③ 习近平.全国高校思想政治工作会议：把思想政治工作贯穿教育教学全过程，开创我国高等教育事业发展新局面[N].人民日报，2016-12-09.

育工作上必须"面对面"的情景。在互联网时代，网络育人的场域完全打破了空间的限制，能够在虚拟的网络空间完成教育活动，教育者与学生之间也能够实现随时的沟通，一条短信的问候、教育者"微信朋友圈"的一条状态、教育者一条对于热点事件的转发评论的微博，这些都是思想政治工作实践的体现。二是增加了教育者和学生的整体范围。之前教育者和学生是相对固定的，一般都在本校之间，鲜有不同学校、不同国家之间的教育者和学生之间进行交流。互联网的出现改变了过去相对固定的格局，教育者与学生的沟通领域得到进一步的拓展。三是拓宽了思想政治工作的时间领域。传统的思想政治工作都是在工作时间完成的，但是随着互联网的出现，思想政治工作的实践领域突破了时间的限制，一切依据教育者和学生的需要，时间不再是问题，即使是在假期，人们都可以完成思想政治工作的实践。因此，场域上的扩展、对象范围的扩大、实践领域的扩充，都要求高校思想政治工作进一步深化协同育人，发挥网络育人的协同育人效用。

二、高校网络育人的现实挑战

自互联网诞生以来，我们对于网络的认知在不断升级更新，从最初的排斥到监督使用，再到主动出击为我所用，互联网成为我国经济社会发展的重要助力。当前网络信息技术不断发展的背景下，高校网络育人资源逐渐丰富、网络育人载体日益多样、教育手段走向多元。但也存在着网络平台建设未满足师生需求、平台承载能力有限、网络育人形式单调、教育内容单薄、平台体制机制有待创新等问题。而在其中发挥着决定性作用的教育者，更应当准确把握自身在高校网络育人中的地位和所发挥的作用。因此，作为现阶段育人路径中重要探索，我们必须把握现阶段高校网络育人所面临的困境，在此基础上，直面现实问题，用更加开阔的视野和格局去实现网络育人的创新发展。

（一）互联网环境下教研能力与网络技术的错位

在一定程度上讲，网络育人是高校全员育人的实现路径和重要方式。通过网络，全员育人能够及时全面地渗入育人的内容、载体等各个层面。但是，在落实全员育人的过程中，这种新的育人路径也对教育者和管理者提出了更高的要求，即提升网络管理水平以及网络信息技术能力。这要求教育者和管理者既能够把握好理论的高度，理解当代青年学生的所思所想，又能够掌握互联网的技术，把思想、价值观念通过文字、图片、视频等方式与青年学生沟通交流，与青年学生产生共鸣。然而，由于互联网发展日新月异，教育者受教育水平不同、研究方向差别、兴趣爱好各异等因素限制，教育者的教研能力与网络技术之间会有一定的错位，这就很大程度上影响了网络育人的实际效用。

部分教育者知识理论水平较高，网络信息技术水平较弱。教育者通过接受高等教育，掌握了较高的知识理论水平，这是提升网络育人效果的重要保障。在全员育人中，"两课"教师作为思想政治教育的主力军，具备了很强的理论优势，对学生的价值观引导能起到至关重要的作用。但是，也有一部分教育者虽然理论水平高，却不太愿意接触网络、提升自己的网络技术水平。一方面是在思想认识层面，教育者对网络存在抵触行为，没有更新观念，把网络当作西方发达国家传播思想的武器，将网络拒之门外，没有以开放的心态，迎接网络的挑战，主动占领网络阵地，为我所用。同时在学习新技术、新方法时存在畏难情绪，不愿意主动走出舒适区进行新技术的学习和理论探索。另一方面是在技术层面，虽然教育者在思想层面上意识到需要通过开展网络育人，培养建设中国特色社会主义事业的接班人，但是因为年纪和个人成长的经验影响，对网络技术的掌握水平有待进一步提升，对网络日新月异的产品还比较陌生，对网页、微信平台、微博等的设计、内容更新、框架创设等工作的能力有待进一步提高，对青年学生的网络语言、交流方式还有待提高认识。此外，复杂的网络信息技术也增加了教育者掌握、理解、消化和运用的难度。对于理论知识水平丰富的教育者而言，要进行网络技术培训，使教育者能自如地运用网络与学生进行交流沟通，这样才能更好地理解青年学生的思维方式，得到学生的接受和认可，扩大"两课"教师的教育辐射范围和影响力度。

部分教育者网络技术水平较高，知识理论水平较弱。相较于"两课"教师，全员育人中其他的教育者，包括辅导员、班主任等日常思想政治教育的实践者，他们对信息技术、网络语言的掌握能力更加突出，对网络平台的了解也更深，能够整合力量和资源，参与学生喜闻乐见的网络技术平台运用。但是，部分日常思想政治教育者的知识理论水平还有所欠缺。众所周知，只有政治素质过硬，知识理论水平扎实，才能够把网络建设成为一个重要的思想文化宣传阵地，才能不偏离网络育人的本质和核心，扎实推进网络育人工作，培养社会主义接班人。网络育人的根本在于"人"，教育者是"人"，网络育人的学生是"人"，正是"人"在网络下的成长造就了各种问题，因此，也需要教育者关注这些问题的特点以及研究其形成的规律，将网络下成长的"人"研究透，才能对症下药研究如何育"人"。同时，在自媒体时代，许多理应承担"教育者"身份的大 V 等人员更容易左右舆论。而如果异军突起的自媒体灰色产业链缺乏事实依据甚至严重失真，网民在通过虚拟载体方便快捷地获取各种形式的信息资源，表达自我意见与诉求，多元价值取向随之日益明显，对社会主流意识形态的认同和信仰逐渐减弱，传统思想政治教育依靠组织权威进行话语输出大打折扣，受教育者很难真心认同和接受。这就要求育"人"的前提是，教育者提高自身思想政治素质水平，把社会主义国家育人的目标、育人的方向在社会实践中做出合理的解读和引导，比如霸权主义、当前的社会问题、网络道德等内容的构建，都需要教育者巧妙介入和引导，否则，如果在思想政治理论和知识上存在偏差，网络平台搭建得再好，吸引的学生再多，内容更新的速度再快，都会给青年学生的价值引导带去反作用力。同样的，如果知识理论水平欠缺，也会在很大程度上限制网络育人政策激励制度的把握、网络对话平台的构建、协同机制的创设、人才培养的效果。因此，高校的思想教育工作者要充分认识到网络育人的重要性，掌握网络育人的理论知识和网络技术，实现育人效用的"双剑合璧"。

（二）互联网环境下教育者与学生的矛盾

习近平总书记指出："我们对信息化、网络化研究还有不适应、不合拍的问题。要顺势而为、因势利导，研究把握信息网络时代政治工作的特点和规律，用好用活网络平台，占领网络舆论阵地，推动政治工作传统优势与信息技术高度融合，增强政治工作主动性和实效性。"① 网络具有开放性强、更新快的特点，是一种不断发展的新鲜事物，在网络育人效用的发挥上，必须不断提升教育者的自身素养，以减小教育者与学生的矛盾。

技术层面上，部分教育者求新不足。一方面，部分教育者对网络的基本知识掌握不够。现在的大学生成长在互联网空前繁荣的信息大爆炸时代，互联网真正融入他们的学习与生活当中，他们中大部分人的衣食住行以及学习会第一时间考虑："我是否能够在互联网平台上实现，我能否运用互联网的工具"。而企业为了实现流量的争夺，在互联网上的设计与拓展又会加速这一效果。而部分教育者的成长过程中没有接触互联网，互联网并不是生活工作的必需品，当互联网迅猛的发展冲击整个教育行业时，教育者的第一反应是堵、是拒绝，把互联网全盘否定，并将其认定为弊大于利，认为其影响了大学生的成长成才。另一方面，部分教育者对网络工具的使用落后于学生，网络功能挖掘不充分。在思想政治教育中，教育者与学生之间情境的交流、共鸣是至关重要的。网络育人的一个特点是，与传统的思想政治教育不同，它减少了教育者与学生之间的面对面联系，这就要求教育者在网络上与高校大学生有更加紧密的联系，加强教育双方的情感交流，从而实现润物无声的效果。但是在互联网技术或者互联网工具的使用上，我们常常会发现一个现象，将网络作为一种工具的角度上来看，教育者一直落后于学生使用的步伐。当学生在利用"人人网"沟通时，教育者在使用邮件；当学生利用"微博"平台交流时，教育者在研究"人人网"平台；当学生转战"微信"时，教育者还在研究"微博"这种互联网形式在育人工作当中的规律与成效。并且，在使用这些网络工具的过程中，因为教育者的使用多是被动的，是一种疲于应付，是对完成量化评价的指标任务，并没有做到充分挖掘互联网的功能，未能真正借助互联网工具开展思想工作，弥补传统思想政治教育的不足，进行更好的沟通与互动。

思维层面上，部分教育者求变不够。在网络信息时代的发展进程中，人的综合素养、思维方式都在潜移默化地发生改变。而如果固守旧例，以封闭的视

---

① 习近平．习近平总书记在全军政治工作会议上的重要讲话 [N]．人民日报，2014-11-01.

角和思维去看待变化着的网络世界，则很难走进网络世界，更难走进网络之中生动、多面的个体。而高校思想政治工作的教育者包括辅导员、班主任、党政管理干部、"两课"专业教师等群体，由于年龄层次、思维方式、行为习惯等不同，许多教育者不能及时更新自身，也会使教育效果大打折扣。一方面，教育者把网络育人当作了传统思想政治理论课教学课件内容的"网络"搬家。互联网天生的开放性、平等性和共享互动的特征，使它在一开始就会打破教育者与学生的疆界。但是，许多教育者并没有研究互联网条件下学生形成的思维特征，单纯地用网络来重复传统思想政治教育的内容，错把"通过网络展示内容"当成实现了网络育人。极端情况下还有许多教育者不能够很好地适应网络教学，会避免网络在课堂教学中的使用，会拒绝接受通过网络来实现大学生的现实需求。另一方面，教育者把网络育人当作了日常思想政治教育工作的"网络"搬家。以往，教育者大多会通过"面对面"的方式，通过与学生进行沟通交流，拉近彼此的距离。在网络育人的环境下，从事日常思想政治教育的学生工作者，也只是将日常工作通过"网络"进行生硬的灌输，并没有研究互联网的思维，也没有去研究互联网影响下学生思维活跃、追求便利、开放平等的思维特点，一方面丧失了传统思想政治教育下的情感熏陶与交流，另一方面又使学生把教育者"网络育人"形式当作一种刻板的教育方式，认为其是一种负担，产生一种逆反和反感的心态。

（三）互联网环境下教育效果的巩固难与易反复

网络空间与现实生活具有很大差异。现实环境下，青年学生在经过教育后，其体验感更为直接，感受更为强烈。开放、多元的网络环境一方面能够增加学生学习的内容，增强其自我认知和自我定位，实现主体性认识。但网络意识形态中的斗争也会使得学生陷入迷惘、彷徨的困境中，增加学生的学习成本、选择成本。因此，网络育人的成效需要经历相当长的时间，而教育效果也存在巩固难和易反复的情况。

多元开放环境增强学生的主体性认识。以往教育者和学生这二者有着较为清晰的界线，教育者处于主体地位，学生处于被教育的地位，处于客体地位，教育者与学生之间是一种"予与取"的关系。当然，学生也是人，能够能动地从外部世界和自身内部获得关于自身道德状况和思想道德教育影响的认识，具有一定的主体性。但随着互联网的出现，网络开放多元的特性与高校大学生的新潮、创新、开放等特性互相融合，互相促进，由于生活、成长在这个多元开放的信息时代，学生拥有更多的话语权，有了更多自由表达的机会，具备了更多主动参与的想法和实践的机会。同时，在开放多元的网络环境中，学生的媒介素养随着使用网络而不断提升，对自我的认知更加清晰。"媒介素养着重于帮助人们尤其是青年人成为对媒介信息更谨慎和理性的消费者，从而在有关健康、购物和价值判断上能做出更明智的选择；同时也帮助人们成为媒介有创新的生产者，从而更有效地传递他们的所思、所想和优势。"① 在开放的网络环境的影响下，青年群体能够自主、主动、能动、自由、有目的地开展活动。因为从小生活在网络环境，不管是在知识学习，还是在社会实践过程中，他们都更多地体现出"我要做"，而不是"要我做"，他们进一步关注自己的独特性和个性、注重满足自身的需求和感受，这都增加了学生的主体性，但这同时也弱化了教育者的权威性。然而，作为虚拟空间，抛开互联网上信息繁杂、虚假内容多的特点，互联网的开放多元特征也在影响大学生的主观判断能力和深度思考能力。

多元开放环境对价值观塑造具有重要影响。互联网时代带来了丰富的物质资源，同时也带来了新的思想文化资源。网络的开放性使价值观的入侵无孔不入，而且难以察觉，多元的社会思想、利益诉求也随着网络大摇大摆地走进中国，使得互联网成为虚假信息、负面言论、错误价值观的集中地，成为意识形态角逐的战场，而青年大学生在信息选择和价值取向多样化面前，对许多问题的判断标准、衡量尺度、价值观念都已经或者正在发生重大变化。然而，当面对价值观的变化，在面对"90后""00后"的年轻人的时候，教育者还未更新网络育人的方式方法来解决价值观混乱的问题，包括用过时的语言体系、陈旧

---

① 斯坦利·巴兰，等.大众传播理论：基础、争鸣与未来[M].曹书乐，译.北京：清华大学出版社，2004：367-368.

的思想试图引领核心价值观体系，这样会导致不匹配的矛盾和问题。网络思想政治教育的内容本质上是主流价值思想的表达，坚持马克思主义的一元指导是进行网络内容设置时的底线和红线。在开放多元的环境下，教育者要发挥正确的价值导向和引领作用，直面多元开放环境对人产生的多重影响。

多元开放环境造成意识形态斗争复杂化。互联网能看到全世界的资源和信息，也存在着形形色色的意识形态斗争。近些年"极端个人主义""拜金主义""享乐主义"的腐朽价值观都在通过网络的多种表达形式进入中国，而处于价值观养成时期的青年学生，很容易就受到误导，国内也出现了多例青年学生甚至教师被误导而制造出了政治舆论，损害中国国家利益的事件。高校应高度关注意识形态领域出现的新问题，要深入研究把握网络对于青年学生的影响，要主动出击，在网络育人的内容、载体、方式方法上都将意识形态斗争置于关键核心位置，把握意识形态领域斗争的主动权。

（四）互联网环境下协同育人与质量测评的难题

网络育人是育人体系中的重要组成部分，网络育人又与课程育人、科研育人、实践育人、文化育人、心理育人、管理育人、服务育人、资助育人、组织育人等方面工作密切相关。正视互联网环境下协同育人中存在的难题，是实现高校思想政治教育时代性发展的必然要求。同时，质量测评作为育人过程中的重要一环，关系着反馈、激励等环节，也影响着思想政治教育治理的整体推进，因此，教育者应当正确处理网络育人中的难题，不断推进网络育人实现新的发展。

网络育人的质量测评存在客观难度。高校思想政治教育质量评价是有效促进高校思想政治教育科学化发展的重要途径，也是检验高校思想政治教育实效性的重要方式，能够推进高校治理体系和治理能力现代化建设。对网络思想政治教育中的质量评测是网络育人中的重要环节。一定的社会思想品德要求与受教育者的思想品德水平之间的矛盾①可以用来表述思想政治教育过程中的基本矛盾，因此，在现实生活中，尽可能地确保学生的个人品德适应社会发展的客

---

① 陈万柏，张耀灿.思想政治教育学原理 [M].北京：高等教育出版社，2015：143.

观需求，是有效地实现思想政治教育的一项非常重要的根本保证。以前学生主要通过理论教育、实践活动锻炼、榜样示范等课程和实践的活动接受思想政治教育。学生的学习分数是教育者考核学生的重要依据。在这个过程中，教育者能够直接感受学生的接受程度、兴趣高低等实际情况，质量评价工作可以更为直接、直观。而做好网络思想政治教育质量评价，需要深度聚焦网络育人质量评价的关键环节，辩证看待质量生成的若干变量，理性审视影响质量提升的多重因素。随着网络技术的兴起，传统的思想政治教育方式被替换为网络教育，比如传统的实地参观改为观看模范人物的纪录片，课堂教学改为 MOOC 学习等，这一方面打破了空间和时间的限制，能够让更多的人接受教育，但是另一方面，由于空间和时间的变化，学生是否自愿接受，是否真听真信真懂，是否真正做到内化于心、外化于行，是否重视形式的趣味性大于其实际的效率，这一系列问题都给思想政治教育成效的确认带来了诸多难题，因为无法确认，或者学生易通过网络"伪装"成有效果的情况，这容易弱化思想政治教育效果。

网络育人载体众多，协同育人存在难度。当前，部分教育者在使用网络上是"落后"于受教育者的，特别是落后于高校的大学生。首先，教育者在选择网络育人载体时，就存在一定的盲目性，选择网络育人平台最大的原因不只是工作需要，有相当大的一部分原因是上级部门或者上级领导的任务安排，他们"没有真正以大学生的精神文化需求为出发点，导致了大学生对高校花重金、下大力气建设和开辟的官方网站与主题教育网站兴趣不浓、关注不够。"① 其次，教育者在选用什么样的网络育人载体上，也存在不尽如人意的地方，没有准确把握什么内容适用微博、什么篇幅适合微信公众号，没有研究和把握网络育人载体本身内在的特点和规律，只是简单地照搬传统思想政治内容到网络育人平台，缺乏创新性思考，没有对网络环境中学生的思维方式和认知水平等特点和规律深入研究。再次，教育者在网络育人平台的维护上也有所欠缺，在平常的框架设计、内容更新上，没有顾及学生的内在需求，多数以说教为主，缺乏互

---

① 项久雨，谭泽春.基于实证的高校网络思想政治教育效果研究[J].学校党建与思想教育，2017（10）：14-17.

动和沟通，而且在教育的过程中，各个部门承担的任务不一，这就客观上造成了大家各自为政，重复建设、重复内容推送现象极其严重。同时对于网络平台的维护人员的培训也存在不及时、不到位，存在信息差异的情况。最后，由于教育者的主体地位和线下的权威性，这些网络育人平台的主管部门很容易在受教育者中强制地推进平台的使用，并且不太注重受教育者的感受和体验。这些问题积少成多、积小成大，易引发重大的问题，因此，需要不同队伍间形成协同育人效用。但是，由于教育观念、教育技术、考核指标等方面的差异，搭建网络育人协同工作机制存在难度。

网络育人综合研究和实证研究的缺乏。网络育人是一个重要的理论问题，同样也是一个实践问题。从互联网诞生之初，部分人对互联网这种新鲜事物的出现进行了天然的防御和抵触，网络育人同样经历了一个从"防管堵"、被迫接受，再到主动学习出击的一个过程。在这个过程中，由于网络育人开展时间短，其本身的实践经验不足，教育者对以问题为导向的网络育人的实证研究、综合研究缺乏经验，极少进行长期稳定地利用网络平台了解思想政治教育效果的研究，影响了教育的实效性。"没有调查，就没有发言权"，实证研究具有鲜明的直接经验特征，包括了数理实证研究和案例实证研究，也是高校思想政治教育研究过程中经常使用的研究方法。由于高校思想政治教育工作者掌握的信息技术有限，对于在网络范围开展动态性、实时性的调研活动还有一定难度，围绕特定方面进行实证研究仍然较为欠缺。理论研究是基于实践研究而产生的，由于对网络育人内在的规律掌握不够，因此现有的网络育人的研究绝大多数是理论研究，主要研究网络育人的理论和机制，即便如此，也没有能够回答"网络为什么育人""网络如何育人"的问题。同时，对于借鉴社会学、心理学、管理学、政治社会学等研究方法仍不充足，有自说自话、论证无力的情况发生。网络育人这一宏大命题仍在不断探索中实现发展，但在研究方面仍缺乏交叉学科研究和实证研究，这在很大程度上影响了网络育人在思想政治教育当中的实际效用。

三、高校网络育人的重要机遇

自党的十八大以来，党和国家高度重视互联网建设，同时积极推进互联网在教育事业中的应用与发展。互联网技术的迅猛发展使得网络育人也成为新时代高校思想政治教育的重要途径。网络育人的飞速发展，也得益于"生逢其时"，主要受益于教育与国家互联网推进、经济发展、社会进步、人才队伍壮大等多个方面的紧密结合。

（一）国家互联网战略发展的契机

随着互联网技术的不断发展，网络日益普及渗入人们的日常生活，正在影响人的行为习惯和思维模式。网络与教育的结合是以互联网为基础和以育人为需求的深度结合，因此，网络育人应运而生，并逐渐成为全社会的共识。之所以能形成网络育人的全民共识，这与十八大以来中国特色信息化的巨大发展进步是分不开的，是与坚持以信息化驱动现代化、与建设网络强国的国家互联网战略发展分不开的。

党的十八大报告中明确指出："要加强和改进网络内容建设，唱响网络主旋律。加强网络社会管理，推进网络依法规范有序运行。"[①] 自党的十八大以来，以习近平同志为核心的党中央在实践中形成了网络强国战略。2018年4月，全国网络安全和信息化工作会议在北京召开，会上习近平强调："我们不断推进理论创新和实践创新，不仅走出一条中国特色治网之道，而且提出一系列新思想新观点新论断，形成了网络强国战略思想。"[②] 从党和国家事业全局出发，习近平总书记深刻回答了网络信息事业发展的一系列现实问题和重大理论，其成为指导新时代网络安全和信息化发展的重要遵循。

一是要统一思想，网络强国的建设和发展必须得到高度重视。2014年2月，习近平主持召开中央网络安全和信息化领导小组第一次会议强调："网络安全

---

① 胡锦涛.坚定不移沿着中国特色社会主义道路前进为全面建成小康社会而奋斗：在中国共产党第十八次全国代表大会上的报告 [M].北京：人民出版社，2012：33.

② 习近平.习近平在全国网络安全和信息化工作会议上强调敏锐抓住信息化发展机遇自主创新推进网络强国建设 [N].人民日报，2018-04-12.

和信息化是事关国家安全和国家发展、事关广大人民群众工作生活的重大战略问题，要从国际国内大势出发，总体布局，统筹各方，创新发展，努力把我国建设成为网络强国。"[①] 这一重要论述充分表明以习近平总书记为核心的党中央对新时代我国互联网事业的高度重视。

二是要时刻关注人民的获得感，让亿万人民分享互联网的红利。2014年11月，习近平向首届世界互联网大会致贺词中指出："中国正在积极推进网络建设，让互联网发展成果惠及13亿中国人民。"[②] 2017年12月8日，习近平在中共中央政治局第二次集体学习时强调："大数据在保障和改善民生方面大有作为。要坚持以人民为中心的发展思想，推进'互联网教育''互联网医疗''互联网文化'等，让百姓少跑腿、数据多跑路，不断提升公共服务均等化、普惠化、便捷化水平。"[③] 这些重要论述鲜明地指出了互联网战略发展的价值导向，为网络育人的价值引导提供了重要遵循。

三是要时刻关注安全问题，保障国家信息安全。习近平强调："网络和信息安全牵涉到国家安全和社会稳定，是我们面临的新的综合性挑战。"[④] 2016年4月，习近平的重要讲话指出："网络安全和信息化是相辅相成的。安全是发展的前提，发展是安全的保障，安全和发展要同步推进。"[⑤] 此后习近平在中共中央政治局第二次集体学习时强调："要加强关键信息基础设施安全保护，强化国家关键数据资源保护能力，增强数据安全预警和溯源能力。"[⑥] 关注互联网信

---

① 习近平.习近平总书记在中央网络安全和信息化领导小组第一次会议上的重要讲话 [N]. 人民日报，2014-02-07.

② 习近平.2014年世界互联网大会上习近平致贺词 [N]. 人民日报，2014-11-19.

③ 习近平.习近平在中共中央政治局第二次集体学习时的重要讲话 [N]. 人民日报，2017-12-08.

④ 习近平.关于《中共中央关于全面深化改革若干重大问题的决定》的说明 [N]. 人民日报，2013-11-15.

⑤ 习近平.习近平在网络安全和信息化工作座谈会上的讲话习近平.习近平在中共中央政治局第二次集体学习时的重要讲话 [N]. 人民日报，2016-04-10.

⑥ 习近平.习近平在中共中央政治局第二次集体学习时的重要讲话 [N]. 人民日报，2017-12-08.

息安全，为进一步明确网络育人方向提供了重要保障。

同时，《2006—2020年国家信息化发展战略》勾画了未来互联网布局。现阶段以信息技术为代表的新一轮科技革命方兴未艾，互联网日益成为当今推动经济社会变革的重要力量。2015年3月5日，国务院总理李克强提出："制定'互联网+'行动计划，推动移动互联网与现代制造业结合，引导互联网企业拓展国际市场。"[①] 这是中国第一次把互联网的建设提高到国家层面。中共中央、国务院印发的《中国教育现代化2035》提出了"加快信息化时代教育变革"的战略任务，要求"利用现代技术加快推动人才培养模式改革，实现规模化教育与个性化培养的有机结合"。这些都充分表明了国家对于互联网发展的重视程度之高，互联网的发展过程不是一帆风顺，也不会一帆风顺，但是我们必须顺应历史的潮流、积极应对挑战，主动地参与网络国际的治理、研发，在惠及全人类的征程中，推进网络强国的建设。网络育人应该牢牢把握住国家的互联网战略发展契机，从高校的网络育人实践工作中总结经验，加强理论研讨和学习，从实践中来，到实践中去，紧跟时代步伐，提升思想政治工作的效率。

（二）互联网人才队伍的蓬勃发展

在现阶段的高校大学生当中，几乎100%的大学生都使用互联网，大学生是移动互联网、智能互联网时代的主力人群。在互联网兴起的初期，肩负着互联网安全、舆论处置、价值引领的骨干队伍却少之又少，与实际的需求极不相称。以过去发生网络舆情为例，当网络上群情激愤、多方混战甚至谩骂的时候，代表官方的大V、学者、高校辅导员却处在失语或者说人轻言微的尴尬处境。近年来，随着思想观念的不断更新、机制体制制度不断完善，政策引导的效用不断展现，互联网人才队伍的发展取得了长足的进步，主要体现在以下三个方面。

网络官方发言人队伍日益成熟。现如今，大多数政府部门和事业单位都在新浪微博上经过认证成立了官方微博，这实际上就等同于官方机构在网络上设置了官方新闻发言人。这些官方微博发言人，经过了长期的培训和网上的实

---

① 李克强.国务院总理李克强在政府工作报告上的讲话 [N].人民日报，2015-03-05.

践锻炼，熟悉网络的使用技巧，有的办出了品牌、聚集了人气，深受广大网民的喜爱和支持。微博官方发言人因为自身队伍政治素质过硬、知识丰富，并且熟知网络语言特点和规律，通过加强与网民的互动，他们对网络群体成员有了较大的影响力和号召力，以人民日报官方微博为例，截止到2019年3月4日，其粉丝达到8 634万，日发微博42条，日阅读量超过百万，其中视频内容为"无辣不欢！98岁吃货奶奶最爱火锅：爱喝可乐烫毛肚，曾是一名中医"的视频获得1 276万次观看，其中转发3.1万次，评论2.2万次，点赞8.7万次。正是这些"家长里短"贴近了网民的心，拉近了官方媒体与普通百姓之间的距离，搭建了官方媒体与人民群众沟通交流的桥梁，这些平日的努力使得人民日报等一大批官方自媒体不但成为"活跃分子"，也能在关键的时候成为"意见领袖"，真正一呼百应。通过影响力的不断聚集，当遇到网络舆情的时候，当网民还处于困惑、不解甚至被"带跑偏"的时候，这些官方媒体及时出现，有见解、有主张、有深度地分析和报道，第一时间发布权威信息，能够争取舆论主动权，能够给广大网民吃下定心丸，不给想浑水摸鱼的不法分子、西方敌对势力可乘之机。2019年1月11日，针对网络上出现的"喝咖啡致癌"的谣言，人民日报迅速发言，发布了题为《千万别被流言忽悠了》的文章，不但阅读量超过200万，而且在微博引发了粉丝的转发和评论，很快平息了网络谣言。而且随着官方自媒体的不断发展壮大，网友也会在遇到问题的时候"艾特"官方媒体，官方媒体能够迅速收到信息，做出快速反应。官方大 V 之间的良性互动也形成了良好的社会影响，互相间的转发往往能够形成"指数级"增长的效用。这一大批人才的实践锻炼和培养，也为在网络上推动国家和社会建设发展凝聚民心，为塑造良好的网络气氛起到了推动作用。

高校网络育人队伍已初具规模。为了加强对高校大学生的网络价值引导，高校自网络兴起以来，就第一时间密切关注了互联网对高校的影响，在应对互联网与高校大学生的关系中，历经了最开始的"防管堵"、建设网络平台到在网络平台搭建阵地的过程，虽然有"慢一步"的经历，但是不论在哪个阶段，高校都在尝试建立引导网络舆论的队伍，从最初提高辅导员的引导工作能力到现在的全员育人、全过程育人，都在充分挖掘高校师生在网络育人中的作用。2015年10月，中央宣传部、教育部党组联合印发了《关于加强和改进高校宣传思想工作队伍建设的意见》提出："要着力提升网络运用能力，遵循信息网路规律，把掌握运用微信、微博等新媒体操作技术作为宣传思想工作队伍的必备能力，练就运用'网言网语'参与校园文化建设管理的过硬本领。"对高校网络育人队伍指明了发展方向。现如今，高校网络育人队伍初具规模，这得益于以下几个方面。一是思想教育到位，高校育人队伍把握住了指导学生的原则。为了实现教育者引领学生的效果，高校加强了育人队伍的思想理论教育，使教育者在宣传、教育、引导学生的过程中真正做到有据可依，做到以理服人，结合客观的事实，摆事实，讲道理，从而赢得学生的信任，在舆论引导的过程中立于不败之地。同时，思想教育也保障了教育者能够立场坚定、旗帜鲜明，在面对分裂国家的行为时才能做到立场坚定、旗帜鲜明，对试图分裂国家的行为时刻保持警惕。二是增加技能培训，提高高校育人队伍用网管网水平。网络的使用看似无章可循，散漫随意，但是都有值得研究把握的内在规律，包括网络独有的语言体系、沟通交流机制和网络知识的运用。高校育人队伍正是加大了在教育学、心理学和社会学等领域的培训，才使得高校网络育人队伍提高了信息辨别能力、逻辑思维能力，提高与学生的交流质量和效率，从而在网络空间里，以更专业的姿态出现，压制网络空间"业余"的反动势力，从而提高引导水平。三是理论与实践相结合，加强了高校育人队伍的理论学习，强化了网络舆论的实践锻炼。近年来，教育部、市教委和高校都加强了网络育人课题的申报，并且在全国范围内多次开展专题讨论会，举办多期名师专家的讲座和培训，以课题为抓手，通过专题研讨、案例教学、以老带新等多种形式，提高了高校网络育人队伍的理论水平。同时，随着高校网站、官方微信平台、App 的完善和建立，在这个过程中，从最开始的框架设计、平台建设到中期的素材收集、内容设计和互动交流，再到后期的经验总结、成果研讨，在各环节都能够利用既有的资源优势，增强对网络管理人员、设计人员的培养，为组织专业的网络人才队伍提供后备力量。

（三）国家互联网经济的稳步前进

经济基础决定上层建筑，互联网之所以能够受到主权国家重视、受到全世界人民的瞩目，是因为互联网几乎融入了所有行业，对经济社会的发展发挥着重要作用。互联网已经成为行业、企业转型的主要创新助力，同时，互联网还催生了一大批如脸书、谷歌、阿里巴巴等引领世界新格局的互联网巨头，成为整个国家，甚至是世界经济发展的动力。现阶段，国家互联网经济正呈现出体量大、发展速度快、活力强的特点，也为网络育人的进一步发展提供了平台和机遇。

国家互联网经济体量大。当今世界，互联网日益成为驱动创新发展、促进社会进步、惠及全人类的重要力量。互联网经济规模也成为全球各国谋求经济增长的新动能。根据中国网络空间研究院发布的《世界互联网发展报告2018》，全球范围内的数字经济规模，在2017年一年时间内为近13万亿美元，其中中国数字经济对 GDP 增长贡献率达到55%，数字经济总量达27.2万亿元。全球电子商务增长速度极快，交易额高达2.3万亿美元。可见，资本的数字经济和目前全球22% 的 GDP 与涵盖技能紧密相关。到2020年，数字技术的大范围应用，使得全球的经济增加值达到2万亿美元；到2025年，总值增量的一半将来自数字经济。对中国而言，在互联网发展的初期，中国政府就充分意识到互联网对经济飞速发展、经济结构的转型所发挥的重要作用，持续不断地开拓有利于互联网领域的新技术、新应用和新发展的空间，这一系列的手段和措施，都取得了巨大的社会效益和经济效益。

国家互联网经济活力强。当前全球正处于新一轮科技革命和产业革命突破爆发的交汇期，人类的生产生活与以互联网为代表的信息技术深度融合，"互联网 +"赋能效应不断显现，大数据应用、智慧医疗、智慧交通、智慧教育等蓬勃发展，互联网经济增长点多，参与程度高，创新和驱动转型的先导力量便由互联网引领，全球经济新版图的重构也由互联网加速。新兴技术研发的加速、技术竞争的制高点的抢占、数字经济红利的持续释放成为世界各国所趋。在习近平总书记"关于网络强国的重要思想"的进一步领导之下，中国政府在为推动互联网发展取得一系列新成就和新进展方面迈进了一大步，信息基础设施建设持续升级，网络信息技术取得积极进展，从而推动互联网经济与其他产业融合，提升中国的经济活力。以2019年《中国政府工作报告》为例，全文共出互联网的地方共有十七处，体现在深化供给侧结构性改革，释放实体经济活力、以公正监管促进公平竞争、推动传统产业改造提升、促进新兴产业加快发展、发展更加公平更有质量的教育、丰富人民群众精神文化生活、推进党风廉政建设等方方面面。可见，不论是在制造业、服务业，还是在国内民生产业，中国的互联网与各行业的融合发展，已经成果卓著，仍然大有可为。

（四）互联网适应教育的时代特征

中国教育现代化的阐释。从字面上理解，"现代化"（modernization）可以理解为"转变成为现代"（to make modern）。对于"现代化"概念的认识，中西方学界有一定差异。现代化的定义为"由一个专制固化的静态社会转变为一个具有变迁与革新取向的民主动态社会"[①]，或者也可定义成为"由传统的社会或前技术的社会转变为具有技术理性的高度分化的现代社会"[②]，这是西方国家对"现代化"概念的认识。而在中国，"现代化"的广义认识是指由生产力的发展，导致生产方式的变革，从而使社会组织和社会行为进行变革的过程，狭义的"现代化"是指落后国家对于发达国家的赶超。回到教育的现代化，是指在社会的现代化过程中，人的发展适应了社会发展的需求，从片面、有束缚的发展转向自由全面的发展。教育现代化是一个动态发展的概念，蕴含着开放、包容、贡献社会，以及合作共赢的时代特质[③]。当然，在教育领域，现代化并不单指赶超世界先进的过程，更是指要立足中国国情、展现中国特色、为中国发展服务的教育过程。"办好中国的世界一流大学，必须要有中国的特色。"[④]

---

① 谢立中，孙立平.二十世纪西方现代化理论文选 [M].上海：上海三联书店，2002：1087-1088.

② 布莱克.比较现代化 [M].杨豫，陈祖洲，译.上海：上海译文出版社，1996：19.

③ 冯刚，金国峰.论中国教育现代化的方向目标 [J].中国高等教育，2019（1）：4-8.

④ 习近平.全国高校思想政治工作会议：把思想政治工作贯穿教育教学全过程，开创我国高等教育事业发展新局面 [N].人民日报，2016-12-09.

　　互联网适应教育现代化的要求。全国教育大会中习近平总书记指出："培养一代又一代德智体美劳全面发展的社会主义建设者和接班人，是教育工作的根本任务，也是教育现代化的方向目标。"[①] 这一重要论述是中国特色社会主义教育理论的最新重大发展，是立德树人的根本遵循，为新时代中国教育现代化提出了明确的方向和目标。

　　一是适应教育理念现代化的要求。教育现代化的实现必须与教育理念的现代化同步进行，因为只有教育理念转变，才能有制度的革新和方法的变革。教育观念的转变对教育者、受教育者而言都是具有挑战性的，因为人对自身文化背景下成长过程中形成的信念和想法，往往是根深蒂固、最不容易撼动的内容。在互联网时代，网络为教育观念的现代化提供了有利条件，一方面是教育者主动转变思想，迭代更新观念。互联网条件下，教育者能够打破时间和空间的局限性，最快速、最全面地了解各种信息，也就是"见多识广"，这也会冲击教育者固有的思维模式，使教育者更加多元开放地思考和看待问题。另一方面是学生倒逼教育者更新观念。互联网时代，由于教育者不再是单一的知识来源，学生也不满足于传统的模式化的教育方式，那么这种反馈就会推进教育者更新观念，因此，应当注重互联网条件下成长的一代人的个性化需求和发展，因材施教，帮助学生解决实践中的困难，与时俱进，在实践中不断改进自身的观念。

　　二是适应教育手段现代化的要求。在现代化的教育理念指导下，要想实现教育现代化的目标，就必须使用现代化的教育手段，运用先进的教育手段与教育实践相结合。在培养社会主义建设者和接班人的任务面前，互联网以信息技术为基础，运用云计算、大数据等方式与教育深度融合。众所周知，在课堂上，单凭教育者描述抽象的知识点，是很难形象生动地把知识传达清晰，而通过多媒体的辅助教学，则能够使学生的视觉和听觉辅助其学习，使学生愉悦高效地进行学习。另一方面互联网与教育手段的结合，突破了传统教育手段空间的局限性，推动了教育公平。据中国青年报《这块屏幕可能改变命运》的报道指出，248所贫困地区的中学，通过直播，与著名的成都七中同步上课，大幅度提升

[①] 习近平. 在全国教育大会上的讲话 [N]. 人民日报，2018-09-11.

了学校的升学率，其中有88人考上了清华、北大，大多数学生成功考上了本科，从而改变了学生的命运。这也是推进教育公平的一次有效尝试，当教育资源向一线城市汇聚之时，那些欠发达地区、贫困地区、普通学校能够通过一块屏幕"连"上优质的教育资源，这正是教育手段的现代化带给学生的改变。

三是适应中国教育内容和实践现代化的要求。中共中央、国科院印发《中国教育现代化2035》中提出了推进教育现代的八大理念："更加注重以德为先，更加注重全面发展、更加注重面向人人，更加注重终身学习，更加注重因材施教，更加注重知行合一，更加注重融合发展，更加注重共建共享。"互联网融入的过程为教育现代化内容设置和实践探索提供了多种可能性。在传统的教育体系中，实践活动被局限在课堂、实验室和具体的社会实践活动当中，教育活动内容的设计都是千篇一律的，不能很好地顾及学生的异同，而在互联网与教育的深度融合之后，VR技术、人工智能技术的运用都为实践活动提供了多种可能，而教育在设计实践活动过程中，也能够通过大数据，了解每一个学生，以此来真正实现内容和实践活动的"因材施教"。而互联网的融入，可以更加有力地推动极具中国特色的教育实践活动。教育现代化的推进也必须彰显中国特色，必须突出中国共产党对教育的领导。而在互联网技术的条件下，这些目标都能够通过文字、图片、影像展现，潜移默化、及时进行传达，真正做到使网络育人"面向人人"。

互联网的发展特点遵循了教育现代化的基本原则和规律，满足了教育现代化的总体目标和要求。而在此环境下培养出来的"人"，具备了自己独有的特点，这也为网络育人提供了新的机遇。因此，要开创教育现代化的新局面，培养我国需要的全面发展的复合型人才，提升我国教育的国际影响力，就必须把握好网络育人的方方面面。

第三章 新时代高校网络育人的基本形式

　　研究新时代高校网络育人的表现形式，是深入理解高校网络育人基础理论，推动育人实践落细、落小、落实的基本前提和重要手段，是把握网络育人机遇、应对挑战的重要组成部分。新时代网络育人在高校环境中的表现形态是丰富多样的，这里探讨的是几种基本的新时代高校网络育人形式，主要包括高校网络舆论引导、高校网络课程介绍、高校校园文化滋养和高校网络文化纠偏。研究这些具体的网络育人形式，就是要深刻把握其中蕴含的基本规律，了解各种育人形式的特色，充分发挥各种育人形式的突出优势，从而系统性构建高校网络育人体系。

一、高校网络舆论引导

　　当代青年受到网络环境方方面面的影响，这种影响给青年学生带来了更多的资源和选择。但是，与此同时，网络也为青年学生的成长带来了更为复杂的成长环境，其中之一就是如何在复杂的网络舆论中健康成长。因此，加强高校网络舆论引导是新时代网络育人中的一个重要内容。面对网络舆论引导这个重要课题，教育者在认识到各种问题的同时，也应该看到网络舆论环境在促进大学生成长成才中的意义，只有以包容的姿态面对青年学生的网络舆论行为，加之积极有效的网络舆论引导活动，才能更好地顺应时代发展要求，提升网络育人实效。

（一）舆论引导的一般性规律

　　网络舆论对网民的认知、心理都会产生影响。对网络舆论进行有效的引导，可以凝聚网络意见，让网络舆论成为"我们社会的皮肤"，积极缓解和解决社会矛盾，促进社会和谐稳定。"舆论引导本质上是组织、个人和媒体通过特定手段对舆论的发展趋势进行调控和影响，从而使公众的行为和观念发生变化。"① 充分发挥网络舆论引导的积极效用，需要把握舆论引导的一般规律，为有效的网络舆论引导提供必要的科学指引。

人既是网络受众，也是网络舆论引导的中心。网络媒介的出现赋予了网民舆论传播的主动权，颠覆了传统受众在舆论传播中的地位。因此，想增强网络舆论的引导力，必须理解和把握受众的中心地位。习近平总书记在2016年2月，在党的新闻舆论工作座谈会上指出："坚持党的领导，坚持正确政治方向，坚持以人民为中心的工作导向，尊重新闻传播规律，创新方法手段，切实提高党的新闻舆论传播力、引导力、影响力、公信力。"这一重要讲话对于在新舆论格局下，如何提高主流媒体的引导力具有重要指导意义，同时也为高校网络的舆论引导提供指导和借鉴。第一，受众是网络舆论引导的对象。舆论反映的是大多数人的意见，具有"公论"的特点，也会随着互联网传播和发酵，引起社会层面更广泛的关注。而舆论不代表正确性，只能代表关注度，当公共舆论中真与假、对与错混杂在一起时，就会使得舆情变得复杂。人作为网络受众，很容易受到各种声音、画面的干扰，或是在片段化、肢解化的语言中迷失方向。在网络舆论引导的过程中，引导者需要树立对受众的服务意识，用心体会受众的需求，以引导的方式进行相应的服务。第二，受众是网络舆论引导的主动参与者。马克思主义认为，舆论反映的是"公众心理的一般状态"②，而报刊应当是符合人民心声、表达人民日常思想情感的载体，强调舆论中人的重要作用。在传统舆论引导中，公众更多的是接收者，间接参与其中。在网络舆论引导中，网民作为在互联网时代成长起来的一代，是网络的见证者和直接的参与者。网民可以，也更乐于通过网络言论，直接表达自己的愿望和情感诉求。

新闻传播规律是网络舆论引导的科学基础。虽然网络舆论具备网络的传播

---

① 计永超，刘莲莲.新闻舆论引导力：理论渊源、现实依据与提升路径 [J].新闻与传播研究，2016，23（9）：15-26+126.

② 马克思恩格斯全集（第12卷）[M].北京：人民出版社，1962：658.

特性，但它仍然遵循新闻的传播规律。对于网络舆论引导来说，要想实现预期的效果，新闻传播规律必须遵循和坚持科学基础。第一，网络的舆论引导必须以真实内容为依据。新闻的报道应遵循实事求是的原则，体现内容的真实性可以说是新闻报道和网络舆论引导这两者的发展命脉所在，网络环境是虚幻的，但是网络舆论引导的内容需要遵循真实性原则。只有抓住事物本质，清晰描绘事件事实，揭示社会现象的新闻才能从根本上影响网络舆论发展的导向。第二，必须及时地进行网络舆论引导。网络舆论引导和新闻报道一样，必须实时地跟踪事件的最新动态，以此来提升网络舆论引导的实效性。因此，引导网络舆论朝着正确的方向发展，必须坚守实效性原则，应及时、准确、理性地引导舆情的发展。第三，选择性地进行相关的网络舆论引导。众所周知，网络话题产生的速度和数量都是惊人的，但只有其中的一部分才会发展成为需要加以引导的网络舆论。也就是说，网络舆论引导的预判性很重要，要确保网络舆论的健康发展，必须选择重点网络舆论加以引导。

正面引导为主是网络舆论引导的基本原则。网络舆论多为偶然发生，且扩散迅速，难以预测其发展方向。这种影响将会导致民生问题政治化，局部问题全局化，国内问题国际化等多种情况。做好舆论工作，事关旗帜和道路，事关意识形态建设，因此，牢牢把握住网络舆论的导向十分重要。坚持网络舆论的正面引导，应当积极宣传党的主张，反映群众呼声，营造良好的舆论环境，激发全党全国各族人民为实现中华民族伟大复兴的中国梦而团结奋斗。第一，必须主张以正面说理为关键。舆论的引导需要引导者在摆事实的基础上，以清晰的逻辑摆证据、讲事实，引导网民在共同关心的问题上统一意见。同时，要弘扬主旋律，传播正能量，注重提高网络作品的质量和水平，增强吸引力和感染力，让群众爱听爱看、产生共鸣，充分发挥正面宣传鼓舞人、激励人的作用。第二，要以一贯说理为基础。要取得持久良好的引导效果，就要在树立威信的前提下，坚持网络舆论引导工作，常抓不懈。引导者应积极弘扬和践行社会主义核心价值观，在重要时间节点开展重大主题宣传，宣传报道先进典型的事迹，为人们树立学习的榜样，凝聚社会共识而发挥正面的示范、激励作用。第三，要以平衡引导为方法。网络舆论引导不是封堵，要允许不同意见的存在，促进不同意见的交流。舆论本身便是多种声音碰撞的结果，也是时代发展过程中，公民思想不断进步、发表意愿增强的表现。因此，引导者应当坚持疏与导相结合，坚持以人民为中心，坚持以事实出发，广泛听取民心民意，高校也应当积极倾听学生心声。第四，要主动出击，正面回应造谣问题。正如习近平总书记指出："宣传思想阵地，我们不去占领，人家就会占领"①，因此要深入开展网上舆论斗争，掌握网络舆论的主动权，用事实破解谣言、用真相发声。

（二）网络舆论引导的特殊性

在传统舆论传播中，内容简单地沿着"舆论源"到"传统媒体（或舆论领袖）"直至"公众途径传播"，体现出线性的发展规律。而网络传播则不同，网络媒体以及意见领袖的数量都可以说是无限的，体现出非线性的规律。也就是说，在传统的传播环境中，采用单一的舆论引导手段和方法就可以对媒体或者舆论领袖实施监控。而在网络传播中却很难实现，要针对网络舆论的特殊性进行综合引导才能产生效果。

网络舆论传播中具有非理性表达，必须在网络舆论中坚持正确的思想引导。"网络空间是一个集互联网、各种媒体内容和数据、全球舆论场以及人类生活方方面面的大集合体。高校网络舆论是互联网时代的衍生产物，是社会舆论的重要组成部分，在一定程度上反映着师生对社会现象、问题所持有的态度、意见、认知和情绪，是个人价值观的网络综合表达。"②网络舆论可以直接地反映民意，但却不能体现和代表整体民意。一方面，网络舆论的关注点一般集中在互联网中的热点事件，尽管舆论十分活跃、鲜活，但其不是稳定的社会议题或是直接的议题性质的网络舆论，因此人们表达的大多是对事物的直接看法、直接感受、直观态度，言论往往充斥着情感因素，最终使得新媒体舆论具有较强的情绪化色彩。另一方面，当前形势下中国网民数量不断增加，但当下普遍使用微博、微信、官方论坛的网民呈现的是数千万或是上亿的活跃网民的意见，

---

① 习近平总书记系列重要讲话读本 [M]. 北京：学习出版社，2016：196.
② 熊志忠. 高校网络舆论引导思辨与提升策略 [J]. 思想教育研究，2019（12）：140-143.

很容易受到意见领袖、热门博主等群体的影响，一些发声对于新闻事件本身，既是补充，也是干扰。同时，受到互联网开放化、匿名性的影响，整体网民在表达观点时容易受到多方信息的干扰和影响。因此，在非理性、混乱信息夹杂的网络舆论环境下，引导者必须牢牢掌握网络舆论引导权的核心，坚持马克思主义的立场观点方法，抢占理论制高点。

网络舆论传播具有明显的延迟性，必须在网络舆论引导中增加非技术手段。一方面，单一的网络传播技术促使舆论传播效果延后，这会导致网络舆论影响的不确定性，给网络舆论引导者的准确预估带来难度。网络信息的丰富甚至庞杂，也导致许多旧新闻、旧消息被反复使用。如在公众较为关注的事件热点发生时，会有居心不良者或是敌对势力扭曲、虚构现有事实，并将以往的事件、信息予以加工，经过网络舆论的传播发酵，假新闻、反转事件时有发生。而网络舆情传播中的延迟性从根本上反映的是现实与网络衔接之间存在的问题。另一方面，持续更新的网络传播技术促使网络舆论传播效果复合。这种复合效果的出现让网络舆论引导规律变得难以被同步把握，因而在网络舆论引导中产生空档期，难以产生有效引导。针对网络舆论中事实信息出现的延迟性等情况，引导者应当抓住舆论引导的时、度、效，加强和改进对突发事件的引导，从而做到及时准确地传播正面事件，有效管理网络舆论平台，正确引导舆情发展导向，占据舆论的制高点。

网络空间具有独特的虚拟性，必须在网络舆论引导方法上持续创新。第一，网络舆论引导必须高度重视和保护网络民意。网民在参与社会管理和民主决策的过程中，网络舆论都是一种重要的手段，因此无论是否理性的网络言论都会严重影响公共管理。第二，网络舆论是网民最重要的维权形式。在社会稳定和社会发展过程中，伴随着网络维权成本的不断降低，网络舆论发挥出越来越重要的作用。管理者应当不断扩展网民参与网络议事的有效方式，拓宽公民发声渠道，同时又保障发声的真实性和客观性。第三，网络虚拟空间犯罪率逐步增高。网络空间的虚拟性导致很难效仿传统新闻的管理方法，使网络管理的难度升级，当前网络犯罪呈现出几种明显趋势，如网络诈骗、盗窃、赌博等侵财类案件高发多发，也给网络舆论引导带来了困难。网络安全已成为国家安全的重要组成部分，新时代建设网络强国已成为落实总体国家安全观的重大战略举措。

网络文化价值具有多元化，必须在网络舆论引导中综合使用各种方法。网络文化价值的多元化反映的是网民内在追求文化多元化的趋势，也表现出网络舆论的复杂程度。塞缪尔·亨廷顿指出："当今我们的世界正经历着一场文化领域的长期的地震，文化全球化正在进行之中……文化全球化可以导致文化多元化的趋势，而文化多元化就意味着传统文化受到冲击，价值观念呈多样化状态，生活方式也会各异。"[①] 多元文化在网络环境中的发展也会影响网络舆论的方向。因此，在网络舆论引导过程中，引导者需要注意"见机行事"，就是说要以网络人群不同的文化特点为主要的依据，由此给出与其文化特点相对应的引导方法。第一，网络舆论的成因和特点不尽相同。网民在信息采集的过程中，偏好、途径和方式等都存在着较大的差异。引导者可以充分运用数据治理平台和手段，针对不同的网络舆论特点给予不同的应对方式。第二，网民的分众化程度越来越高。进行舆论引导的目的是促进网络舆论的理性发展，网民根据个人习惯、喜好、年龄等方式会分化出不同的小群体，在网络舆论引导中，引导者应当根据不同的群体制定相应的方法，将治理思想运用于舆论引导之中，因此，要在保障网民自由交流意见的前提下，确保网络舆论不发生分裂。

（三）青年学生网络舆论特征

青年学生思想活跃、热情积极、关心热点时事，在网络中行为活跃，对待国内外的大事也主动关注。同时，青年学生身处高校之中，其身心成长、言行表达等仍与高校的环境密不可分。正确把握青年学生的特征、了解青年学生网络舆情的特点，有利于高校正确进行网络舆论引导工作，从而提升网络育人的实效性。

网络舆论主题相似度高。青年学生处于成长关键期，心理特征和行为特点有着诸多的相似之处，这让青年学生的思想也极为接近。一方面，他们热切关

---

① 亨廷顿，等.全球化的文化动力：当今世界的文化多样性 [M]. 北京：新华出版社，2004：1.

注和相对更熟悉的问题多为以大学、教育、教学等为主题的相关事件。例如，学术研讨、素质教育、服务质量、人才选拔方式以及同类院校的改革措施、大学教育的政策调整等。另一方面，青年学生更容易关注与其成长发展相关的社会、校园问题。例如校园暴力、校园霸凌、校园安全等，或是食品安全、环境保护、权益维护等方面的热点事件。总而言之，不论是正面事件还是负面事件，青年学生关注的舆论主题大多围绕自身的成长成才、生活发展、娱乐社交等方面展开。

网络舆论从众化程度较深。青年群体中网络舆情的主体通常是生活相似、知识背景相似、内心诉求相似的青年学生，他们在同辈间的相互交流交往中更容易产生共识，因此高校的网络舆论中也具有较深的从众化情况。第一，青年学生认可群体自身的相似性。青年学生热衷群体自身的话语体系，在表达意见的过程中，基于对群体的归属和信赖，表现出对群体态度的热衷与支持。第二，青年学生具有庞大、复杂的群体关系。青年学生通过不同层级的组织相互之间的信息传递，织成了庞大的关系网。在关系网的前提下，青年学生可以突破网络空间的虚拟性，甄别熟人信息，并发表支持意见，将现实生活中的关系网与互联网相结合，拓展群体的影响力。而青年的价值取向决定了未来整个社会的价值取向，青年又处在价值观形成和确立的时期，抓好这一时期的价值观养成十分重要。网络舆情下产生的认同感应当基于客观现实和理性表达，而心理尚未发展成熟的青年学生，本身就有较强的模仿性，表达欲强，这也增强了青年学生对网络舆论内容的从众化程度。

网络舆论具有性格特征。舆论是人对于某一事物的立场，性格是人长时间对现实世界所形成的相对稳定的态度，而舆论的生成和传播离不开人，由此看来，舆论本质上是两个态度的叠加，即某人对某事物当下的态度叠加此人原本对现实世界相对稳定的态度。所以说，舆论也是有性格的，其性格与参与舆论的人的性格息息相关，换句话说，任何舆论都具有舆论者性格的烙印。在这个传统与现代汇集相交的时期，青年学生形成了鲜明的双重性格。而当性格特征这一很主观的态度影响青年学生的言论时，或是青年学生被负面信息煽动时，就很容易形成负面的网络舆情，并对大学生身心健康以及高校、社会的和谐稳定造成恶劣影响。

网络舆论趋向积极健康。与传统舆论不同，网络舆论传播者中目前是青年学生占主体地位，而所有舆论都是从公众的意见和态度而来的，即舆论由舆情发展而来，舆论实际上是人所形成的思想政治产物。青年学生在进行传播时，通常都没有进行理性的思考和论证，基本都是有感而发。据教育部长达20年的思想政治状况调查显示，我国青年学生面对与国家利益相关的重大急事、难事时，奋勇向前、勇于作为、敢于担当，对国家报以高度支持的态度，具有社会责任感，其思想政治状况处于积极向上的良好状态。当舆论通过舆情传播时，青年学生在思想政治状况方面的积极态度起到了良好的导向作用，在网络上的舆论，通常都趋向正义积极，越是反响强烈、引发争论的舆论，在传播中越趋于积极健康。

网络舆论传播态度轻松诙谐。互联网之所以在当代有着极大的普遍性，离不开其强悍的娱乐功能，无论是什么阶层什么地区的人们，都能在网络找到自己喜爱的内容。现在人们上网人多数都是为了娱乐、消遣，人们以一种"看见你就想笑"的娱乐态度上网。根据中国互联网络信息中心提供的统计数据，青年学生网民是网络使用中，最具有娱乐性特点的群体。在对网络文学、网络音乐、网络视频、网络游戏等娱乐类功能的应用中，青年学生网民的权重要远高于整体网民；除此之外，青年学生年轻富有活力、兴趣广泛、乐观阳光，对于网上出现的任何事件都抱有极大的兴趣，并且经常以轻松的态度面对。因此，网络事件经过青年学生传播后，无论是赞扬还是批判，不管内容是严肃还是轻松，这些舆论往往都被赋予了轻松诙谐的色彩。

（四）对网络舆论的积极引导

网络舆论引导工作离不开高校育人的核心思想，坚持主流意识形态的主导地位，可以引导和防止网络舆论产生舆论危机。增强对网络舆论的引导实际是在出现可能导致妨碍党和国家重大方针政策贯彻落实的恶意舆论时，增加对青年学生的影响，说服、改变他们对舆情的态度。

1. 将现实引导作为主要渠道

将现实作为引导青年学生网络舆论的主要渠道，是因为与网络相比，现实更具有优势。首先，现实可以通过常规思想政治教育，不断加强和提高青年学生网民的思想政治素质，通过向学生传播马克思主义思想，帮助学生学会马克思主义方法论，正确分析和处理网络事件，从而理性发表、传播网络舆论。其次，现实可以根据舆论引导主体的言论，作为中心，发表强势信息，从而增强对舆论引导客体的影响力和说服力，改变引导客体的态度。最后，向现实延伸，网络舆论仅仅停留在网上讨论，那么网络舆论只能被称为一般舆论，只有网络舆论和现实行动相结合，这样的网络舆论才会导致舆论危机，"网络舆情传播和引导折射出数字时代背景下网络生态建设、意识形态建设、网络舆论宣传的重要走向，具有天然的、线上线下融合的属性和精准性、复杂性的特征。随着互联网技术的发展进步和网民规模的持续扩大，网络舆情传播呈现鲜明的、具有时代烙印的特点"[①]，因此，向现实延伸是区分一般舆论和舆论危机的重要标识，为了加强舆论引导，就需要关注和约束网络舆论向现实延伸的情况。

2. 将校园网站建设作为着重点

网站建设要将与大学生活和与大学生相关的校园网站作为网站建设重点，从而吸引大学生经常参与。这类校园网站在建设时，需要关注以下几个方面。第一，提高对青年学生的吸引力。青年学生会回避对其缺乏吸引力的网站，所以对青年学生有吸引力的网站才能吸引青年学生参与，从而达到引导青年学生的目的。因此，要想提高网站对青年学生的吸引力，网站建设者就要了解和分析青年学生在网络应用方面的行为习惯，根据青年学生行为偏好进行网站配置。"在网络微空间时代，新一代网民在话语空间中更喜欢彰显个性，更善于重建话语甚至创造出互联网的新语言。在网络舆论引导工作中，晦涩难懂的高深理论、演绎复杂的逻辑结构、枯燥乏味的空洞说教、居高临下的高谈阔论，必然会将青年一代网民拒之门外，与他们轻阅读、浅思考、快节奏、慢生活的风格格格不入。网络宣传要接地气、降身段，关键在于有效管用，尤其要重视

[①] 张红彬，敖四江. 网络舆情传播特征及其引导策略 [J]. 中国编辑，2021（10）：29-32.

话语的个性化。"[1] 因此，建设者应当将更多新鲜创意、鲜活元素投入网站建设。第二，提高网站在青年学生群体中的公信力。具有吸引力的网站能大量吸纳青年学生，吸引力是网站引导青年学生的基础。公信力则是青年学生对网站的信任，是网站信息可信度的体现，是网站能否有效对青年学生的网络舆论进行引导的前提条件。第三，提高网站对青年学生言论的引导力。网站要想提高舆论引导力，就离不开对实时信息发布的重视，网站所发布的任何信息，都具有选择性、目的性，让整个网站的所有信息发布都为了一个根本目的，即舆论引导而服务。

二、高校网络课程教育

网络课程就是高校为网络教育所提供的课程，网络课程兼具了课程和网络两方面的特点。课程指的是在教育场所，由教师指导的学生进行学习活动的总称，课程中包含了教学目标、教学内容、教学活动以及对教学成果的评价方法，是一个广泛的综合概念。网络课程不仅要考虑传统的课程内容，还需要考虑到教学传播方式的改变，从而导致教育理念、教育模式、教学方法等发生改变。因此，网络课程主要指的是某门学科通过网络进行教学的内容和所实施教学活动的总和，网络课程的类型很丰富，育人功能表现形式多样，有的直接，有的间接。

（一）高校网络课程的基本类型

当前，高校网络课程随着高等教育的发展而不断丰富，高校网络课程涵盖多种类型，包括课堂教学网络课程、自主学习网络课程、混合学习网络课程、课程教学与实践管理模式相结合等类型。这些丰富的网络课程教育成为网络育人的重要载体，为网络育人提供了丰富的教育内容。

1. 课堂教学网络课程

课堂教学作为高校育人的主要方式，在教育过程中发挥着重要作用。"建构主义学习理论认为，知识是学习者在一定情境下，借助他人的帮助，通过意

---

[1] 金英君. 健全网络舆论正向引导机制的策略研究 [J]. 新视野，2020（5）：35-41.

义建构的方式而获得的。在建构主义学习理论指导下的网络课程建设，将重新界定在教与学过程中的师生关系、教学的组织过程、教学目标的制定、教育质量的考核以及人才的评价标准等；同时，借助先进的网络传输技术和大数据技术，有利于缓解我国教育资源面临的日益严重的非均衡化分布问题。"[①] 因此，将课堂教育与互联网相结合，形成的课堂教学网络课程在网络育人中占据重要地位。课堂教学网络课程可以分为以下六个阶段，即课前检测、平台授课、课堂师生互动、课堂作品展示、课堂学习评价以及在线拓展学习。课前检测指的是通过网络在线测试，教师能够了解学生已具备的知识，同时还能了解学生的出勤情况；平台授课是指教师依靠平台上的电子教案向学生授课，学生在上课时能通过平台阅读该节课的教案；课堂师生互动是通过网络平台的论坛实现师生之间的互相交流，同时师生还可以借助视频语音等设备进行面对面的交流；课堂作品展示是让学生将自己的作品上传到平台上，教师和其他同学通过网络平台查看；课堂学习评价是指教师利用自制的评价量规，通过平台记录的学生的学习过程和成果，对学生的学习进行主体评价；在线拓展学习是指学生可以根据教师布置的课堂任务，利用平台所提供的在线拓展资源，结合学习任务进行自学。这种网络课程类型，不仅在学科知识系统传授方面有明显的效果，而且还能充分地发挥学习过程中情感因素的作用。

2. 自主学习网络课程

人的需求是推动人行动的动力，"需要是受众接受行为产生的心理动力因素，它作用于受众思想接受活动的全过程：受众因需要而产生行为动机，唤醒接受注意；进而左右信息选择，保持信息；最终内化于心，外显于行。同时，所传递的思想信息越能贴近受众的内在需要，则越能产生传者与受众双方的心理共振，越能使受众形成良好的接受心理基础，这就是需要驱动规律。"[②] 在网络课程中，青年学生的自主学习意识一方面来自个人对知识的渴求、对完成课

---

① 杨维东，董小玉.高校网络课程建设的困境与优化路径 [J].中国高等教育，2019（10）：48-50.

② 胡凯.现代思想政治教育心理研究 [M].长沙：湖南人民出版社，2009：130-135.

程的需要，另一方面来自教师的指引和平台搭建的完善。教师在网络课程教学中，需要给学生提供明确的学习指引，为学生指明学习目标，引导学生根据实际情况选择学习内容、结合个人实际安排学习时间，辅助学生开展自主学习。平台还要按照学生学习进度，及时对学生的阶段性学习内容进行测试，检验阶段性学习效果，教师还要根据学习评价和学生反馈的学习信息，对教学进行调整，帮助学生更好地开展后续学习。例如，深圳信息职业技术学院开展的"思想道德修养与法律基础"网络课程。教师根据教学大纲，对学习内容合理规划，帮助学生调整学习时间段，根据学生的特征分析学习内容，为学生提供准确的教学指引。学生根据教学安排，结合自身情况选择自学内容，自主安排学习时间，根据教师提供的详细学习指引，开展网络自主学习，每一阶段结束后，及时进行在线自主测试，通过自主测试，检验阶段性学习成果，根据阶段性学习效果调整学习步调，从而完成网络课程的学习。

3. 混合学习网络课程

混合学习模式可分为四种模式。"课堂教学 + 网络自主学习"，将传统的课堂教学、网络自主学习结合起来。教师事先布置任务，学生根据学习任务明确学习内容，然后再利用网络课程资源，展开自主学习。学生在自学过程中，遇到问题先在网上，在学生之间交流想法，总结提出的问题，然后在课堂上，师生进行面对面的讨论交流，解决学习过程中遇到的问题。"课堂教学 + 网络协作学习"，将传统的课堂教学和网络协作学习相结合。教师首先在课堂教学中引导学生了解学习内容，并根据学习内容制定协作学习主题；然后通过网络平台对学生进行分组，每个小组选择一个不同的协作主题，根据所选主题进行小组内部再分工；小组成员通过查阅各类资料，共同完成协作主题；最后在课堂上，各小组采用不同的形式展示各自的成果，所有师生共同参与评价总结。"课堂教学 + 网络 TBL"，是指将网络任务驱动教学引入传统的课堂教学。教师借助网络中的多媒体资源创设情境，导入新课，通过网络平台向学生布置学习任务，并详细说明学习任务完成所需要求。学生在了解学习任务之后可以利用网络进行相应学习来最终完成老师布置的学习任务。学生能够在上述过程当中，学习课程内容，达到教学要求。"课堂教学＋网络案例教学"，利用网络课程平台进行案例教学。教师借助网络平台，在课堂上播放与教学内容相关的视频案例，在学生们观看后，深入地分析教学案例；总结学生提出的问题，针对提出的问题在网络课程中进行讨论，结合教学内容形成系统的方法。

4. 课程教学与实践管理模式

教育教学与学生的日常实践密不可分。而在互联网平台，搭建起教学与实践的桥梁，有利于实现知识向能力的转化、教育内容由内化向外化的发展。教师利用网络平台，以仿真实习形式开展实践教学，能够实现综合管理运作，提高学生的综合素质。在课程学习完成之后，学生进入实践教学环节。教师预先设计实习活动，在网络平台上，构建综合实习内容体系。教师在仿真实习内容构建完成后，安排实习日程，向学生发布实习公告。学生按照实习公告计划，在网络平台提供的仿真环境中模拟实习，教师通过网络平台对学生实习情况进行监控与管理。在实习过程中，师生还可以通过网络平台的交流模板，进行交流答疑。仿真实习课程完成后，教师根据网络平台记录的数据进行考核，学生在平台上进行自主考核，课程评价将团队考核、个人自主考核以及教师考核相结合，从而实现评价的多元化和准确性。

（二）高校网络课程的主要特征

高校网络课程的设置丰富了学生的教育选择内容，有利于增强学生学习的自主性，发挥主体性作用。同时，高校网络课程的设置打破了时空对于教育的限制，有利于实现全方位育人。在网络课程中，学生有自主选择权，并以主动参与的角色加入课程。另外，丰富的网络平台有利于实现师生互动，课内课外、校内校外的资源整合，拓宽了交往和互动的形式，创新发展了传统的课程模式。

1. 增强学生学习的自主性

传统的思想政治理论课教学模式，是学生根据教师的安排进行学习，教师的安排则依从教学大纲，通过对教学目标的研讨，调整和规划教学进度。针对学生差异性的问题，传统教学模式很难处理。若只采用传统教学模式，自我控制能力弱、学习能力不强的学生，时常跟不上老师的教学安排，长此以往对学生的学习不利，甚至使学生失去学习该科目的兴趣。"网络课程的建设很大程度上是为了充分发挥网络的共享与互动特征，在课程知识内容的组织上，为学习者提供积极的、自主的、交互的学习方式。网络课程的学习，是处于师生时空分离的状态下，学生的学习更多是以'自主学习'为起点，以'探究过程'为主导，无形中增强了学生的独立性和探索知识的能力，有利于促进学生的个性自主发展。"① 网络教学模式最大的不同是教学方式灵活，可以满足不同学习情况学生的需求。例如，在教师非上课时间，学生学习过程中遇到疑难，可通过网络教学平台交流，对于那些学习成绩不理想的同学，可以根据自己的学习进度，通过已经录下来的教学视频反复学习，直到牢固掌握所学内容。

2. 突出两大教学主体的平等性

教师和学生都是教育过程中的重要主体，决定和影响着教学的开展情况。在传统课堂上，教师处于整个教学工作的核心地位。教师不只是问题的提出者，也是问题的解答者，是教学的中心。这种自问自答的教学模式，削弱了学生的学习兴趣，也体现出传统课堂教学地位的不平等。采用网络教学模式，使学生和教师都能通过网络教学平台获取知识，信息获取的手段和地位都是平等的。通过网络课程的模式能够激发教师与学生内在的主动性，使教师和学生跨越时间、空间进行教与学的互动，实现平等的对话和教育。因此，在网络教学平台上，师生能够进行平等交流和沟通，探讨课程学习中遇到的问题。

3. 具有显著的交互性

交互性指的是教学过程和教学评价反馈中的交流互动。网络课程的发展更大地拓展了课程的界限和意义，使得教师和学生能够通过网络进行即时或延时的交流互动。网络教学的交互性主要体现在两个方面，一方面是教学过程，即两大教学主体利用虚拟的交流论坛和学习社区，对教学进行讨论，及时地处理学习中的问题。另一方面是教学评价反馈，即解决了传统教学评价滞后性的问题，教学问题能得到及时反馈。教师通过平台能够实时知晓学生的看法，并了

---

① 杨维东，董小玉.高校网络课程建设的困境与优化路径 [J].中国高等教育，2019（10）：48-50.

解教学中通过网络计算出的大数据，依据这些意见和数据整改教学重点和课程进度。除了学生对教学内容、进度等的反馈，教学评价反馈系统还包括教师对学生学习的反馈。师生之间双向的教学评价反馈，使教学更精准、有效。

（三）高校网络课程的价值引导

高校网络课程作为人才培育的重要手段，对学生的思想引领、人格塑造都具有重要影响，应当坚持正确的政治方向，同时，高校网络课程也发挥着价值引导的重要作用。习近平总书记在中国人民大学考察调研时强调："要坚持党的领导，坚持马克思主义指导地位，坚持为党和人民事业服务，落实立德树人根本任务，传承红色基因，扎根中国大地办大学，走出一条建设中国特色、世界一流大学的新路。"由于网络环境的开放性和潜隐性特点，高校网络意识形态斗争仍然严峻，高校网络课程建设的目标与现实课程建设的目标都应当落实立德树人的根本任务，主动发挥教育内容中的价值引领作用。

1. 在师生的互动间传递正确价值观

在高校环境中，学生一般只能在上课时见到任课教师，与教师讨论问题的机会较少。网络课程中的教学讨论区，则为师生间的交流提供了便利。学生在学习的过程中遇到问题，都能够在讨论区中发帖询问，教师和同学都可以在讨论区参与问题的讨论，讨论区增加了师生和同学间的交流。师生间的交往环节往往也存在价值观的流动，教师应当在网络课程内外自觉遵循思想政治工作规律，遵循教书育人规律，遵循学生成长规律，树立榜样意识，在言传身教中引导学生树立正确的价值导向，培养正确的世界观、人生观和价值观。

2. 在教学资源的共享中传递优质文化

网络课程整合了丰富优秀的资源，包含了多名教师的教学经验和教学成果。当一门网络课程由多名担任相同课程的教师共同编制时，在课程设定的过程中，教师之间可以进行教学资源共享、讨论、融合，总结出的优质结果将在网络课程中展现出来，而这些优质的网络课程又将由广大师生共同分享。"远程教育是以互联网为运作基础所产生的一种将教师的教与学生的学相互分离的一种教学形式。基于这种特殊的教学形式，网络院校如果想提高自身的办学水平就必须要求教师向广大的学员呈现更加优质的教学内容。"① 同时，在优质的教育资源传递过程中，教育者应当将优秀文化内容渗透其中，坚持以文育人、以文化人，实现网络教学资源与文化育人相融合。

3. 培养学生的自主学习和协作学习能力

网络课程不仅仅承载了学习内容，也展现出对学生良好的学习习惯的培养，拓宽了学生的认知水平，丰富了课程相关的隐性知识。智能教学课件为学生自主学习提供了策略；网络课程中的相关资料，满足了不同层次学生对课程的个性化需求，丰富的资料有利于学生的探索和发现；网络平台中的讨论模板，为学生交流提供了场所，促进学生在交流中主动思考。

4. 培养学生的信息技术素养

信息技术素养指的是对信息的检索、筛选以及对信息有效使用的能力。网络课程教学设计中，融入了对学生的信息技术素养的培养，同时，网络课程的学习本身也需要学生，学生可以通过网络获取信息资料。"我国高校信息素养课程内容多集中在信息检索技能方面，缺乏对行为方式的关注，而且信息素养教育的通识性课程性质多为一次性课程，难以明确区分授课对象的专业和层次。我国应对信息素养课程目标和内容进行调整和创新，创建以学生发展为导向的课程模式，以知识技能和行为方式两方面设定具体的学习成果，并遵循学生认知发展规律，分层设计，以确定不同水平、阶段和层次的课程体系。"② 因此，对多样网络课程的学习，有利于帮助学生提高自身的信息技术素养，提高对信息的检索、处理和运用能力。

（四）高校网络课程的创新发展

高校教育改革过程中兴起的网络课程教学模式，实现了新动力以及新活力的注入，并且在短时间之内，网络课程教学模式已经发展成为现阶段高等教育教学手段现代化发展中非常重要的一个标志。随着社会的发展，网络课程教学

---

① 田树学，张佳亮. 网络远程教育质量提升策略研究 [J]. 成人教育，2017，37（5）：22-25.
② 王文凯，于海涛《高等教育信息素养框架》的应用及启示 [J]. 数字图书馆论坛，2022(5)：55-59.

模式已经逐步普及深入全国的各高等院校，网络教学的融入，实现了对传统教学观念的刷新，与此同时，还为从事教育技术工作的人员、教师、学生等提出了一系列新的标准、新的要求、新的挑战。

1. 网络课程开发要兼顾教学的设计和系统的设计

教学设计工作主要指的是教育者按照教学目标的要求，按照教学的对象、教学的环境展示出来的特点采取一系列有效的教育理论与教育方法，针对教学的信息进行合理的选择和深入的加工，并且完成教学环节的有效设计和精密化组织，促使系统、科学的教学体系过程得以形成。在设计网络课程的教学活动的过程中，教育者需要从根本上注意对网络教学环境的营造以及对课程特点的塑造，从根本上有效地利用计算机多媒体技术，发挥网络技术之间实时的、有效的互动优势，在原有的基础上进一步形象化、具体化课程的内容，以及实现个性化、自主化的教学过程。对于网络课程的教学设计技术实现来说，系统设计是非常重要的一个内容，这与以下三个方面的发展有着直接的关联。第一个是计算机技术发展、第二个是多媒体技术发展、第三个是网络通信技术发展。在开展系统设计的过程中，应合理构建系统结构以及数据库，正确地选择开发工具。在课件制作的过程中，需要从根本上应用整合多种数据素材，例如：视频资料、图形资料、音频资料、文本资料、图像资料、动画资料等，对于开发网络课程来说，最主要的技术方法就是网页界面的导航设计、网页界面的交互设计等。网络课程工程的开发具备明显的系统性，所以就需要一个强有力的团队给予支持。对于网络课程开发来说，教学设计和系统设计是主要的两个构成部分，两者都发挥着非常重要的作用，并且缺一不可。

2. 网络设计资源库的有效建设

在实际工作中，是否成功设计了一个网络课程，其主要的检查条件就是每一种素材的质量如何，每一种素材的丰富程度如何等。所以，对于网络课程的设计人员来说，需要从根本上重视平时知识的积累；作为学校，还需要审视自我，应该按照实际情况的需要，完成资源库的构建。在学校开展网络设计资源库建设的过程中，需要注意采取开放形式的、相对比较统一的、并且还具有非常明显的高校特色的标准，之后按照核心条件，确定知识点，分析实际能力差异要求，划分素材分类，素材可详细分为以下几个方面。第一个是基本素材、第二个是集成素材、第三个是案例素材、第四个是课件素材。还需要注重素材的特性，素材需要满足思想性需求、科学性需求、先进性需求等。学校要正确完善素材，多样化素材，赋予其非常明显的直观性、交互性、智能性特征，并且还需要赋予其明显的艺术性价值、趣味性价值等。还需要数字化处理那部分已经拥有的资源，实现进一步的标准化操作，这样一来可以满足不同专业的需求、满足不同学科的需求，还可以从根本上满足不同软件的差异性需要，但是需要注意的是，切忌对离散的资源信息进行简单的堆砌。因此，建设者需要在后期满足不同数字环境使用提出的要求，例如多媒体教室数字环境、电子阅览室数字环境、校园网数字环境、互联网数字环境等。资源库建设可采取多种方式，例如购买资源库、网上收集资源库、自制资源库等。

3. 重视细节，展示网络课程的易用性特征

网络课程对于青年群体来说，其之所以明显区别于多媒体辅助教学，最为主要的一个特征就是网络课程的交互性和网络课程的开放性。所以，在开发网络课程的过程中，我们需要从根本上重视细节操作，引起广大教师的重视以及注意。并且，应时刻保持一致的学习导航策略，从根本上满足学生思维方面、成长发展中的特点需求。在增加相关页面链接时教育者必须要注意，要给学生尽可能地提供便利，降低其他信息的不良干扰，防止学生在学习的过程中被这部分其他的信息引诱而迷失自己。并且，应针对学习界面完善设计工作。保持协调美观的基础原则，在上述的基础上，应该保持相对一致的学习界面色调，还需从根本上满足教学内容的特点需求，从根本上呈现出主要的信息淡化与次要信息弱化的标准。网络课程里面不应该含有非常复杂的操作技巧，因为技巧稍微有点难度，那么很多人都难以有效地掌握。所以，想要任何人都能够上网，并且可以促使网络课程得到方便地使用，那么就要求，在教育者设计网络课程的过程中，完善人机界面的设计，促使其具有丰富的人性化，在网络课程开发的过程中，需要以数据库动态为基础，适时更新部分即时展示，例如在线练习、

在线考试、在线辅导学习、学生学习状况跟踪记录等部分，在原有的基础上实现网络教学优势以及网络学习优势，最后促使学生与学生之间实现有效的协作学习，完善学生的自适应学习习惯，提升学生的自主学习能力，促使学生掌握先进的学习模式。

4. 从根本上强化师资队伍的培训力度

硬件和软件并不是限制网络课程应用的"瓶颈"，一个最为主要的限制条件就是使用者对计算机的驾驭能力，并且表现为对其熟练操作的程度、功能开发和功能设计深度等多个方面。教学实质上运用于生活，来源于生活。在网络课程开发和设计中应融入一线教师，融入先进的、有效的教育理念，并且还需要塑造个性化的教学特色，积极运用网络课程，在不断更新知识、不断丰富教学内容的过程中，改进教学形式，第一时间修改完善，做好提高效用的措施，从根本上满足教学实际情况提出的标准。所以，我们应该重视对师资队伍相关综合素养的改善，这样一来才可以使网络课程建设根本问题得到有效的解决。我们需要从根本上实现师资队伍建设力度的进一步加强，大胆改革和有效创新师资队伍培训活动，从根本上实现师资队伍全员性学习以及系统性培训工作，在上述的基础上，促使师资队伍可以实现对原有知识的不断更新，争取实现自身知识结构的针对性改善，最后实现应用网络课程开课的能力的综合提升，还可以实现任教课程吸引力的有效强化。对于完善培训形式而言，我们应该时刻注重采取"走出去，请进来"的基础原则，可以邀请企业的专家来学校开设一些专题讲座活动，选出几位具有丰富经验的教师，畅谈自己的学习经验，并且讲述自己的应用经验，讲评优秀网络课程，组织教师外出参观和深入学习，在结合实际情况的基础上，促使教师开展一系列有效的调查研究工作等。

三、校园网络文化滋养

随着社会的发展，我国现阶段信息网络技术发展取得了非常显著的成绩，大部分高等院校纷纷成为社会信息化的代表场所，并且，大学生群体也逐渐成为与互联网技术之间存在紧密接触的群体。随着网络社会的高度发展，信息技术将会步入我们生活的各个领域，不仅是高校师生的工作、教师以及学生的学习以及日常生活等，还悄无声息地改变着大学生的一些观念，例如价值观念、政治主张、生活方式等，因此要更为严格地规范高校校园文化的建设。在实际工作中，高校实现了开展校园文化建设的创新和发展，完成了丰富的、多彩的、高雅的、健康的、积极的、向上的高校校园文化的建设，发挥了非常显著的作用。基于网络环境的发展背景，我国应当构建丰富的校园文化，从而实现大学生思想政治教育理念的加强和改进，并且实现大学生综合素质的全面提高。

（一）校园网络文化的基本类型

高校的网络文化影响着学校的办学理念和治学方向，反映着学校的办学历史和发展历程，凸显了高校内在的价值信念和精神信条。相比其他校园文化，校园网络文化被赋予了新的特点，在深刻分析的基础上，我们应该对这部分校园网络文化发展的实际特点进行准确把握，在按照标准划分的基础上，我们可以将校园网络文化划分为以下几个不同的类型，第一个是虚拟校园网络文化，第二个是互动形式的校园网络文化，第三个是开放形式的校园网络文化，第四个是发展形式的校园网络文化，第五个是辐射形式的校园网络文化。

1. 虚拟校园网络文化

校园网络文化的形成，最为基础的一个前提是互联网络技术的发展，这是一个虚拟的世界，使用的是一个虚拟的方式，完成的工作是校园文化的参与、校园文化的展现、校园文化的交流、校园文化的传播、校园文化的共享。在校园网络上，校园文化的丰富内容以及生动现实，可以选择通过虚拟方式表现，进一步使校园网络文化主体虚拟化，例如建设主体、参与主体、展现主体、交流主体、传播主体、共享主体等，都可以以虚拟的方式巧妙地隐藏自己的真实身份，甚至还可以采取这样的方法掩藏自己真实的想法、自己真实的人格，这样一来，就会产生以下现象。一是虚拟化现实文化，二是现实化虚拟文化。两种现象会造成现实生活与虚拟生活存在模糊的边界，甚至直接导致两者产生背离，对后期的现实生活和虚拟生活造成非常明显的反差，甚至严重的还会导致后期校园网络文化构建中存在双重人格的文化主体。

2．互动形式的校园网络文化

校园网络文化的塑造可以从根本上体现互联网络具备的交互性特点，且作用于不同的文化主体，促使其相互之间实现文化的传递、文化的传播、文化的交流、文化的沟通等。对于校园网络文化的塑造来说，校园网络文化的主体主要包括以下几个部分。第一个是参与者，第二个是交流者，第三个是传播者。校园网络文化没有严格有效地、明确地划分主体和客体的界限，每个人都可以成为应用的主体部分，每个人都可以成为应用的客体部分，转换的速度非常快，需要进行及时有效的沟通，并且还涉及多样化的交流和沟通。互动校园网络文化并不是指单向形式的一种文化交流类型，也就是说，其不是一对一的，不是传播对接受的一种固有的文化交流类型，其实质上是一种双向形式的交流，甚至是一种多向形式的文化交流。也就是说，对于不同的文化主体，其相互之间也是可以进行交流的，可以产生交互作用，并且共同存在促使校园网络文化得到有效的传播，并且被广泛接受。

3．开放形式的校园网络文化

随着社会的发展，互联网技术已经成为一种新型的文化交流工具，其可以实现超时空作用、无疆域限制、全方位传播，对于校园网络文化的构建，也表达出非常明显的开放性特征。对于校园网络文化来说，其实质上是一种对外开放发展下的衍生物，并且还是一种处于开放环境下才能发展的文化类型。随着我国现阶段信息技术的有效发展壮大，我国经济逐渐推进全球化，并且还不断扩大着科学文化的国际交流，这也加快了网络文化的交流和传播速度。在不久的将来，校园网络文化的开放程度会更加提升。对于大部分高校来说，网络是文化交流一个非常重要的阵地，随着我国改革开放的不断推进以及网络文化的有效发展，我们需要愈加重视校园网络文化的构建，将其作为东西方文化碰撞的有效产区，立于文化发展的前沿，并且加强其与现实的结合。在实际工作中，我们需重视校园网络文化的针对性建设，从根本上发展先进文化，针对优秀文化进行吸收，对于健康文化进行保护，对于落后文化进行更新，对于腐朽文化进行抵制等。

4. 发展形式的校园网络文化

校园网络文化的育人功能非常显著。在学生健康成长以及发展的过程中，校园网络文化的塑造可以帮助学生创造一个非常好的育人条件、非常好的学习环境。在构建校园网络文化的过程中，其和学校人才培养以及科学研究之间存在密切的联系，并且还直接联系到学生成长、成才等多个方面。校园网络文化的发展情况会直接影响学生的成长与学生的发展。营造非常良好的校园网络文化，可以促使学生发展得到有效的推进，可以为学生带来非常多积极的影响、正面的影响、持续的影响。如果是不利的校园网络文化建设，那么就会导致学生的后期发展受到阻碍，会导致学生接受非常多消极的影响、负面的影响。所以，在实际工作中，我们需要积极推进良好的校园网络文化的发展，帮助学生进行学习活动，实现学生的有效发展，帮助学生成长成才。对于校园网络文化的建设重点来说，我们需将其放在学生全面发展等方面，着重完善校园网络文化的构建，从根本上杜绝消极的文化、颓废的文化。

5. 辐射形式的校园网络文化

校园网络文化的构建与社会文化之间存在非常紧密的联系，校园网络文化的形成以及后期发展也会受到社会文化的影响，其中最具代表性的是社会网络文化以及它的发展造成的对应的制约、影响作用，社会网络文化的存在以及发展，还会对校园网络文化产生非常重要的促进作用。大学校园网络文化在校园网络文化中属于非常重要的一个部分，是社会文化发展到一定阶段的必然产物，对整个社会文化的发展来说，是非常重要的旗手，发挥着显著的引领作用和推动作用。对文化发展来说，大学场所是重要场所，并且也是现阶段文明的摇篮地所在。在分析大学文化的基础时会发现，其实质上是社会的先进文化之一，发挥着非常明显的孕育作用、创新作用。一般情况下，人类现代文化、文明的主要发祥地就是大学，在整个社会发展中，大学是最为中心的部分，并且也是现代社会发展过程中的重要部分，是发展文化的引擎所在，对于后期整个社会的发展来说，其可以发挥非常明显的引领作用以及带动作用。

（二）校园网络文化的育人优势

从文化的特点来看，校园网络文化最为显著的特征就是先锋性非常强，且具备非常明显的时代性，这是整个校园网络文化的个性差异所在。"高校文化育人工作是一个由诸多要素构成的统一整体，各个要素之间既各司其职、各有分工、有鲜明的个性，又相互联系、相互作用、有交叉的共性，在根本任务、教育内容、教育方式、效果评价、机制构建上都需要掌握系统优化的方法"[①]。校园网络文化既是校园文化的重要形式，也是高校网络文化的重要组成部分，在实际工作中，校园文化与网络文化之间的有效结合，形成了校园网络文化这一种新型的产物，对于整个社会文化理念来说，校园文化是一个主要的发源地，也是产生新文化形态最为基础的一个生长关键点。

1. 具有开放性和丰富性的文化内容

高校在发展的过程中会涉及非常多的优良传统，其很好地继承了"学术自由和学术自治"。此外，高校集合了各种各样的科学思想观念以及正确的价值取向，并且还集合了非常多的兴趣信仰，是一个"思想自由、兼容并包"的重要场所。随着网络化技术的有效发展，逐渐形成了非常丰富的网络文化，其有效地集合了不同国家、民族的差异，具有巨大的包容力。网络时代的网络空间实质上是一个开放性的空间类型，不会导致任何人的进入受限，也就是说，任何人都有权利在网络上按照自己的意愿进行交流和沟通，不管是哪一种文化，都可以在网络上找到自己的位置。所以，在实际工作中，我们需要更加丰富校园网络文化，赋予其非常明显的开放性特征。

2. 具有多样性和灵活性的文化形式

高校校园网络文化是一个非常典型的开放的系统，是一个充满活力的系统，一般情况下，教育者可以通过校园网络来实施许多教学活动。教师和学生还可以通过校园网络来完成师生之间的交流以及学生之间的交流，直接转变了学生的学习方式，并且改变了以往的交往方式。学生学习的过程中可以灵活地

---

① 冯刚，张芳.新时代高校文化育人的理论与实践探析[J].湖北社会科学，2019（5）：176-183.

使用图形、动画、影像等手段，从而实现对学习内容的理解和记忆。

3. 具有个性化和广泛化的主体构成

不管是校园内，还是校园外，网络的存在直接改变了校园文化的形式，从前的校园文化是相对封闭的文化，在网络的作用和发酵下，高校校园网络文化则转变为全面的、开放的文化。大部分高校都非常重视校园网络文化的建设，将校园文化建设水平作为现阶段高校竞争过程中非常重要的一个衡量标准。师生需要具备属于自己的特点以及个性，这样才可以在后期竞争的过程中立于不败之地。

（三）校园网络文化的价值引领

在文化育人的实际工作中，想要真正意义上促使网络文化成为校园主流文化中非常重要的组成部分，那么就需要结合网络自身的特点，完善相应明确定位的操作，发挥网络自身的优势，实现网络与校园文化的良性结合，这样在后期信息化校园建设、校园治理的过程中才可以更加有效地发挥网络文化的作用。

校园网络对校园主流文化的弘扬来说，是非常重要的组成部分。"文化有正确的和错误的、先进的和落后的之分。如果用正确的、先进的文化育人，对青年学生成长成才具有积极的甚至决定性的意义；反之，如果用错误的、落后的文化育人，则会使人误入歧途、贻误终生。因此，文化育人要牢牢把握住文化的先进性这一根本。"[1] 校园主流文化的形成体现了先进的、科学的、有效的思想文化。在不断延伸信息化技术的基础上，在传播思想文化的过程中，计算机网络的重要性日益凸显。在短时间之内，计算机网络技术将会是传播先进文化的主要阵地，并且还是建设精神文明的主要阵地。所以，高校的教育人员、管理人员以及其他的网络文化工作人员，需要始终不忘记校园网络文化传播的作用，掌握其主动权，加大对马克思主义的传播力度，扩大社会主义的宣传范围，提倡社会主义下的科学精神文明信仰。

---

[1] 冯刚 . 思想政治教育创新发展的四个着力点 [J]. 教学与研究，2017（1）：23-29.

1. 校园网络下构建素质教育平台

对于现阶段高等教育的深化改革活动来说，最为主要的一个目的就是实现素质教育工作的全面推进，并且针对社会主义现代化建设需要，完善高素质综合型人才的培养。大学应该重视发挥文化空间的作用，不失时机地利用网络所带来的丰富资源，重点关注学生想象力的培养以及创造力的提升；在有效发挥网络交互性特点的基础上，采取一系列实时的、交互的、正确的操作方式，提升学生的人际交往能力，并且提升学生生产信息资源的能力。

2. 校园网络下促使师生信息沟通得以实现

发展校园计算机网络技术为以下联系与交流提供了便利：教工与学生的交流、学校与院系的交流、组织与师生交流、院系与院系的交流。在使用网络技术的基础上，学生可以直接获取校党政和职能部门的办学思想，并且还可以全面掌握相关的政策和规章制度，与此同时，还可以在平台上按照自己的意见发表观点。不管是校方，还是其他的职能部门，其都可以实现对师生反映信息的及时听取，并且还可以全面掌握师生之间的思想变化情况。通过网络技术，学生可以完成对名师的自由选择，也可以自由选择自己想要的品牌课程，之后完善相应的学术探讨活动、思想交流活动，便于后期的知识获取。

3. 校园网络下可以获取各类知识信息资源

随着社会的发展，在推进校园网建成以及发展的基础上，会相应增加其用户的数量。我国未来将会更为严格化学生们的信息获取手段，而且还会提升信息专业化的程度。对于大部分高校来说，校园网是主要的信息源，可以为广大的师生提供非常丰富的网络文献信息服务形式。但是在实际工作中，我们应该针对新信息以及新资源进行不断的吸收。我国应该设置专门的机构完成以下内容的搜集和整理：职能信息、资料信息、院系成果信息等各类信息，实现各类信息的集成化，并且实现信息资源的网络化[1]。

---

① 王桂艳，史秋衡. 美国高校内部质量指标研究 [J]. 高等教育研究，2016，37（4）：109.

（四）校园网络文化的创新发展

网络文化育人对青年大学生的思想观念和价值选择具有重大的影响，是高校思想政治教育的理论研究与实践发展的新范式，为高校带来了新的平台、手段、方式。而校园文化与网络文化相交织下的校园网络文化也打开了学生认识世界的新视角。校园网络的文化创新发展应当纳入学校的总体文化建设和规划之中，同时从人力与物力、理论与实践、宏观与微观等多维度出发，探索校园网络的时代性发展。

1. 在学校总体建设规划中纳入校园网络文化建设和管理

高校在制定总体建设规划的过程中，需要将校园网络文化建设纳入其中，争取实现大学校园网络文化建设力度的强化，并且重视以及关注大学校园网络文化的建设以及大学校园网络文化的管理。高校的各级领导，都需要提升自己的认识，不断地更新自己的观念，应该主动熟悉网络技术，并且还需要借助网络技术，全面掌握校情民意实际情况，并且重视网络的使用。

2. 促使校园网络文化建设和管理工作队伍的专业化建设得到全面推进

首先，高校应该在各级管理部门工作职责划分的过程中纳入网络文化建设工作、网络文化管理工作，防止出现职责不明的情况。其次，制订一系列完善的、有效的考核制度，并且设置合理的奖惩激励制度，定期实施评估表彰活动，表彰奖励先进个人。再次，适当加大相应的投入，强化专职人员的水平，提升管理工作人员的工资待遇等，实施工作人员积极性和主动性的针对激励。最后，重视专职工作人员待遇与职业发展之间存在的问题，有效解决问题，在专业技术序列设置中纳入他们的职称评聘，给予其深造的机会，在技术领域保证他们具备领先性，长期保持管理岗位工作的积极性和热情。

3. 完善网络文化理论的研究，从根本上强化网络道德教育和主流思想的引导

高校应针对校园网络文化营造过程中的建设问题以及管理中出现的新情况进行多角度、多层次的分析，针对新问题进行有效的总结和分析，立足于理论研究，为校园网络文化建设和校园网络文化管理工作提供有效的支持和正确的指导，并且完善切实的、可行的干预措施，争取不断激发高校各方面管理人员和教师的积极性，进一步深化校园网络文化方面的理论分析。与此同时，应该针对学校的门户网站，完善设置各类栏目，实现综合网络服务的功能。

4. 综合运用各种手段，从根本上强化高校校园网络信息技术防范和行政监管的力度

中共中央国务院在颁布的《关于进一步加强和改进大学生思想政治教育的意见》中指出："要全面加强校园网的建设，使网络成为弘扬主旋律、开展思想政治教育的重要手段。"高校在发展的过程中，需要严格按照国家互联网管理的法规执行，实现高校网络管理制度的进一步完善；并且还需要增加财力投入，对于最新研发出来的网络监控技术应该及时地、正确地引进，最后实现动态堵截技术的推进等。

四、高校网络反馈纠偏

高校网络反馈纠偏系统具有非常明显的复杂性，高校网络反馈纠偏系统涉及各种各样的个体活动，在高校内外非常的活跃，且涉及校园网络的每一个活动，其包含非常多的内容，涵盖了高校教师、高校学生以及管理人员等多主体。进行高效网络反馈纠偏要从根本上重视网络舆情的引导作用以及管理作用，在制定正确的目标、遵循主要内容、运用有效方法、完善体制机制的基础上进而有效地建设和完善校园网络，及时处理网络舆情危机。

（一）高校网络反馈纠偏的基本目标

高校网络反馈纠偏系统设置的过程中，需要具备大学生网络舆情管理指导思想，实现这个思想的深刻认识以及全面把握，这样才可以在后期大学生网络舆情管理工作的过程中始终坚持自己的基础原则，并且把握一个正确的方向，由此一来才可以促进高校实现有效的发展，进而促使大学生的健康成长，为他们营造一个非常有效的网络舆情环境和网络舆情氛围。对于国家层面、道德层面来说，社会的道德规范、国家的政策方针是指导高校网络反馈纠偏的主要力量；从行为主体来看，大学是实施网络舆情的主体，高校网络反馈纠偏系统需要基于大学生身心健康发展为目标，来进行相应的工作指导。

1. 遵循国家政策方针和道德规范需要

青年学生的网络舆情可以以最直接的、最真实的状态反映出青年学生的思想政治动态、青年学生的人生观、青年学生的价值观、青年学生的世界观，对于整个高校的思想政治教育工作来说，青年学生网络舆情也发挥着至关重要的作用。教育部在2000年颁布了《关于加强高等学校思想政治教育进网络工作的若干意见》，在这个意见中提出在实际工作中，我们需要有效地利用校园网，服务于大学生的学习活动，服务于学生的日常生活，进一步有效地教育和引导大学生成长成才，正确实现大学生思想政治教育的不断拓展，并且实现空间的扩大。网络舆情管理的过程中，高校需要始终坚持国家政策法规的正确引导，促使网络舆情引导作用得以发挥，并且发展趋向正确方向。

2. 从根本上满足网络发展的规律

互联网技术的使用，超越传统形式的媒介，使人们生活受到直接的影响。网络舆情借助互联网平台传播，互联网的发展也可以左右网络舆情的形成和发展。"互联网架构具备非常明显的开放性，是实现自我进化以及自我发展最为主要的一个力量来源所在：在这个过程中，使用者会转变为技术的制造者，并且其还会是整个网络的主要塑造者。"[1] 所以，在产生互联网技术的初期，互联网技术是一个非常自由的空间，由使用者的自我约束形成共识，还衍生出非常多的网络礼节，并且还有一系列有效的自律规范，旨在对网络的正常发展予以维持，并且逐渐发展成为网络运作最为基本的一个规律。为降低社会不良影响的扰乱，网络发展的过程中需要实现管理机制的完善以及法律保障机制的完善，最后有效地支撑网络自律效果。所以，学校应完善高校网络反馈纠偏系统，基于网络发展的基础规律，正确地指导网络舆情，完善科学的、有效的、针对的引导。学生需要树立健康的网络自律意识来明确地规范自己在网络当中的行为，最后提升网络舆情管理效果。

---

[1] 卡斯特.网络星河：对互联网、商业和社会的反思 [M].北京：社会科学文献出版社，2007：27.

3. 强化大学生的身心健康发展

对于高校学生管理工作来说，高校网络反馈纠偏系统是非常重要的一个构成部分，并且还承担着非常重要的使命，影响着高校人才的培养。对于高校网络反馈纠偏系统来说，需要始终坚持一个"以人为本"的基础原则，及时监控和有效引导大学生舆情的形成。高校的管理人员，需要重视大学生的个性发展特点，按照大学生个性特征来建设校园网站。网络管理者在实际工作中，需要积极把握大学生网络沟通交流的平台和渠道，在完善平台的基础上进行一系列有效的学习和生活。所以，高校网络舆情的管理人员，要重视大学生健康全面发展，以此为基础，实现对大学生阶段性特点及时、全面、详细的把握。在建设校园网站的过程中，服务于大学生日常学习以及日常生活。高校应在完善网络平台的基础上，开阔学生的知识视野，实现学生综合才能的有效提升，朝着正确的方向发展大学生的世界观、人生观、价值观，促使他们可以在上述的基础上正确地表达自己的意见，正确地发泄自己的不满，并且还具备有效的行使发言权的能力，在上述的基础上全面发展积极的、健康的网络舆情环境。

（二）高校网络反馈纠偏的主要内容

高校网络反馈纠偏的主要内容包含着纠偏的目的、纠偏的过程、纠偏的对象等要素，对于现阶段的高校网络反馈纠偏系统来说，管理人员主要的工作就是实现网络舆情管理基本标准的明确，在原有的基础上实现网络舆情管理科学性的有效提升，并且赋予其明显的效能性，最后实现管理工作的目的性、针对性。

1. 高校网络反馈纠偏的目的是实现"促和"

网络媒体是现阶段极具代表性的一个"第四媒体"，是基于报纸、广播、电视等传统媒体衍生出来的，网络技术的存在会相应放大社会舆论作用，并且它还是思想文化信息的主要集散地。随着社会的发展，网络技术会给人们的工作以及生活带来非常多的便利，但是，在网络上也存在非常多的不健康信息，例如暴力信息、淫秽信息等，甚至还存在着极端的反人类信息、反和平信息等，借助网络技术可以快速传播不安全信息。对于传统形式的网络舆情管理模式来说，管理人员在面对公共突发事件的时候，一般都会选择用隐瞒事件或者是封锁信息的方法来维持稳定，最后导致最佳处理事件的时间被错过，并且还会相应的加大解决问题的难度，提升解决问题的成本，使后期处理问题一直处于相对被动的状态。所以，简单维持并不是网络反馈纠偏系统的设置目的，其是为了更好地解决矛盾与问题，最后促使网民之间和谐相处。

2. 高校网络反馈纠偏的对象为"人"

网络舆情共同意见具备非常明显的影响力和倾向性，其在互联网上公开针对的是某种社会现象发表的意见或者是针对某种社会问题发表的一些观点。所以，社会公众才是网络舆情真正的主体所在。高校网络反馈纠偏最为主要的对象是"人"，一旦失去"人"，主体作用缺失，就难以形成网络舆情。在形成网络舆情的过程中，我们所看到的虚假信息或者是扭曲信息一般都是有意或无意生成的，生成主体是人或组织，这部分人或组织是起初接触该社会事件的人，是按照自己的主观判断提出来的。我国高校设置网络反馈纠偏的主要背景条件是网络中存在的虚假消息。所以，针对高校的网络反馈纠偏系统来说，在面对社会公共事件的过程中，管理者针对突发事件，必须在第一时间就尽早尽快地掌握事实和真相，由此便能够给所有的公众提供非常准确可靠的信息，这样在后期的交流以及广泛传播过程中，也应当始终保持信息的客观性和真实性，进而形成积极的、真实的网络舆情。对于高校的网络反馈纠偏系统来说，其单纯地围追堵截信息，并且采取一些隐瞒的、虚报的处理方法，这样是很难促使舆情危机得到根本性解决的。在实际工作中，我们需从根本上明确"人"的主体作用，促使其为后期网络舆情的积极形成提供能动作用，还需要针对实际情况进行多个方面的正确引导和有效沟通等，并且还需要辅助一系列健康的心理疏导方式，这样才可以实现冲突的缓解、矛盾的化解、损失的降低、影响的消除。

3. 保持高校网络反馈纠偏过程的持续性

网络舆情的形成演变过程实质上具备明显的持续性，所以，需要保证其具备足够的持续性。并且，对于高校的网络反馈纠偏系统来说，管理者没有办法坚持做到自始至终的持续性管理。对于传统形式的高校网络反馈纠偏系统设计来说，一般情况下，管理者在管理舆情发展过程中经常会存在一些明显的问题。在网络舆情中，会存在非常明显的"跳跃管理"，这个管理模式存在明显的间断性，并且也是随机性的、突发性的管理方法，在遇到问题的时候，管理者一般只是采取强制的修改、简单的修改、生硬的完善，基本上不愿意投入太多的精力去深入地、有效地解决这部分问题，也不会针对处理后可能产生的后果进行分析以及掌握。针对高校网络反馈纠偏系统来说，需要重视主体部分"人"的管理工作，还需要注重情感方面的管理工作。对于高校的网络反馈纠偏系统来说，如果采取一系列"跳跃管理"模式，那么就会忽视人的情感，从而严重违背人本主义的基础原则。现阶段，高校网络反馈纠偏系统管理工作是一种明显的持续性的过程管理工作，在网络舆情的生成过程中以及演变过程中其始终贯穿，实时地管理和监控网络舆情生成过程中的每一个部分，并且实时地引导主体的情感、主体的态度、主体的价值观，引导积极网络舆情的生成，最后实现有效的舆情管理。

（三）高校网络反馈纠偏的有效方法

高校网络反馈纠偏有着非常庞大的数据信息，并且还存在非常复杂的系统设计，所以在实际工作中，我们需要采取一系列科学的、完善的、有效的方法进行管理。

1. 针对高校网络信息发布渠道进行构建

针对高校网络反馈纠偏系统设置来说，管理者需要遵循以下基础原则，坚持公开信息发布原则、信息透明发布原则、信息快速发布原则、畅通信息发布原则。在实际工作中，设置相应的信息发布机构，从根本上落实负责人"责任追究"等相关制度，最后实现信息发布制度的建立、健全，坚持公开透明的原则，保证其及时性和有效性。信息发布制度对于现阶段的高校网络舆情管理机制来说，是非常重要的一个构成部分，其建立和完善是实现大学生网络舆情形成最为基础的一个前提条件，在实际工作中，高校的网络舆情管理人员，需要坚持正确原则，重视以及关注完善网络舆情信息发布机制。

2. 针对高校网络信息传播渠道进行构建

在实际工作中，构建完善的网络舆情信息传递机制。"新形势下加强高校网络舆论引导工作，要强化规律认识、业态认识、技术认识，在明确网络舆论引导新范式、高校网络舆论场新业态和高校网络舆论引导新技术基础上，不断提升高校网络舆论引导的主流舆论壮大能力、社会思潮分析引领能力和话语转换表达能力。"[1] 第一个方面，需要实现舆情信息传递中高校舆情信息员作用的最大程度发挥。对于传递舆情信息来说，高校信息员需要有效地收集真实舆情信息，这部分真实舆情信息来自大学生群体，是一些重要的、有影响力的、普遍的舆情信息，实现迅速地收集和分析是信息员主要的职能。在收集信息的基础上，信息员应及时向上级管理部门或者是上级管理人员进行信息的传递。在信息传播中，高校网络舆情的管理人员需要第一时间掌握真实的信息，并且针对舆情信息，应该保持三原则，那就是"快、准、全"。在完成一系列信息全面分析工作的基础上，保证信息的真实性，完善后期有效反馈工作。如果是一般的舆情，那么就需要按照实际情况完成正确的指导解决。

3. 完善高校的网络信息协调机制

高校网络舆情管理工作非常的复杂，首先，对于高校的网络舆情管理工作，其涉及非常复杂的主体形式，不同的组织个体会有非常明显的差距。其次，高校网络舆情的管理工作，涵盖了诸多极复杂的组织形式。现在高校组织管理工作的实施方面，迫切需要完善部门和部门联动机制的构建，时刻注重职责的整合以及资源的整合，应对于现有的资源信息进行充分利用和有效发挥，在网络舆情管理的过程中，发挥各部门的引导作用，应对和处理网络危机的过程中，各部门需要协同作战。对于协作机制的保障条件来说，应该完成领导管理机构的统一设置，可以在实际工作中，实行完善的领导负责机制，派遣专人负责管理工作，实施统一的指挥，从根本上贯彻落实高校网络舆情管理措施，从而达到显著的效果。

---

① 熊志忠.高校网络舆论引导思辨与提升策略 [J].思想教育研究，2019（12）：140-143.

（四）高校网络反馈纠偏的制度机制

高校网络反馈纠偏制度机制的确立能够为高校网络的建设提供有力的制度保障，有利于推进高校网络育人的科学化、系统化、合理化发展。而高校网络反馈纠偏机制中最具代表性的、最典型的问题是不完善的监管机制、不科学的管理方法、不健全的管理队伍等。所以我们需做到以下几个方面，正确解决如上问题。

1. 不断健全网络反馈纠偏协调机制

高校需要重视网络反馈纠偏工作，首先需要将其作为非常重要的一项工作，针对高校网络舆情管理工作，实现基础组织结构的明确，并且按照实际需要培养专门的网络舆情管理人员，按照工作需要完善配备硬件设置的工作，坚持自上而下的原则，完善统一的组织体系。其次是实现网络反馈纠偏管理保障体系的完善。作为政府，需要发挥政府的职能，完善资金保障制度，并且促使信息网络法律保障得到强化，构建完善的网络技术保障机制。最后是实现信息汇集机制以及信息反馈机制的建立健全。高校可以根据实际的情况构建和完善舆情信息汇集的相关机制，针对舆情的信息，可以将汇集得到的一些重要内容进行汇总，并且组织工作人员，对网络信息完成收集与分析。高校应完善舆情信息报送机制，针对舆情信息，明确相应的报送工作方法，并且明确其报送的内容，按照标准设置报送方法以及报送的原则，在高校网络反馈纠偏管理过程中，实现组织工作的规范化。高校应针对高校的群体性事件设置合理的、有效的应急处理机制，按照实际情况，构建高校突发事件指挥中心，进一步程序化和步骤化处理舆情突发事件的详细过程，准备应急处理预案，第一时间采取一系列有效的技术手段，针对恶性信息发展采取抑制措施。在重大突发事件出现的时候，实现社会上各种力量的充分整合、充分调动，促使后期应对工作以及处置工作科学有效。

2. 促使高校的学生网络伦理道德教育工作力度得到根本性强化

首先应该结合学生整体德育教育的实际情况，完善对学生的网络道德意识的针对培养，正确地引导学生完成相应的意志锻炼和培养，统一协调现实人格与网络虚拟人格，促使网络教育作用得到最大程度的发挥。在实际教育的过程中，需要引入正确的网络伦理知识，明确网络环境下，哪一些是可为的、哪一些是不可为的。其次，实现高校学生自律意识的树立，正确地引导学生约束自己的网络行为，提升学生的网络伦理道德。此外，还需从根本上强化高校学生的网络法制教育力度，并实时、有效地监管学生的网络行为，促使教师和网络舆情管理人员的网络管理技能得到改善，对于网上的一些动态应该定时、定向掌握，完善网上宣传工作，设置合理的网上评论平台，开展网上舆论的正确引导，警告不文明网络行为，保证大学生的网络舆论行为向健康、文明方向发展。

3. 坚持以生为本，完善高校学生利益诉求表达机制

第一个部分是着重培养高校学生的正确维权意识，高校应时刻注重学生提出的实际需求，并且从根本上尊重学生的合法权利，保证学生合法抗议的权利，营造一个公平正义的维权环境，促使高校学生得到有效的利益诉求渠道以及意见表达渠道。第二个部分是实现利益诉求表达保障机制的健全，高校应实现责任意识、管理力度的针对强化，促使部门之间保持合理的关系，并且从根本上树立一个以学生为本的正确教育教学理念，争取实现监督机制的有机融合，最为重要的两个部分是群众监督、上级监督，最后实现学生合法权利的最大限度保障。第三个部分是促使沟通汇集机制得到完善，高校应从根本上健全学生代表大会制度，针对学生提出的意见和建议进行汇集并提炼，此后由学校管理层对信息进行筛选以及提炼，与此同时，还需不断鼓励高校学生，养成一个自我权益保护的意识，争取实现自身维权能力的提升[①]。

研究梳理网络育人的主要形式，深刻把握育人形式的特点、运行方式和基本规律，能够帮助教育者提升网络技术掌握程度，强化互联网思维，聚焦协同育人的载体建设，提升协同育人实效，从而更好地发挥网络育人的突出效果

---

① 张春贵．试论：网络舆情成为社会管理的新前沿 [J]. 中共四川省委党校学报，2012（4）：78-81.

第四章　新时代高校网络育人的机制构建

高校网络育人不仅是一个理论命题，更是一个实践命题。新时代高校网络育人的有序开展和运行，离不开科学有效的机制构建。高校网络育人的机制构建，是指高校网络育人过程中各要素运行都有一定的机制保障，确保网络育人的方式方法、资源配备、人才队伍等重要因素都能够得到机制的保障，实现网络育人的制度化、科学化，从而提升网络育人的质量。新时代高校网络育人实践是一项复杂的系统工程，相关机制构建也包括众多内涵，其中内容融入机制、反馈激励机制、监督管理机制、网络助推机制是其中的重要内容。理解各项机制的内涵和特征，是进一步提升高校网络育人实践质量的有效路径。

一、网络育人内容融入机制

为了突显高校网络育人的实效性，使高校学生在网络育人中潜移默化地接受教育，我们需要建立网络育人的融入机制，将网络育人有效融入思想政治教育。需要注意的是，网络育人不是单打独斗，也不是其他育人方式的网络化，它主要是指理解网络育人的平台特点，优化网络育人的内容融入，把握网络育人的教育对象，使网络育人融入机制，嵌入大学生的日常学习生活方式之中，激发高校青年学生践行全面育人理念。

（一）理解网络育人的平台特点

纵观互联网从诞生到如今实现与移动终端、大数据紧密结合的过程，我们大致可以将其发展分为互联网时代、移动互联网时代和智能互联网时代三个阶段。在不同的网络发展阶段，学生接触、使用的网络平台不一样，而这些网络平台的特点也有所区别。互联网时代，学生主要是使用电脑，通过网站满足自身的需求，网站有其自身特征，在移动互联网时代，学生将移动通信，多数是手机，与互联网结合起来，成为一体，这时候学生使用的平台就是以各类 App 为主，App 有自身的固定特征，而在将来，随着5G 技术的发展，新时代互联网与大数据、数学计算运用结合之后，也会诞生新的网络育人智能平台。网络平台的特点，深刻地影响着高校青年学生，青年学生的特点也在影响平台的发展建设。因此，结合互联网的发展大势，把握网络育人平台的特点，是提升思想政治教育质量非常关键的途径。

网络技术发展塑造了网络平台特点。互联网自诞生之日起，其自由、平等、开放和共享的特质就一直没有改变，但是，随着社会经济的发展，网络技术日新月异，网络平台的样式变得更加多元，网络平台的特点也产生了一些差异。以当下大家熟知的网络平台：网站、微博、微信为例，三个网络平台既有共性，同时也存在明显的差异。由于硬件条件的限制，在互联网时代，电脑是人民唯一的上网工具，最初的网络平台是网站。随着电脑技术的不断发展，网站因其主题鲜明、功能强大、框架结构完整、内容覆盖面广、操作简单方便而闻名。智能手机与3G、4G 网络的结合，对网络平台的影响同样是巨大的，手机由于能够随时随地地使用，且其屏幕小，再加上随着社会经济的发展，人民生活节奏的加快，形成了微博等 App 更为灵活、更为便利、更为聚焦、更为快捷的网络平台特点。

网络平台使用者的喜好塑造了网络平台特点。现阶段，网络已经成为人们生活中的必需品，是大家交换信息、学习知识、表达情感、沟通交流的主要场所。而据调查，在我国的网民群体当中，大学生所占的比例最高，使用时间最长，大学生的喜好对于网络平台的出现、特点的塑造产生了极大的影响。敢想、敢做、个性化的价值认同催生小众平台。在互联网一代大学生的成长过程中，由于其在学习、生活过程中信息来源非常多元，并不是单一的来自学校教育和家庭教育，教育方式也不再是"棍棒教育""灌输教育"，而是通过网络的多渠道自主学习，所以大学生的认知能力不同于传统一代，他们敢想、敢做，尊重自身个性化的想法，在这种前提下，网络平台也不再一味地做大做强，要求覆盖全体的受众，而是另辟蹊径，小而精地专注打磨自己的网络平台来占有市场，比如现在的网络中有专门播放鸟叫声的 App，而且活跃度非常高。喜欢娱乐图新鲜的生活态度塑造网络平台的"标题效应"。猎奇是一种大多数人都具有的心理本能，不是大学生独有的特征，但是这种心理被具有丰富性和新颖性的社交网络加以放大。因为媒体竞争日趋激励，各种网络平台对于新闻信息的宣传都注重博人眼球，各大媒体平台纷纷使用夸大、虚假的标题吸引网民，以获得更多的关注和流量。大学生思维活跃，对于时尚、新鲜、有爆点的新闻往往给予更多的关注，是网络平台的重要参与者和争夺对象。

网络平台的受众定位决定了网络平台特点。除了政府、企事业单位、公益性的网络平台之外，市面上大多数的活跃度高的网络平台都是商业性的，网络平台都面临着"信息竞争"和"流量竞争"，即尽可能地获得大家的点击、转发、评论、点赞，从而实现商业盈利。因此，网络平台都在致力于培养自己的忠实用户，获得忠诚用户的传播和扩散，为了达到这一目的，清晰明了的受众定位、符合受众定位的网络平台设计都会影响网络平台特点。从整体上来看，如果受众是希望获取资讯，那么 App 就会以新闻信息为主，并附有深度的解析和报告，如果受众希望放松和娱乐，那么就会如"快手""最右"等 App，专注趣味性。而从更微观的层面来看，某一类 App 中细化的网络平台，还会根据受众的不同具备不同的平台特征，以娱乐类的 App 为例，如果他的受众是漫迷，那么 App 的整体设计风格就会轻松写意，文字、配图都会包括诸多俏皮可爱的内容，如果他的受众是追星族，那么 App 的整体内容则趋向于明星动态，图文并茂地关注明星的一举一动。

（二）优化网络育人的内容融入

"做好高校思想政治工作，要因事而化、因时而进、因势而新"[①]。多维育人方式当中，网络育人既有现实的需求，又具备发展空间，是未来思想政治教育发展的重要着力点。而如何规划网络育人的内容，构建网络育人的内容融入

[①] 习近平. 全国高校思想政治工作会议：把思想政治工作贯穿教育教学全过程，开创我国高等教育事业发展新局面 [N]. 人民日报，2016-12-09.

机制，趋利避害，充分发挥网络育人的优势来为思想政治工作服务，都是网络育人需要回答的重点问题。顺应时代的潮流，更好地将育人内容融入网络文化当中，是确保网络育人健康持续发展的重要课题。

网络育人内容要符合中国特色社会主义办学特点。"我国有独特的历史、独特的文化、独特的国情，决定了我国必须走自己的高等教育发展道路，扎实办好中国特色社会主义高校。"① 为了进一步搞好新形势下高校思想政治工作，推进高校思想政治工作的时代性发展，给未来发展高等教育事业指明行动方向，网络育人内容的融入要始终立足大局，联系实际，应当站在中华民族伟大复兴的全局和战略高度，内容需要突显高等教育发展和高校思想政治工作的极端重要性。要把培育和践行社会主义核心价值观落实到教学、管理和服务各环节，拓宽符合社会主义核心价值观的生活学习、实验活动、志愿服务活动的途径，"用社会主义核心价值观凝魂聚力，更好构筑中国精神、中国价值、中国力量，为中国特色社会主义事业提供源源不断的精神动力和道德滋养"②。高校要以习近平新时代中国特色社会主义思想为指导，建设高水平的人才队伍，办好中国特色社会主义大学，为国家的发展提供更有力的人才智力支持，积极服务国家战略，要激励学生将激昂的青春梦与伟大的中国梦相结合，鼓励学生将自身的发展与国家的前途命运结合起来，投身国家最需要的地区，投身国家最急需的行业，承担起中华民族伟大复兴的崇高使命，因为没有国家的前途，就没有青年的前途。

网络育人内容要符合思想政治教育特点与规律。在思想政治教育中，课堂教学是主渠道，日常思想政治教育工作是主阵地，是一项涉及教育者、学生、教育介体等多因素在内的复杂的实践活动，当前，学界对思想政治教育的规律和特点存在多种不同的看法，但是就网络育人的内容融入机制来看，思想政治教育需要契合以下具体的规律。一是内容设置和传播要满足教育者与学生双向互动的特点。思想政治教育的过程是教育者和学生相互作用、相互交互、相互

---

① 习近平. 全国高校思想政治工作会议：把思想政治工作贯穿教育教学全过程，开创我国高等教育事业发展新局面 [N]. 人民日报，2016-12-09.

② 中共中央宣传部. 习近平总书记系列重要讲话读本（2016年版）[M]. 北京：学习出版社，人民出版社，2016：190.

影响的活动过程。而在网络育人当中，这一规律体现得更为明显，一方面教育者是组织者，在网络育人的阶段同样处于主导地位，另一方面，学生在教育过程中，不同于在传统的思想政治教育过程中一味地被动接受，而是更容易发挥主观能动性，与教育者的互动也进一步深化，对教育者的影响也进一步加强。"教育对象的需求存在一般性和特殊性的差别，传统模式下的思想政治教育可以较好地满足教育对象的一般性需求，但较难精准识别其特殊性需求，更无从满足这一需求。"[①] 网络育人的发展符合思想政治教育精准化的需求，在充分了解学生的需求下，网络育人能够把握学生的成长发展规律，借助信息化技术实现精准的教育供给。二是内容设置和传播要满足学生内外化的规律。思想政治教育过程实际是教育者有目的、有计划、有组织地帮助和引导教育者，由此来实现内化和外化的过程。内化是认识，是外化的前提和基础，没有内化，也就没有外化，外化是实践行动，是内化的最终目的。在网络时代，相较于传统思想政治教育时代，学生更容易与教育者接触，但是是否真正受到影响，真正做到外化于实践行动，教育者更加难以判断。因此，在内容设置和传播上，教育者要与时俱进，选择正能量足、学生真正感兴趣、能引发学生共鸣的内容，才能使学生从思想认知和实践行动做到统一，做到"真学、真懂、真信、真用"。

网络育人内容要满足学生的实际需要。邓小平指出："每个人都应该有他一定的物质利益，但是这绝不是提倡各人抛开国家、集体和别人，专门为自己的物质利益奋斗，决不提倡个人都向'钱'看"[②]。由此可见：应当立足立德树人的根本任务，关注学生的共性需求，聚焦学生个性需求，促进人的全面发展，精准引导和有效对接尤为关键。一方面，教育者要关注学生的共性需求，对学生进行相应分析后利用目标导向体系对大学生进行激励。教育者应从"德、智、体、美、劳"各个层面审视学生群体的整体培养模式和成长发展轨迹，从而找到学生的共性需求。例如毕业生，教育者应当关注学生的毕业去向，在毕业季进程中能够有预见性地提供就业、出国、升学的分类指导，提供就业宣讲信息、

---

① 丁凯，宋林泽.论高校思想政治教育精准化的机理及实现路径[J].思想理论教育，2020（6）：101-105.

② 邓小平文选（第二卷）[M].北京：人民出版社，1994：337.

简历制作、面试指导等内容指导，提高思想政治教育内容的针对性，解决学生普遍性的问题与需求。另一方面，教育者要满足学生的个性需求。习近平总书记指出："思想政治工作从根本上说是做人的工作，必须围绕学生、关照学生、服务学生，不断提高学生思想水平、政治觉悟、道德品质、文化素养，让学生成为德才兼备、全面发展的人才。"① 只有"当对教育与自我教育的需求与渴望被激发出来的时候，青年学生主动的求知热情就能与我们有计划有步骤的教育灌输相遇，从而实现震撼心灵、直指内心的教育实践。"②

（三）把握网络环境下人的特征

网络育人相较于传统教育模式具有鲜明的优势。高校网络思想政治教育能够借助科学技术加强思想政治教育的专门化、差异化和个体化，提升学生的综合素质。全方位了解大学生思想特征是把握学生的基础，构建把握学生思想特征的机制是正确了解学生的首要任务。

把握学生思维特征的重要性。把握学生的思维特征是全面了解学生的重要环节，是开展育人工作的重要保证和前提，在互联网时代，在世界社会经济格局剧烈变动的今天，有其深远的意义。首先，国际国内条件下，新形势、新问题的出现使大学生思想政治工作暴露出许多的薄弱环节和难点，而高校青年学生思维活跃，在网络时代的发声，一经发酵就会超过正常权益诉求的边界而使其迷失自身，把握大学生的思维特征，了解他们的所想所思是摆在思想政治教育工作面前艰巨而紧迫的任务。其次，思想政治工作的开展，离不开学生的全过程参与和互动，而学生与教育者之间的相互作用是否能够推动思想政治工作向前发展，是否能够在思想政治工作实践中提高实效性，从而取得理想的教育效果，依赖学生与教育者、教育环境是否能够和谐互动。最后，在思想政治工作中，教育者需要有针对性地开展工作，需要对"症"下药，特别是对于边缘学生的关注，包括学习困难、思维活跃、思想认知与主流认知不同的群体，都

---

① 习近平. 全国高校思想政治工作会议：把思想政治工作贯穿教育教学全过程，开创我国高等教育事业发展新局面 [N]. 人民日报，2016-12-09.

② 冯刚. 深刻把握思想政治教育的前沿问题 [J]. 教学与研究，2012（9）：5-9.

需要了解他们的思想特征，有针对性地开展工作。

把握学生思维特征的难点。实践与认识是辩证统一的关系，实践决定认识，认识对实践有巨大的反作用。学生在成长过程中，会产生共性的成长经历，但是由于每个人的家庭、教育环境、社会环境不同，特别是在网络时代，每个人的兴趣和思想各异，从网络中接触的信息又纷繁复杂，因此每个高校青年大学生的思想认识是不一样的，这无疑会增加把握学生思维特征的难度。人们不论是在生活世界、网络世界或是道德世界，都应当在交往实践过程中真正发挥主体性，而这就要坚持实事求是的原则，从主体的角度出发进行内容设置和教育排布。正如马克思主义实践观的要求一样，我们一定要坚持实践第一的原则，深入了解学生，把握学生的思维特征，才能更好地开展育人工作。"要善于运用大学生易于接受的网络语言来激发大学生对社会主义核心价值观的积极情感，把原本严肃、深奥、抽象的思想政治教育生动形象地展现给青年大学生。"[1]教育者要使学生实现以一种全面的方式，作为一个完整的人，占有自己的全面的本质，实现自我的全面发展。

构建学生思维特征的机制路径。构建学生思维特征的机制涉及的元素多，范围广，过程长，是一个宏大的系统工程，需从以下方面着力：加强思想政治理论课与日常思想政治教育的协同育人。教育者必须把握思想政治理论课和日常思想政治教育，一个是主渠道，一个是主阵地，但都是与高校大学生产生联结的重要方式，各有侧重，各有特点。习近平总书记强调："要坚持不懈传播马克思主义科学理论，抓好马克思主义理论教育，为学生一生成长奠定科学的思想基础。"[2]只有当二者的育人目标一致，育人实践相互补充，育人内容相互衔接，才能更好地把握学生的思维特征，同时将自身融入人才培养的整体过程，把立德育人作为实践的目标方向。

---

① 张振军，高睿.网络文化育人视角下高校思想政治教育研究 [J].传媒，2021（11）：89-91.

② 习近平.全国高校思想政治工作会议：把思想政治工作贯穿教育教学全过程，开创我国高等教育事业发展新局面 [N].人民日报，2016-12-09.

二、网络育人反馈激励机制

教育者要解决思想政治教育的亲和力、感染力、针对性、实效性问题，除了内容的不断充实和与时俱进、丰富完善，还要重视方法形式的创新，更要重视内在机制的设计与构建，其重要环节是构建及时的反馈激励机制。反馈与激励是网络育人机制构建中的一个关键，因为只有能够及时对学生接受教育的信息给出相应的反馈或者是相应的评价，整个思想政治教育的过程才有可能会得到学生的赞同和相应的认可。

（一）网络育人反馈激励的含蕴

激励方法又称激励教育法，是思想政治教育的具体方法，指的是"激发人们的主观动机，鼓励人们朝着正确目标努力的方法。"[1] 将激励法与反馈机制相结合，运用在网络育人中，是网络育人反馈激励机制的基础。网络育人的反馈激励就是通过互联网技术把握学生的相关信息，运用各种有效的方式激发人们的动机，增强人们参与思想政治教育的积极性、主动性，帮助学生获得参与感，实现社会期望目标，简言之，反馈激励就是通过对学生的行为进行刺激和影响，调动学生的积极性和主动性，主要包括"分数系统""勋章系统"和"排行榜系统"。

分数系统是在全面系统地把握学生的基础上，尽可能地把握和了解学生的每一个动作，针对每一个行为均设置得分、减分，以便给予细微的反馈。"分数系统"能有效掌握学生的信息，是了解学生的关键。首先，新媒体时代教育者可以通过线上新媒体平台与线下传统工作方式的结合，运用大数据思维和方法，多途径收集数据，尽可能全面了解和把握学生。"大数据理论在思维方式上颠覆了传统方法，使得思想政治教育工作者能够在认识方法中获取全样本的思想政治教育信息，在工作方法中提供针对学生的整体性信息，在反馈评价中提供全面思想政治教育反馈，因而突破了传统小样本理论的局限性，提升了思想政治教育方法的科学性。同时，大数据方法还改变了传统思想政治教育立

---

① 本书编写组．思想政治教育学原理 [M]．北京：高等教育出版社，2016：249．

足于小样本的思维局限性，从全面和整体的观点来看待思想政治教育活动和现象，使思想政治教育活动更为全面和系统。"① 其次，分数系统要求对学生的数据信息进行加工处理。思想政治教育工作的信息来源渠道多，信息内容庞杂，如何从繁杂的信息中找寻到符合学生利益的数据，对于推动整体思想政治教育的实效性来说意义非凡。最后，分数系统中把握的大数据往往是零碎的，教育者不能利用大数据片面理解青年学生的相关信息，必须针对数据进行深入分析，最终高效合理地制定工作的重点。

勋章系统是通过奖励来对学生进行总结表彰，及时对学生的成绩进行全方位、多角度的总结，给予反馈鼓励。在思想政治教育中，教育者对学生信息收集的总结和拓展体现在对学生的各项行为进行阶段性分门别类和总结评估。因此，教育者要建立形式多样的方法，比如，针对特定学生，在保密原则的基础上，可以通过大数据全面了解学生的校园卡使用信息、网络媒体信息，把握青年学生的学习生活状态，在此基础上综合分析学生思想和行为的特点及问题，进而对其进行有针对性的思想政治教育。在大数据的运用过程中，教育者需要特别注意数据的处理和筛选，恰到好处地给予我们学生相应的帮助和鼓励。

排行榜系统是指对学生的整体水平进行展示，并且通过给学生设置目标进行引导性激励。"分数系统"是"勋章系统"和"排行榜系统"的基础，学生可以看见自己在所有的学生中的水平和层级，激发学生的欲望。"排行榜系统"建立在目标梯度效应的基础上，学生在完成一个目标获得一个勋章奖励和排名后，教育者应该向学生展示其在整个对象队伍中的排名，并且激活另一个目标让学生去完成，以便争取更高层次的排名，无限循环，不断激励学生去完成任务，提升自我认知水平和自信程度，增强学生的获得感和忠诚度。在高校日常思想教育中，排行榜系统需要聚焦三个方面的建设。一是设置全面的目标内容，在高校的目标内容设置中，教育者往往容易聚焦成绩，而忽略了针对学生其他素质能力的内容体系建设，需要从"德""智""体""美""劳"方面来构建排

---

① 佘双好，康超. 思想政治教育大数据方法的提出及其运用空间 [J/OL]. 北京工业大学学报（社会科学版）: 1-9.

行榜内容体系，以培养社会主义时代新人；二是目标设置需要更有针对性，在传统的思想教育中，由于缺乏实时更新的手段和方法，教育者对学生的信息掌握不够全面，难以实现群体性的个性化目标设置以引导学生，往往以单一的目标激励标准来覆盖全体学生，而在互联网时代，随着大数据的运用，大规模的个性化目标设置成为可能，排行榜系统需要聚焦目标设置的针对性；三是目标设置难度需要适中，目标设置难度易出现过低和过高的情况，这些都会导致失去对学生的吸引力。因此，思想政治工作中排行榜系统应该结合学生的个人能力及目标的可操作性来明确目标内容体系，调动学生的积极性，激励学生在不断实现目标的同时提高自身的能力水平。

不管是三个系统的独立状态，还是三个系统的融合，从把握对象的具体细节、对象特点的有序分类到对象引导的精准体现，都在时刻以对象为中心专注对象把握，构建对象把握机制。

（二）网络育人反馈激励的特点

反馈与激励是吸引学生接受教育并不断认可教育的重要机制。反馈和激励机制设计的及时性是问题的关键。及时的反馈激励能够使学生感受到重视、认可和导向，不及时甚至拖延的反馈激励不仅起不到如此效果，反而可能增加学生对教育的反感和使其感到缺乏持续的导向跟进。

时效性是网络育人反馈激励的基本特征。心理学研究表明，及时激励的有效性比滞后激励高六成，可见，及时的反馈激励机制何等重要[1]。思想政治教育当中同样需要遵循及时反馈原则，然而，在现在的思想政治工作过程中，教育者往往没能把握激励的时效性问题，使得激励的效果大打折扣。其原因在于，一方面，思想政治工作者事务繁忙，思想政治工作安排通常以方便教师为主，并不是以及时反馈激励为考虑重点，严重弱化了激励的效果；另一方面，教育者对于激励时机的重要性认识也有待提升，只是把奖学金发放、荣誉授予当作了一般性的日常工作，错失了利用奖学金发放、荣誉授予等关键事项进行及时

---

① 王易，张莉.试论激励法在大学生思想政治教育中的运用 [J].思想理论教育导刊，2010（7）：78-82.

激励的时机。互联网时代，教育者应利用互联网的便利性来进一步升级思想政治教育的线下工作平台，把握规律，协同创新，营造良好的激励环境，采取灵活的激励方式，以达到不断增强思想政治教育时效性的目的。

便利性是网络育人反馈激励的必要特点。相较于传统的思想政治教育激励，网络育人时代有了更为便利的条件来激励学生。线上线下的结合，突显了网络育人反馈激励机制便利性的特征。思想政治教育既需要我们利用网络载体的便利性进行激励反馈，同时也需要我们统筹规划，搭建线下工作平台，在线下思想政治教育过程中探索适应及时反馈需求的科学途径。教育者应开展一些线下的思想政治教育工作，以此来满足学生得到及时回馈的迫切需求，建立各种线下的工作平台。如创建辅导员工作室，提升辅导员整体业务能力，专项反馈学生典型问题，形成思想政治教育精准发力的局面；充分发挥课堂教学的引导作用，在由辅导员参与讲授的形势与政策课、思想政治理论课和哲学科学课程，甚至是专业课程的教学中，辅导员要加大课堂教学过程中的反馈力度，拓展思想政治教育反馈的阵地，创造激励反馈的环境和渠道，提升思想政治教育对于学生的吸引力；统筹推进高校"第二课堂"，在讲座、报告和实践过程中，教育者要让高校学生感知到反馈和回应，最大限度地丰富思想政治教育回馈的形式和内容；增强学生工作队伍自觉反馈与激励学生的意识，使其既懂得思想政治教育工作的基本规律，又能够勇于创新、灵活运用，进而在线下平台与学生面对面的交流中沟通反馈。由于线下工作平台形式不同，思想政治工作团队可以适当地分工，围绕着思想政治教育的工作中心，各司其职、各展所长，全校紧密配合、统一协调，为建设科学、协调的及时反馈机制提供人才队伍支持。

善用网络载体是网络育人反馈激励的重要方式。首先，选取恰当的网络载体。及时反馈激励机制要求教育者在学生生活学习的各个领域靠近学生并且帮助学生解决实际问题。教育者想要做到"有求必应"，就必须借用互联网的最新成果，选取合适的载体，将网站、微博、微信这些本身就具备即时反馈功能，且在学生中使用度、好评度高的新兴媒介引入思想政治教育。此外，还可以根据学生的不同特点、不同需求，选取不同的网络载体作为及时反馈的手段。例如，鉴于微博媒介公开性、讨论性的特点，辩论性、时事类的内容可以通过微博进行反馈；鉴于微信"朋友圈"实时通信的特点，私密性、疑难性的内容更适合通过微信反馈。

其次，有效运作网络载体。教育者要仔细掌握网络化的工作规律，有效地推动各类媒体的多向融合发展，掌握网络文化建设的话语权，提升网络文化的传播力和影响力[1]。在思想政治教育网络载体的有效运作上，教育者一是要加强网络载体的建设，要进一步加强学校、院系、班级、党支部、社团等多层次官方网站、微信、微博、App 的建设，并且注重各层次网络载体的沟通互补，协调联动地为学生遇到的各种问题提供交流和反馈的平台，以确保能对学生不同层面的诉求在第一时间做出反应；二是要运用不用的语言体系和展示方式，增加反馈内容的全面性和真实性，打造网络载体之上的反馈激励阵地；三是要建立并完善网上网下联动机制来增加思想政治教育的实效性。

最后，加强网络载体管理。网络载体是网络育人的一种工具，具有网络育人的功能，但是教育者并不能放松对高校网络载体的管理。在发挥网络载体反馈激励功能的同时，教育者要注重为大学生思想政治教育营造更加优良的网络环境，做到"唱响主旋律、提振精气神，激发正能量"。与此同时，教育者还要研究各类网络载体的传播规律，研究网络特点和网络语言，要加强网上信息审核、发布以及回应的精准度，把握好分寸，做好舆论的反馈、引导，及时发现问题并解决问题。

（三）网络育人反馈激励的运行

对学生的关注和引领是构建反馈激励机制的目的，反馈激励不是零碎的、随机的，而应该是整体的、完整的、准确的，同时也是有机的、系统的，要有明确的目标导向，要有清晰的反馈激励时机、重点、方向和内容，要注重学生的内生动力，增强反馈激励的持续性。

强化目标体系建设的意识和内容设置。"思想政治教育目标是上层建筑以其根本意志为本质内核，从向外构建个体的社会关系，向内构建个体的认知结

---

[1] 冯刚. 思想政治教育创新发展的四个着力点 [J]. 教学与研究，2017（1）：23-29.

构两个基本要求出发，构建起来的集合社会各领域内在影响的抽象概括。其中，连接、协调、认同三个目标体系是围绕思想政治教育目标的本质内核，基于两个基本要求而具体发展形成的。他们共同围绕思想政治教育目标的本质内核，彼此联系，前后衔接，呈螺旋向上运动。"[1] 思想政治教育目标体系具有要素多、内容广、变化快的特点，为推动思想政治教育目标体系的建设，高校要充分发挥教育者的积极性和主动性。强化教育者意识的重心是把握方向，切实做好目标体系的建设，将目标体系建设内化于心，抓好协调和指导工作，这是优化思想政治教育目标体系的基础。

首先，完善目标体系的内容设置，既强调全面性，要有总体上的目标体系，也强调局部性，要有不同类别、不同层次上的目标体系建设。教育者要将目标体系的理论、诉求融入实际工作当中。思想政治教育的相关部门必须要做好制度的设计和工作安排，制定目标体系的激励机制，调动积极性，为思想政治教育目标体系提供原动力。

其次，教育者要掌握规律，遵守目标体系设计的原则。比如目标体系的设计要满足竞争性原则，明确目标体系建设的不同层级和等级，在内容的设定中加以区分，通过评奖评优的等级、竞赛比拼的名次之分来激励在不同领域中奋斗的大学生。又比如实用性的原则，在游戏中，激励反馈是否有效取决于玩家是否重视，是否受到激励后做出努力。鉴于此，教育者在设计目标体系内容时要考虑目标等级之间的差距、困难程度，如此才能营造良好的激励氛围，这对高校思想政治工作的开展至关重要，同时应当注意到，"激励不是一劳永逸的，思想政治教育者应该把激励当作长期性的工作来做，保持激励的持久性。这就要求应该本着长期坚持和循序渐进的原则实施，无论是奖励还是惩罚，其力度都要逐步增加。"[2]

关注和契合学生的发展需求。完善的目标体系机制的建立，应该立足学生的实际，及时了解学生的实际需求，根据学生的思想心理、个人能力和个性特

---

[1] 赵达远，臧宏. 思想政治教育目标体系研究 [J]. 思想教育研究，2016（11）：8-12.

[2] 刘晓玲. 论激励法在思想政治教育中的运用 [J]. 学校党建与思想教育，2019（13）：31-34.

点选择恰当的目标。坚持以人为本不是简单地迎合学生，而是在教育的过程、内容和方式上都要更加关注学生成长发展的全面、协调和可持续。

思想政治教育目标体系是针对一群人的体系设置，需要满足不同层次、不同发展路径学生的共性需求，要能够根据学生群体的整体培养模式和发展轨迹，确定一定时期、特定阶段学生感兴趣的内容来满足学生群体的共性需求，扩大思想政治教育的激励广度。在新媒体时代，学生更注重个性和自我价值的实现，这就要求目标体系的内容设计正视学生个体的差异性和多元化，注重设计更具开放性、多元性和竞争性的指导内容，注重结合学生的思想、行为和兴趣爱好，采取正向激励引导，建构多层次思想政治教育目标内容体系，促进大学生在心理和情感的层面认同教育的内容。

促进学生主体成长发展内生动力，增强构建思想政治教育反馈激励机制的持续性和稳定性，并使之贯穿思想政治教育的全过程，必须要通过激发学生成长发展的内生动力来实现。也就是说，反馈激励必须针对学生成长发展的需求来设计，思想政治教育反馈激励机制能持续产生作用，应该通过学生的内因来实现，形成良性互动。

激发大学生成长发展内在动机是反馈激励的着力点。思想政治工作要调动大学生的积极性，同样需要激发大学生的内在动机，改变其行为模式，让其主动把"要我听"变成"我想听"，把"要我做"变成"我要做"，使整个思想政治工作呈现出独立自主、积极主动和富有创造力的景象。

三、网络育人监督管理机制

互联网技术的不断更新和发展，使得各种网络媒体技术和网络数据平台也得到了快速的发展和广泛的应用，这些条件给高校思想政治教育带来了一定的机遇，同时也带来了一定的问题和挑战。目前，我国不少高校在网络育人工作中大力探索和应用各种网络工具和平台，虽具有一定的教学效果，但是鉴于存在网络环境复杂、高校网络教育平台建设落后、对平台监管力度不足以及教师网络教学素质普遍不高等问题，使得高校网络育人模式难以达到立德树人的教学目标，因此网络育人急需建立健全的监督管理机制[①]。高校应当从主体协调联动机制、信息安全保障机制、育人过程纠偏机制以及危机事件处理机制等方面探讨网络育人过程中可能存在的问题以及建立相应的监督管理机制。

（一）构建网络育人的主体协调联动机制

在现代社会，随着信息化的高速发展，高校网络育人体系也开始得到完善，逐步形成一个较为全面、复杂的系统，该系统当中的网络教育相关信息、人力资源等也有较高的复杂度，很大程度上限制了高校网络育人的发展。建立高校网络教育的协同机制，形成相互联动的协同效果，可以有效克服高校网络育人力量扩散的问题，形成网络育人各方面资源的集中发力，最终能够使高校网络育人整体效应的内在需求得到充分满足[②]。

网络育人属于较为复杂的教育系统，它属于教育与网络结合形成的一类新的育人系统，但我们不可将其理解为简单的"1+1"，也就是说，网络育人并非是"网络"和"教育"的单一叠加。20世纪40年代，贝塔朗菲将系统的概念界定为"相互链接、相互影响的众多元素的结合"[③]。如何预测、监管和解除网络环境中的不良因素，需要教育者在遵循高校网络育人系统的客观规律的基础上，优化高校网络育人系统的结构关系，增强高校网络育人的整体合力，更好地发挥高校网络育人系统的德育功能。高校网络育人系统是包含多项重要因素在内的一个综合教育体系，其中具体的因素有高校网络育人的主体、客体以及介体，但高校网络育人的相关要素是密切结合、相互影响、相互促进的关系，除了共同构成完整的高校网络育人系统这一有机整体之外，还对这一整体系统的教育功能的实现起到重要的作用。此外，在高校网络育人系统当中，相关的人际要素是相互影响和促进的，有一定的复杂性、多样性特征，其通常不可被

---

① 王皓. 对高校网络思政育人路径的创新思考 [J]. 创新创业理论研究与实践, 2018, 1（1）: 55-57.

② 骆郁廷，付玉璋. 论高校网络育人协同机制构建的时代价值 [J]. 思想政治教育研究, 2018, 34（4）: 128-134.

③ 贝塔朗菲. 一般系统论：基础、发展和应用 [M]. 林康义，译. 北京：清华大学出版社, 1987: 24.

理解为简单的"一对多"或者是"上对下"的传导，而属于"多对多"和"交互性"的关系。怎样才能够和高校网络育人系统当中的课题展开深入的交流和沟通，怎样对高校网络育人的载体或者介体进行有效协同，怎样来对网络环境中各种未知的负面因素进行预判和检测，这需要进一步提高高校网络育人的综合能力，由此使该系统的德育价值得到更大程度的发挥。

高校网络育人系统在育人力量方面的无用消耗，是对高校网络育人综合作用影响最大的因素。多种网络育人力量也存在独立分散的情况，甚至存在相互消耗的问题。在网络育人系统中，无谓的力量耗散问题表现在以下几点：网络育人力量在纵向没有得到良好连接，另外还体现在行动同步性不足等方面；高校网络育人力量横向协调性有明显的不足，这也是一个最为明显的高校网络育人力量耗散的问题。基于互联网在社会与校园生活当中的持续融合与渗透，网络为教育领域带来的改变也越发明显。除了校园网所承载的作用越来越大之外，学校各组织部门，特别是行政工作部门的网站也顺利建立并投入运行。网络育人平台开始大量地产生，比如"德育网站""青少年思想活动网站"以及各种各样的教育领域的微信公众号越来越多，网络育人平台的发展呈现出爆发式态势。学生社团网站也开始流行，以上各种网站百花齐放、百家争鸣的发展现状也在很大程度上促进了高校网络育人系统的进步与发展，是我们应当充分重视的发展现象。高校校园官网和各类网站，包括社团网站以及校园官方微博和微信公众号、师生的个人公共社交账号等之间没有进行明确的职责界定和分工，协调和合作不到位，没有完善的协调机制，由此也引发了信息资源有较大的重复率的问题，甚至还有一些网络信息资源相互之间是矛盾的状态，这除了会造成高校网络育人力量的大量耗散之外，还会使得高校网络育人的功能被严重限制。所以说，强化高校网络育人的横向协调极为重要。另外一点是高校网络育人力量衔接上的连贯度不足的问题，这是高校网络育人力量遭到耗散的一个最大的体现。高校网络育人系统有层次性特点，不仅涉及以学校为主体的官网，还涉及以院系为主体的分网，不仅有站在学校的角度形成的网络育人力量，还有站在院系角度的网络育人力量，学校可以发布官方层面的网络消息，院系也可以发布独具特色的院系相关信息，两者属于统一性和多样性、主导性与辅助性、共通性和独特性的关系。对于院校分网，校园网可以起到指导、主导和引导效果，院系分网对校园网会带来传播、支持及辐射作用。其实，这并非表示仅能有一个声音，以某一渠道的发声为绝对权威，而是强调繁荣发展、百家争鸣的发展特点，以一个主旋律为引导，其后还有各种其他旋律作补充，一同谱写美妙的乐曲。就像广播电视台不仅有中央台还设立了地方台一样，这主要是为了促进整体性、规模化发展，而并非是一支独大。现阶段来说，总体上看，网络育人就属于中央台的主导作用还不明显，地方台各自发声，高校还未形成高强度的网络育人力量，存在联动性匮乏、上下脱节以及力量消耗等方面的问题，校园官网针对院系分网所体现出的指导、引导作用尚不明显。由此，我们应当深化网络育人的纵向链接，并凸显其领导地位，我们还既应当防止"一管就死"的情况，也应当规避"一放就乱"的问题，对高校网络育人的纵向深化进行循序渐进的推动，从而落实到根本问题之上。还有一点是高校网络育人力量在行动方面没有足够的协同性，这也是高校网络育人力量消耗过度的一种重要体现。我们对一件事如果进行精心的计划，就能够保证事情能够更为顺利地进行。再看我们现阶段的网络育人系统，并未形成一个有机统一的机制，体现出步伐不一致、协同性不足的明显问题，高校尽管也有一定的行动，不过成效却是非常之小。高校网络育人力量在行动上没有足够同步的问题主要表现为以下几点，即：在发挥网络育人力量，使用各项资源和信息的过程中，未能进行公开的协调、策划、落实、评价、反馈，也未做到信息的合理共享、资源共享与平台共享，多数时候是各自发声，强调个体存在，使得整体网络育人体系当中的资源、力量难以聚集，这对网络育人合力的形成无法起到有效的促进作用。高校各个层面和各个类型的网络育人平台就像是微弱的火苗，基于风的作用可以迅速形成燎原之势，其中的"风"主要是指建立创新性的网络育人协同机制，提高协同的有效性。

从网络育人力量的协同来看，首先是高校网络育人系统当中的复杂因素，特别是主体力量在纵向链接、横向协同以及步调一致等多个层面的协同度不足的问题，让网络育人的力量被严重消耗。这种情况下，高校思政教育工作者应当努力建立高校网络育人协同体系，对该方面的工作展开具体、全面的协同整合。其次是现阶段网络育人力量的整合以下列几个方面为主：一是对网络育人的重要力量进行协调，建立权威的师资平台。建立多方位的网络育人师资平台，能够很好地发掘、利用师资的价值，对网络育人主体的力量和相应活动进行协调组织，从而保证网络育人活动的顺利开展。二是对网络育人的相关资源进行搜集和整合，补充完善资源库。高校网络育人的资源具体涉及学校官网、部门网站、校园主网以及院系的分网和社团网站等，同时还包括微博和微信的官方账号，这些资源的涉及范围非常广，所以，应当通过形成高校网络育人协同机制的方式，来规范地、系统地进行立德树人的工作，达成高校网络育人资源的科学整合与高效共享，从而使网络育人的合力得到有效提高。三是整合网络育人方方面面的信息，建立高度完善的信息库。在互联网时代，社会的一个非常明显的变化就是信息传播和交流变得极为快捷。人们打破了时间和空间的限制而能够随时随地地进行交流和沟通，相互之间能够方便地进行信息共享。"就好像一根极细的光线能够在一秒的时间当中将《华尔街日报》从建刊之后到现在的所有讯息全部传递"[①]。

（二）搭建五位一体的信息安全保障机制

高校应搭建"五位一体"的网络育人协调联动平台以完善信息安全保障机制，还应当对大学生的全面发展起到较大的促进作用，将大学生综合素质的加强当作发展中心。网络平台要持续提高、坚持创新，从而体现出一定办学水平和办学特色，尽可能地突出办学的独特性，能够基于现实需求的发展来进行把握和调节，保证学生的健康发展[②]。

1. 规范的网络育人组织机构

学校要考虑到自身的现实发展特征，设立科学、完善的网络育人组织体系，并形成高效率的领导组织管理体系，从而全面把握网络平台的相应政策规定与整体发展战略的制定，将各项工作进行合理安排，逐步落实，各个部门之

---

① 尼葛洛庞帝.数字化生存 [M].胡泳，译.海口：海南出版社，1996：35.

② 吕春燕.高校"五位一体"网络育人平台的搭建及优化对策研究 [J].中国成人教育，2018（17）：42-45.

间要协同促进、深化合作，为网络育人提供强有力的发展保证。学校应建立针对性的网络育人领导班子，让主要负责学生工作的校领导来作为牵头组长，让学生参与其中来共同把握平台的建设工作。同时，学校应当注重建立和培养网络育人的人才团队，使他们有足够的能力来应对该项工作和任务。

2. 丰富多彩的网络育人课堂

首先是进行丰富多彩的教育活动，第一，学校应将相关的教育资源展示在网络平台当中。另外，学校可针对网络当中的各类热点问题及学生最为重视的问题进行论坛、讲座或者是以征集作品的形式来让学生真正理解这些问题的本质内涵，从而使他们更加坚定自身的信仰。第二，学校要开展网络媒介素质教育培训[①]。通过现代化的视频、微电影、动画技术或者是以举办讲座的形式来进行相应的道德伦理教育，在课程教学当中针对"怎样用网"以及"如何有效用网"等问题进行全面讲解。另外，学校还应当对德育课程进行完善，对学生的能力进行重点培养，使教师能够以正确的态度看待网络教育问题，并对网络育人工作的价值有全面认知，使其积极性和主动性得到提升。

3. 人本学生教育管理综合服务

以平台为立足点，打造侧重于红色教育的主体资源网站。首先是红色理论和实践资源，主要是展示马列著作和优质原著。网站应第一时间宣传国家最新理论成果以及热点社会话题，从而使师生能够进行充分的查阅、交流。其次是设立网上的党校与团校。学校基于网络的支撑，进行先进分子的党团培训工作。另外一点就是开创红色历史和人文专栏，对学生较为感兴趣的一些红色理论或者红色历史人物及相应的人文知识进行介绍，立足于红色内容，建立学生感兴趣的红色教育类网站。网站在聚合优秀的红色教育资源的基础上，使学生的精神发展需求及学习需求得到充分满足。再次是设立综合性服务管理平台。学校基于"服务带动"的方式建立学生网络服务平台。平台当中应包括各种极具价值的网站，比如针对学生的咨询、答疑网络系统以及侧重于学生工作事务的网

---

① 从蓉，史庆伟. 新形势下高校思想政治教育网络平台建设研究 [J]. 中国轻工教育，2014（1）：29-32.

络办公系统和勤工俭学、助学贷款网络系统、就业工作系统等，引导学生充分参与相关的实践活动，为学生提供各项日常便利，充分满足学生各种各样的需求。还可以设立对话式网络互动平台。学校立足于"网络吸引"的策略，建立平等协作的网络社区。在网络当中，网络教育工作者应当和大学生网民进行平等对话，对于学生的问题和疑惑应予以可靠解答。最后是设立心理健康咨询平台。因为社会发展的脚步越来越快，人们所面临的生活、工作压力也随之提高，各种各样的问题使学生对生活中的问题有诸多疑惑。网上心理教育咨询平台就是针对学生的这一问题来进行解决和控制的。通过这一平台，学生可以将自己的困惑和问题提出来，从而释放自己的学习、工作压力，由此能够静下心来一步一步地解决问题，不要因急于求成而陷入误区。对比传统的直面交流，这种基于网络平台的心理健康交流有更为高效、便捷的特点，学生可以更好地接受指导和治疗，教育引导的功能也将得到更大程度的发挥。

4. 活力爆发的师生风采展示平台

榜样的力量对于学生的影响是极为深刻的。学校以建立网上师生风采展示舞台的方式，通过各种先进师生的风采展示，同时辅以视频、图片、动漫等多种方式的介绍说明，使师生的感受更为强烈，使校园当中掀起一股学习榜样之风，使榜样的作用得到充分扩展，从而创建良好的校园学习氛围。

5. 追踪与深入分析热点，解决疑难问题，深化平台的参与性与交流性

网络育人平台应当最大程度上发挥网络和现实实践同步的优势，积极发掘各种各样的网络信息资源。学校应建立网络答疑交流平台，强化线上线下的交流互动。教育者可以适当地选择一些近期有较强教育意义的重大事件来与学生展开深入沟通，对学生关注的重心、社会热点话题等进行合理解答，使平台体现出更强的参与互动性，网络教育工作者应当对网络平台进行及时、全面、全程的关注，从而及时发现网络舆情。学校还应设立网络论坛，引导网络互动与讨论，积极发扬正向的校园文化，全面弘扬社会主义核心价值观。

（三）建立趋利避害的育人过程纠偏机制

作为当代青年群体的代表，在网络化、信息化时代，大学生扮演了极为重

要的角色。所以，学校应合理、有效地把控互联网背景下针对大学生的管理和教育工作，高校老师应摒弃传统的灌输式、填鸭式教育思维，应当对互联网的利弊作用进行客观、全面的分析，从而利用互联网的有利优势来促进教育成效的提升，并且着重凸显引导作用，考虑大学生的个人特征，建立趋利避害的育人过程纠偏机制。

1. 网络对大学生的思想和行为的影响

站在大学生的角度看，互联网并不可怕，反之，他们认为，很多高校都应当为学生开通宿舍网络，可见，网络是能够促进大学生健康发展的一项重要资源。第一，网络可以促进学生知识体系的更新，可以使学生学习的积极主动性更强。互联网当中的信息形式极为丰富，有图像、有视频、有动态图片、有声音，这使学生在获取知识的过程中能够更加感受到知识的深刻内涵。第二，网络可以促进学生综合素质的培养。学校的教学和管理环节通常都有标准与方向较为接近的特点，很难有效地促进学生思想素质的提升，而互联网则对这一问题提出了解决方法，学生可以基于自己的时间安排来自行决定学习哪些内容。第三，网络能够使学生的视野得到扩大，使学生更加热爱生活。网络上的资源非常丰富，大学生可以通过网络了解到世界各地的信息和内容，有效缓解他们的各方面压力，从而更好地投入生活，着重关注自身的发展。最后一点，网络资源能够对教育和管理策略进行优化更新，使大学生的学习效率得以提升。网络资源涉及各个方面，也使教师的备课工作能够有更好的参考，从而使教学效率得到提高。可以说，教师也变为了学习的参与方，他们主要发挥组织协调作用，对学生进行正确引导，使其自主探索和研究，最终获取到切实的发展经验[1]。所以，当前时代的高校管理教育工作者要重视网络的优势，并尽可能地限制网络的劣势，发挥网络的积极性影响，合理、规范地把控新时期大学生的管理和教育工作。

2. 建立相应机构，最大限度地规避网络的负面影响

第一是高校应当建立网络信息管理机构，以融入信息筛查软件的方式来设

---

[1] 刘曙刚. 网络时代的高校思想政治工作要有新对策 [J]. 中国高等教育，2006（19）：49-50.

置网络黑名单，及时过滤一些不良内容，并对这些内容进行永久性清理。此外，高校要以学生社团为试验点，建立网络体系与网络道德宣传监管机制，保证学生能够对网络资源进行有效利用，让学生能够自发、自觉地规避和抵制网络当中的垃圾信息，树立正确的思想观念，坚守自己的道德底线，不做违反社会秩序或者违背社会道德的行为。第二是高校应当在各自的网络当中发布一些关于开展多样性、趣味性活动的网络信息，将校园的文化活动等发布到平台当中，使学生形成关注社会热点事件的意识，从而对新的文化发展现象、政策制度等有一定的理解和认知，积极传播中华民族文化理念，使校园网站能够真正成为大学生的精神发展沃土。最后是管理者应当考虑到当前时代之下大学生的发展特征，从而进行多种多样的网络交流、教育和探讨之类的文化活动，并建立学术网站、网上论坛或个人博客。

3. 加强思想道德教育和人文精神影响来增加学生自制力

网络化的社会当中，大学生作为网络信息接收方的同时，也是使用方，并且还能够自主地发布网络信息，所有网络用户也都是网络的主人，都能够自行决定其网络行为[①]。所以，强化大学生自控力就显得极为关键。高校应侧重于大学生人格的完善与发展，帮助大学生形成高尚的品格，使他们能够正确使用网络技术，通过网络技术深化知识储备。

（四）创新提前预警的危机事件处理机制

基于网络信息技术的持续进步，加之大学生的利益诉求也愈发多样，高校学生也开始通过网络来发表自己的观点和诉求，并将自己的疑惑发布在网络上，希望得到他人的帮助，他们决定了舆论的发展路径。网络育人也引发很多危机问题，很多学生通过网络平台发布各种各样的倡议和信息，组织各种活动，很容易形成大学生的群体性事件[②]。这类事件通常存在危机爆发源头不可控、信息传播不可控、危机事态发展不可控等特点，后期极易发展成不理智的行为。为掌握危机处置的主动权，保障教学和日常管理有序开展，尽力消除危机事件

---

① 杨向平.大学生思想政治工作与网络 [J]. 中国高教研究，2004（3）：72-73.

② 陈娅萍，袁奋光，牛育鸿.新形势下高校突发事件与辅导员工作探究 [J]. 长春理工大学学报（社会科学版），2010，23（1）：108-109.

的不良影响，高校仅在建立科学的预警机制和危机处理机制预案的情况下，才可以在危机事件处理方面掌握更多的主动权，有利于事件的有效解决[①]。因此建立提前预警的危机事件处理机制十分必要。

1. 坚持"以学生为本"的预警理念

高校的主要社会职责就是育人，基于这一职责特征，网络教育也应当以学生的发展为立足点，注重解决学生的问题，形成服务观念和大局观念。在网络育人体系当中，学生属于主体因素，高校应在各项工作中融入"以生为本"的发展理念[②]。同时，"高校应把准学生成长规律，依循不同年级、不同学段的特点，有针对性地设计相应的网络安全教育内容，在环环相扣、层层递进的过程把控中实现网络安全教育的无缝和有效衔接。然而，在现实工作中，部分高校育人的连贯性不足，尚未设计出贯穿学生校园学习全过程的网络安全教育链条。"[③] 对危机事件，高校应当在条件允许的情况下充分保证学生的生命安全与身心的稳定发展，不可通过失当的方式来应对校园危机，并且应尽量保证在处理危机时不会对学生带来负面影响，避免学生的利益受损。

2. 打造一支有力的校园信息员队伍

在网络育人方面，高校应对多方面的资源进行协调整合，建立多级配合的校园安全信息管理者团队，全方位搜集网络育人工作期间的具体发展动态。信息员应当做好信息的搜集和汇报工作，第一时间发现并上报安全隐患，将安全问题扼杀在萌芽期，为学生提供良好的学习生活环境。高校应基于信息员建立多层级预警信息体系对学生的心理发展路径进行监控，一旦发现不良情况，在进行监督之后应当予以及时应对和处理。另外，高校还需要设立不同类别的逐级负责制度，尽量将负面影响控制在极小的范围内。

---

① 孙利.网络背景下高校学生危机事件处理与预警机制研究 [J].教育教学论坛，2019（4）：254-255.

② 叶金福.建立和完善高校突发事件的应对机制 [J].马克思主义与现实，2004（1）：78-81.

③ 周恒洋，邹浩."三全育人"视域下大学生网络安全教育探析 [J].学校党建与思想教育，2022（2）：73-75.

3. 坚持危机处置过程协同合作和依法办事

在网络育人体系中产生的危机事件，并非是应当由某一单一的部门或岗位负责处理的工作，而是应当由整个部门的人员共同处理。高校在发挥集体力量时还应当和相关社会部门，包括外界媒体进行深化交流，从而获取到强大的社会支持[①]。不仅如此，针对危机事件的处理应当严格秉承相应的法律制度来进行，高校应基于学校的制度要求，了解事情的实际情况，保证证据充分、手续完善、处理适当，防止随意处理和违法处理的情况出现，并且要防止因为处理手段的不合理而使得事件向不好的方向发展。

4. 畅通大学生利益诉求渠道和维权通道

高校要加大网络内外的信息公开力度，并非仅针对网络育人工作，对于高校来说，其应当在各个方面的工作中都要尊重大学生的各项权利。除此之外，学校应安排专人来回复和解决学生所提出的问题，基于网络交流平台来尽可能地消除大学生危机事件，防止因负面信息的持续传播而为社会带来较为严重的负面影响，使事件矛盾在升级以前能够得到有效的控制和解决。学校相关职能部门需要基于学生所提出的现实问题，将服务学生作为基本目标，从而着重解决学生的问题，使学生感受到自己得到重视，感受到学校、相关事件处理者的服务意识和服务质量在不断提高，真正建立完善、有效的学生正当权益诉求通道，为学生的维权提供支持，让学生的矛盾事件得到及时的控制和处理。

四、网络育人的行为助推机制

行为助推理论，一般应用于公共政策的制定或是行为经济学之中，原指用胳膊肘轻轻推碰一下，在不改变人们行为动机的情况下，改变行为模式。著名行为经济学之父塞勒与合作者桑斯坦指出，在几乎不增加额外成本和不限制人们选择自由的情况下，人们的决策环境或者选择体系进行重新设计就有可能帮助人们纠正这些行为偏差。教育者将这一理论应用在高校网络思想政治教育之中，能够实现更好的育人效果。网络育人中运用行为助推理论，就是要在网络

---

① 赵玉莲 . 论公共危机事件网络舆情应对策略研究 [J]. 经济研究导刊，2011（32）：288-290.

环境中充分、合理地利用丰富的网络育人内容，关切学生成长发展的需求，在不改变学生学习成长的初衷情况下，使学生能够自觉接受思想政治教育的引导，树立正确的思想观念、养成正确的行为习惯。网络育人的行为助推机制应当以高校思想政治教育的目标任务为方向。思想政治教育的任务分为三个层次，即根本任务、一定时期的主要任务和具体任务，一定时期的主要任务和具体任务会有所差别，但是其根本任务却具有长期性和稳定性。在中国特色社会主义的建设过程中根本任务是：培养和造就有理想、有道德、有文化、有纪律的社会主义新人[①]。在网络时代，学生无不受到网络潜移默化的影响，烙上了互联网下这一代人的特征。这一代网民有极强的自我意识，极度崇尚自由，即使是学生认可的正确的内容，他们也希望是通过自己的意识来决定是否学习和接受，这是网络育人形式的特殊性。这就会出现一对矛盾，一方面，高校要培养社会发展所需要的人，说具体了，就是培养社会发展、知识积累、文化传承、国家存续、制度运行所需要的人。这是教育者需要完成的"固定动作"，需要向学生进行意识形态内容的灌输，提高大学生的思想品德素质。另一方面，互联网时代成长的学生崇尚自由，在内容的选取和学习上更加相信自身做出的选择和决定，那么如何能够在尊重学生自由选择的情况下，实现思想政治教育的任务，帮助学生做出更好的选择，实现思想政治效果的最优化就成为思想政治教育的难点，而解决这一矛盾的关键就在于，教育者要改变已有的环境，构建网络育人的助推机制。

（一）明确网络育人的内容特点

网络育人的行为助推机制的构建需要正确把握网络育人的丰富内容及其特点。网络育人的本质与思想政治教育的本质具有相通之处，思想政治教育的本质主要是社会主导意识形态的教化。为了实现这个目标，我们需要根据一定的社会要求，明确思想政治教育的内容体系和构成。

网络育人需要以思想政治教育的基本内容为基础。网络育人中必须包含思想政治教育的基本教育内容，即思想政治教育的"三观"——世界观、人生观和价

① 陈万柏，张耀灿.思想政治教育学原理[M].北京：高等教育出版社，2015：85.

值观教育。其基本观点包括物质是第一性的，意识是第二性的；量变和质变是事物运动的最基本的状态；历史唯物主义是关于人类社会发展一般规律的科学，是帮助人们认识、分析社会历史现象，创造社会生活的科学。其观点还包括社会存在和社会意识是辩证统一的；人民群众是历史的主体，是历史的创造者。马克思主义的认识论是指我们认识世界、改造世界的科学理论，主要是指实践与认识的辩证统一关系，其次是牢牢把握认识的发展规律，最后是坚持真理尺度与价值尺度的辩证统一。理想信念教育是指社会主义、共产主义的理想信念教育。党要引导广大人民群众树立中国特色社会主义共同理想。人生价值指的是人对自我、他人和社会所具有的意义和作用。人生价值观的教育，首先要引导学生形成合理正确的人生价值目标，然后要引导学生正确地进行人生价值评价，最后引导学生努力实现人生价值。生命价值观教育包括认识生命、尊重生命、生命意义、人生幸福和死亡教育，需引导学生树立正确的生命价值观。

网络育人的内容围绕多维度而开展。网络已经成为高校思想政治教育不可或缺的阵地，也是当代青年学生获取信息的主要渠道和方式。做好网络育人工作，高校需要强化网络意识的培育，不断提高建网用网管网的能力。2018年，在全国宣传思想工作会议上，习近平总书记指出："必须科学认识网络传播规律，提高用网治网水平，使互联网这个最大变量变成事业发展的最大增量。"高校通过网络技术手段提升育人的能力和质量，如通过大数据分析平台，构建学生成长档案，全方位展现学生综合能力提升及发展轨迹；通过学习数据追踪学生对各课程的掌握情况，在充分运用网络、依靠网络技术、开辟网络空间的过程中实现人才培育工程的推进。同时，高校要加强网络素养的教育，培养学生文明用网的生活方式也是网络育人的重要方面，作为网民的重要群体，青年学生有责任，更有义务参与网络建设、提高网络素养、捍卫网络安全。此外，随着"全国大学生网络界""全国高校网络教育优秀作品推选展示""网络文明进校园"等网络文化建设活动的开展，网络育人的方式得到了更广泛的实践和应用。

网络育人的内容具有鲜明的导向性。网络育人的导向性是由思想政治教育本身所带有的思想引领性决定的，同时受到互联网大环境的影响，教育者在网络空间教育青年学生，直面各种纷繁复杂的网络因素时，需要有鲜明的指引与导向。2020年，教育部等八部门下发《关于加快构建高校思想政治工作体系的意见》，要求健全立德树人体制机制，把立德树人融入思想道德、文化知识、社会实践教育各环节，贯通学科体系、教学体系、教材体系、管理体系，加快构建目标明确、内容完善、标准健全、运行科学、保障有力、成效显著的高校思想政治工作体系。这为高校思想政治工作体系的构建、协同化构建指明了方向。此后，2021年，中共中央国务院印发的《关于新时代加强和改进思想政治工作的意见》指出，坚持遵循思想政治工作规律，把显性教育与隐性教育、解决思想问题与解决实际问题、广泛覆盖与分类指导结合起来，因地、因人、因事、因时制宜开展工作。坚持守正创新，推进理念创新、手段创新、基层工作创新，使新时代思想政治工作始终保持生机活力。① 相关政策和文件的出台为网络育人的内容设置指明了方向。网络育人的内容是经过教育者精心设计、筛选出的，与高校思想政治教育理论与实践的发展同向同行，突出思想价值引领，不断丰富网络文化内容供给。在正面宣传、正面引导下，网络育人的内容具有鲜明的社会主义教育性质，着眼于培育德智体美劳全面发展的社会主义建设者和接班人和堪当民族复兴重任的时代新人。同时，网络育人的内容应始终保持积极向上，引导青年学生主动面对网络中的复杂舆论环境，引导学生正确地进行网络舆论斗争。正确把握网络育人的基本内容，了解网络育人与传统育人相比的优势所在，有利于全面推进网络育人工作的进程，在坚持育人的目标前提下，高校要引导学生树立正确的思想观念、政治观点和道德观念。

（二）关切学生成长发展的需求

网络育人具备育人方式的一般性特征，也具有育人方式的特殊性。我们在互联网时代探讨网络育人的概念，其中很重要的一点就是需要关注互联网时代下"人的特点"，在互联网时代，由于互联网潜移默化的影响，学生自带"崇尚自由"属性，乐于遵循自己的意愿做出合适的选择，即"我的地盘我做主"，

---

① 中共中央国务院印发《关于新时代加强和改进思想政治工作的意见》[N].人民日报，2021-07-13.

这使得过去以灌输为主的教育方式的效果大打折扣。因此，在整个网络育人的过程中，不管是教育内容的选取、教授，还是方式方法的运用，都需要尊重学生自主选择的权利。

网络育人的主体之一是学生。在传统的思想政治教育工作中，即使我们多次强调教育者与学生要形成良性互动，建立和谐的关系，但是由于教育者与学生一直处于"给予与索取"的非对等关系中，双方的关系还是多处于"单向"工作关系，其表现形式是教育者向学生提供传道授业解惑的帮助与服务，学生则不必如此，因此教育者与学生之间的界线非常明显。但是，在网络育人的育人形式中，由于网络育人的"主体间性"，教育者与学生互为主客体，他改变了教育者与学生之间的"给予与索取"的非对等关系，搭建了二者的相互沟通、相互联系和相互调节的桥梁，确保了教育者与学生由"单向"的工作关系变成了"双向"的互动关系，从而使得二者互为主客体，在教育内容传递、教育成效保障上形成了良性循环，推动思想政治教育取得良好的效果。同时，网络育人通过对话的方式能够缓解、整合师生之间的价值观冲突，增进育人效果。在主客体之间相互作用的过程中，青年学生既是教育对象，在一定程度上也可以成为思想政治教育的工作者。例如，教育者可以发挥学生骨干的同辈影响力去影响更广泛的学生群体。因为学生骨干"既具有学生群体的网络价值观，了解同龄人的兴趣爱好，熟悉各个平台的网言网语，又具备积极向上、追求进步、善于与老师和同学沟通协调的素养和能力"，是"网络思政教师与广大学生之间有效对话的桥梁，是师生网络价值观冲突消弭的融合剂，是优秀网络思政作品的重要生产者"[①]。教育者应充分发挥学生的主体作用，使其在接受教育、自我教育的过程中不断提升个人的综合素养，这也是网络思想政治教育治理的发展方向。同时，这也进一步要求我们以学生为中心，专注学生在发展过程中所遇到的问题或困难，关切学生自主选择的需求，力求让学生有更大的发展。

网络育人的过程是学生自由选择教育信息的过程。传统思想政治教育中存在学生的信息来源渠道少，信息量小的问题，思想政治教育的内容选取大多

---

① 曾怡. 网络价值观冲突与思政教育化解之道 [J]. 中学政治教学参考，2021（43）：102.

是从教育者的角度来进行确定的，内容上很少关注大学生的成长发展和内在需要，形式上很少关注是否符合青年学生的特征与喜好。因为教育者掌握话语的主动权，而受教育者只能被动吸收，教育信息的高大、遥远让学生认为与自己根本无关。在互联网的环境下，教育过程就是学生信息选取的过程，因为互联网时代，信息的开放性和共享性大大地开拓了学生的信息渠道，从传统课堂到各类新兴媒体，在互联网面前，任何试图垄断信息的作为都是可笑且无法实现的，学生不再是单纯的"有什么学什么"，而是"喜欢什么学什么"，网络时代，育人的过程就是学生根据自己的兴趣爱好、个性特长来选取教育内容的过程。

网络育人的效果取决于学生接收信息的程度。在网络育人的过程中，我们可以得知，只有当教育者传授的信息和内容，可以受到学生的喜爱，他们才会将其作为自己的信息选取的来源。同样，网络育人的效果取决于学生接受信息的程度，只有学生对于教育者的理论阐释接受度高、对于教育内容的认可度高、对于教育方式方法和载体选取支持度高、对于教育过程的参与度高，教育者才能拉近与学生之间的距离，才能提高思想政治教育的吸引力和亲和力，才能真正做到让学生入耳入脑入心，做到内化于心，外化于行，在理论认知与实践行动方面保持一致。因此，在网络育人的特征面前，我们要更加尊重学生的自主选择权利，在一定的范围内提升学生的主体性，满足学生摆脱"灌输"教育的需求，让其自主选择教育内容、发表观点，从而与教育者进行平等沟通，提升思想政治教育的实效。

（三）优化学生的选择环境

网络空间既为高校思想政治教育的发展提供了全新的空间，同时也使得学生所处的环境变得较为复杂。"从理论上而言，在足够小的时间和空间尺度上对现实世界数字化，可以构造一个现实世界的数字虚拟映像，这个映像承载了现实世界的运行规律。"[①] 网络环境优劣直接影响着育人工作的开展。近年来，党和国家综合运用技术、法律、文化等方式手段，不断营造向善向上、更加晴朗的网络氛围。而网络环境的拓展、场域的延伸也给高校思想政治教育带来了

---

① 梅宏.数据治理之论[M].北京：中国人民大学出版社，2020：18.

诸多机遇和挑战，思想政治教育工作需要"灌输"固定的内容，以保证思想政治教育的方向和成效，而互联网时代的学生特点又要求我们充分尊重学生的自主选择权利。这就形成了一个矛盾，即充分尊重学生的自主选择权利与保证思想政治教育方向和成效，完成思想政治教育工作内容之间的矛盾。

虚拟环境的产生和发展对教育环境产生了深刻影响。"在移动社交时代，场景融合了能够触发用户信息接受感知和体验的多维情境，场景化信息接收情境也越来越呈现出基于用户信息需求期望、信息搜索习惯和信息接收偏好的关联耦合的新特点，表现为信息接收新的连接方式和精细化体验。"① 而在全新的环境、场景下，在完全无条件地尊重学生自主选择的权利下，教育者是否能够保证思想政治教育的成效和方向性？在经济学中，有一个"经济人"的概念，即人具备进行理性思考并做出最优选择的能力，只要保证他们的自由，他们就能够做出最符合自身利益的选择。在《国富论》的论述中，亚当·斯密认为"经济人"是积极从事经济活动的主体，其目的是追求个人利益最大化。但是，经济学里的"经济人"概念，在现实生活中并不存在。从心理学角度来分析，人并不是"经济人"而是一个"社会人"，在很多时候人不是完全理性的，而是有限理性的，明明知道是对的，却不会选择去做。在互联网时代，人同样不是"经济人"，而是社会人。因此，即使人行使网络赋予人的自由选择权利，能够在网络时代实现自身的价值，满足自身的需求，保证社会的整体利益，人们也不具备完全理性并做出最优选择的行动。而且，相较于传统社会，网络时代学生受的影响更多，从内容到载体，都会影响学生做决定的过程。比如网络时代信息来源更加多元杂乱，可供选择的内容更加宽泛；信息选取的载体繁多，信息选取的过程短平快；教育者与学生的主客体地位变化快，利益变化快。自主选择都基于最大化自己利益的意愿，受意识形态的影响，人理性地做出决定的可能性进一步降低。总而言之，充分享有自由选择权的学生是无法保障思想政治教育的成效和方向的。而助推正是解决这一矛盾的重要机制，即在尊重学生

---

① 王福，聂兰渤，郝喜凤.移动图书馆场景化信息接受畅融合研究 [J].图书馆学研究，2018（2）：77-83.

自主选择的前提下，不通过强制性手段或硬性规定，而是通过建议或者突出某些有价值的选项让学生选择，便能保证学生收获"最大利益"和"自由选择权"。这股让学生做出优质选择的力量，就是"助推"。助推机制最大程度上解决了充分尊重学生的自主选择权利与完成工作内容，保证教育方向和成效的矛盾问题，助推方式主要有以下几种。

1. 设置自动触发行为

自动触发行为的助推方式的设置，主要是针对学生容易选错的情况，针对"我知道应该做什么，但是我懒得做，或者我容易忘记做"的事项。在充分尊重学生自主选择的基础上，高校要在适当的时间节点提醒学生不能违背准则，在合适的时间节点融入教育内容。比如高校在日常思想政治教育中，通过设置"连续游戏一小时自动断网"，就能避免学生过度沉迷游戏而忘记时间，比如通过课堂App，设置好课表之后，在课程开始前半小时进行提醒，避免学生忘记上课时间。此外，高校还可以通过改变教室开放时间，来影响学生的自习选择，增加学生的学习时间。同样，我们也能够运用心理学的知识，借助大数据技术，经过筛选分析，向某一专业的同学推送"你的同专业同学最爱读的十本书"等榜单，通过激发学生攀比的心理来刺激大学生阅读书籍，提高大学生的学习兴趣。

2. 加强及时反馈

心理学研究发现，及时激励的有效性比滞后激励高出60%，由此可见，及时的反馈激励机制何等重要[①]。在我们做一个选择的时候，其结果需要很长时间才能得到反馈，那么我们就应当把较长的反馈拆解成较短的反馈。比如，我们在使用空调的过程中，虽然空调很耗电，但是由于我们是一年、半年或者一个月缴纳一次电费，空调制冷与耗电之间的关系并不明显，因此我们省电的习惯并未建立。因此，我们如果要帮助人家调整使用习惯，可以让空调显示制冷的温度，同时实时显示消耗的电费，给消费者以及时反馈。再比如我们的跑步应用软件，每跑一米，它都会记录消耗的卡路里，有时候甚至会直观地等价

---

① 王易，张莉. 试论激励法在大学生思想政治教育中的运用 [J]. 思想理论教育导刊，2010
（7）：78-82.

于消耗一个多少克的食物来进行反馈。同理，在思想政治教育工作的助推过程中，我们需要把长反馈拆解成较短的反馈，比如让学生感受到一点一滴积累所产生的进步与变化，学习就是一个长期的反馈，如果只有期末一次的奖学金评定、荣誉授予给予学生反馈与激励，那么这种不及时甚至拖延的反馈激励不仅起不到效果，反而可能增加学生对教育的反感程度。因此，在整个学习的过程中，我们要设置日常的短反馈，小学期间的"小红花"正是日常短反馈的表现，只有将长期的反馈和及时的反馈与激励相结合，教育者才能够使学生感受到重视、认可，增加思想政治教育的时效性。

3. 复杂内容简单化

一方面是指教育者要尊重学生的主体性，尊重学生的网络行为方式和接受习惯，用"普通话"、用"学生的语言体系"说话，把"高大上"的理论内容以学生听得懂的方式进行阐述。另一方面是指在后果不严重的情况下，直接提供默认选项，减少选择的困难。美国的职工加入养老保险金计划中，因为要加入这个计划的过程过于复杂、烦琐，很多人就会放弃加入养老金保险计划，而现在的处理方式是，如果你不填表申请，那就默认你加入一个养老保险金计划。这就是给出默认选择，减少你选择的负担。同理，教育者在思想政治教育的过程中要适当增添选择固定内容的便捷性，比如学生"默认"选择晚上的一个半小时学习，则可以享受图书馆的更高的借书权限，更便宜的用餐服务。学生如果要选择不执行晚上的一个小时学习计划，则需要进行提交书面申请，审核签字等流程。这既尊重了学生自主选择权益，又完成了思想政治教育固定动作的需要。

网络育人机制多维度构建的探索，能够保障育人实践的持续运行，促使教育者与学生互相理解、促进和提高，是学生真学、真信、真懂的重要保障，是对教育过程的细化和管理，能够确保教育教学质量。

第五章　新时代高校网络育人的科学管理

管理就是"确切地知道你要别人去干什么，并使他用最好的方法去干"[①]。高校网络育人是理论与实践相结合的一个课题，是由诸多要素和环节构成的有机统一整体。为了促进高校网络育人的有效运行，激发网络育人各个要素协调统一，明确网络育人主体的责任与义务，保障网络育人各环节的有效衔接并发挥整体功能，需要完善高校网络育人的科学管理。新时代高校网络育人的科学管理主要包括高校网络育人的目标管理、人才队伍管理、资源管理和安全管理。保障高校网络育人系统的有效运行，能够充分发挥网络育人的实际效用。

一、高校网络育人的目标管理

在网络育人的实践过程中，因为高校各岗位、各部门的职能不同，负责的内容也有差异。网络育人有很多具体目标，比如提升专业素养、丰富业余生活、提升互联网思维等，有很多具体的实践活动，比如社会实践、创新创业、视频MOOC等，高校网络育人目标管理是需要把整体的目标与立德树人，培养德智体美劳全面发展的社会主义事业合格建设者和接班人，培养担当民族复兴大任的时代新人的主要目标相结合，同时需要保证育人实践开展过程中有重点、不走偏，坚定不移地践行网络育人的目标。

（一）网络育人目标管理的一般内涵

网络育人是新时代高校育人格局的重要组成部分，是联通其他育人方式的联结点，是时代发展下的新型育人模式，对高校青年学生的思想观念形成、价值取向塑造和行为活动指导都有着至关重要的作用，在网络育人的具体目标塑

---

① 泰罗.科学管理原理 [M].胡龙昶，译.北京：中国社会科学出版社，1984：157.

造和具体的实践过程中，要时刻加强目标管理，注重价值渗透，把网络育人目标管理内容管好、管实，切实落实高校立德育人的根本任务。

网络育人必须时刻体现立德树人的根本目标。随着互联网时代的到来，移动互联网的成熟，智能互联网的不断进步，互联网已经如同空气一般，成为人们工作、生活不可缺少的内容，但是，它也是一把双刃剑，网络中的虚假信息层出不穷、黄色暴力犯罪日益增多、网络恐怖主义甚嚣尘上，智能互联网的快速更新、互联网企业的推动，成为正确引导高校大学生的重要阻碍。同时，"网络思政教育与传统思政教育在空间载体、工作队伍、内容方法等方面都存在较大差异，对网络思政教育内涵的把握不能局限在技术的变化，而是始终围绕'人'这一主体，抓住网络思政教育的关键要素在于育人，从形态变化和质量提升维度深刻理解其内涵。"① 这就要求网络育人的过程中，教育者要提高认识，将立德树人的目标贯穿网络育人的全过程。要从立德树人的全局视野思考网络育人，要让高校教师牢固树立"立德树人"理念，在课堂教学、日常学生交流、行为表现上努力践行"立德树人"理念，坚持"德育为先"准则，加强德育工作的主导作用。要优化高校网络育人中"立德树人"的内容供给，网络育人和立德树人中的"对象"都是人，是高校的师生，因此网络育人工作要以"人"为中心，关照学生的实际需求，结合学生互联网时代的特点，不断在服务引导的过程中提升学生的学术水平、政治觉悟、文化素养。高校要运用综合创新的手段推动立德树人与网络育人相结合。随着移动互联网的日臻成熟，智能手机以及智能手机上的操作软件已经成为高校学生交流、沟通的首选，高校要抢占网络阵地、完善网络阵地，有效利用网络平台的聚合能力，及时更新网络育人内容，增加贴近学生的内容，增强立德树人传播的新颖性和覆盖率。要加强高校师德师风建设。一方面高校应该提升教师队伍的专业化水准，另一方面要坚持"学识"与"师德"的结合，在现实的教学工作和网络发表言论过程中自觉坚持社会主义核心价值观，以身作则，用自己的实际行动树立高校教师的模范

---

① 李羽佳 . 教育信息化时代高校网络育人队伍建设研究 [J]. 中国高等教育，2020（24）：31-32.

形象，引导学生把握人生方向。

网络育人必须注重将培养社会主义事业合格建设者和接班人作为发展目标。2018年，在全国教育大会上习近平总书记指出："培养德智体美劳全面发展的社会主义建设者和接班人，加快推进教育现代化、建设教育强国、办好人民满意的教育。"① 这为新时代网络育人的发展指明了方向。青年学子是一个国家的希望所在，要为建设中国特色社会主义而不懈奋斗，成为合格的社会主义接班人，这就要求学生们在德智体美劳方面得到充分的、全面的发展。要加强网络育人过程中"德"的培养，大教育家陶行知曾说："因为道德是做人的根本，根本一坏，纵使你有一些学问和本领，也无甚用处。"必须培养与社会发展相适应的"品德"，用良好的品德作为根基，作为立身之本。当今世界，互联网成为联通世界最重要的通道，各种信息和知识进一步细分，充斥在青年学生的周围。高校要进一步提升在校学生的专业知识、理论水平和实践技巧，需要进一步与世界接轨，与互联网联通，使他们拥有良好的素质水平，为中华民族的伟大复兴贡献自己的力量。高校的青年学生是建设中国特色社会主义的中坚力量，只有拥有健康的体魄才能为社会的建设贡献百分百的力量。高校要加强学生的知识、技能培养，让学生加强体育锻炼，增强体质，培养他们顽强的意志力；青年的审美水平影响了社会的发展和进步，高校要加强美学教育，培养学生的审美观，发展他们鉴赏美、创造美和欣赏美的水平和能力，推进社会文明，建设和谐社会；高校要设置培养学生劳动观念和劳动技能的教育课程，鼓励青年学生在劳动、实践中获得知识的升华，用朴实的劳动，为个人的生存和社会主义的建设出力。

网络育人必须注重培养能担当民族复兴大任的时代新人。时代新人的概念是党的十九大报告中提出来的，是中国特色社会主义新时代的体现和要求。习近平总书记强调："宣传思想工作是做人的工作的，要把培养担当民族大任的时代新人作为重要职责。"② 宣传思想工作的本质是群众工作，核心是人民群众。

---

① 习近平.在全国教育大会上的讲话[N].人民日报，2018-09-11.

② 举旗帜聚民心育新人兴文化展形象，更好完成新形势下宣传思想工作使命任务[N].人民日报，2018-08-23。

网络育人的本质是青年学生工作，核心是青年学生的成长需求。2021年，习近平总书记在清华大学考察时指出："广大青年要肩负历史使命，坚定前进信心，立大志、明大德、成大才、担大任，努力成为堪当民族复兴重任的时代新人，让青春在为祖国、为民族、为人民、为人类的不懈奋斗中绽放绚丽之花。"① 习近平总书记的重要讲话为网络育人的目标确定、实践要求指明了方向，成为新时代网络育人工作的有力遵循。中华民族伟大复兴是一个长期、复杂、艰难的过程，在这个过程当中，每一个时期都有着不同的时代大任，需要解决不同的核心矛盾。在革命时期、在改革时期的特点和意义是不一样的，在中国特色社会主义新时代，担当民族复兴大任的时代新人，又有着新的任务和目标，时代对新人又提出了更高的要求。高校的青年学子，正是一个国家时代新人的重要组成部分。网络育人的过程中，高校要时刻注意时代新人的素质培养，在网络育人的教育活动、实践活动过程中，要聚焦于实现中华民族伟大复兴的核心素养，包括身心健康素质、劳动素质、文化素质，要有社会主义觉悟，要有理想、有本领、有担当等等。高校要时刻注意时代新人的精神状态，要展现中国青年学生的精神风貌，学生们要不卑不亢，坚定自信，在改革开放和现代化建设的过程中不断奋斗，在与世界青年大学生的竞争中脱颖而出。高校要培养新时代青年学生的使命担当，要在网络育人的过程中，结合中国梦的要求，聚集民族复兴的大任，落实到社会主义接班人身上，把培养学生的成长成才与时代的使命担当相结合，既培养学生成长成才，又能够使学生为中华民族的伟大复兴积蓄能量。

（二）网络育人目标管理的价值导向

习近平总书记指出："经过长期努力，中国特色社会主义进入新时代，这是我国发展新的历史方向"②，这一重大的政治判断为我党制定大政方针和行动纲领提出了根本依据，也对思想政治教育的创新发展提出了更高要求。随着互

---

① 让青春在不懈奋斗中绽放绚丽之花 [N]. 人民日报，2021-04-22.
② 习近平. 决胜全面建成小康社会夺取新时代中国特色社会主义伟大胜利：在中国共产党第十九次全国代表大会上的报告 [N]. 人民日报，2017-10-28.

联网时代的到来，多元化的新思想层出不穷，对大学生的价值观会造成一定影响，网络育人目标管理中体现的价值导向显得尤为重要。

网络育人的目标管理要以人为本，满足人的全面发展。习近平总书记在党的十九大报告中强调，要"不断促进人的全面发展"。"长期以来，思想政治教育体现出的阶级性和政治性，常常遮蔽了其根源于人的精神生产实践活动、旨归是为人的全面发展这一根本，忽略了只有通过现实的个人作为中介才能发挥其有效性、只有实现个人价值功能才足以为其必然性存在提供支撑这个问题。"① 为了达成"以人为本"，满足人的全面发展，我国需要坚持正确的价值导向，贯穿目标管理的全过程，体现于目标管理的全方面。在目标管理的主体方面，国家的教育主管部门、党政宣传机关和高校的师生要自觉承担起"以人为本、满足人全面发展"的目标管理价值取向的使命和责任。在目标管理的内容方面，高校要适当增加大学生实际需求、个人价值研究、个人理想信念引导内容。高校应从大学生的个人出发，以大学生为中心来建立目标管理的价值导向，帮助他们扣好人生第一粒扣子，从而树立自己的价值观和行为准则，并且在不断实践的过程中不断深化和提升，以正确的世界观、人生观和道德观来规范自己，成长成才。

网络育人目标管理要聚焦构建社会主义和谐社会。和谐社会的构建是将社会关系按着一定的规则、一定的方式整合起来，形成稳定的形态和社会机制，这是构建和谐社会的前提和基础，而思想政治教育作为社会规范形成和构建的主要传播途径之一，具有维护阶级意志、促进社会长治久安、维护个体不断社会化发展的功能。党的十八大以来，以习近平同志为核心的党中央高度重视培育和践行社会主义核心价值观，就是要凝聚起多元化社会中的"最大公约数"。因此，新时代的网络育人要聚焦于社会和谐发展，引领主流价值，坚定不移地将社会主义核心价值观融入网络育人目标管理的内容和过程当中，坚定不移地将网络育人目标管理的定位和发展方向与中国的实际情况相结合，与党和国家

---

① 冯刚.新时代中国特色社会主义思想政治教育的创新发展 [J]. 中国高等教育,2018（Z1）: 28-32.

的事业发展相结合，与构建社会主义和谐社会、夺取新时代中国特色社会主义伟大胜利紧密联系。教育部2017年印发的《高校思想政治工作质量提升工程实施纲要》将"引导师生增强网络安全意识，遵守网络行为规范，养成文明网络生活方式"列为检验"网络育人"成效的具体指标，而网络安全又是社会治理的重要方面，可见，网络育人目标管理与社会治理密不可分。

网络育人目标管理要服务于人才培养。网络育人是高校思想政治教育育人格局中的重要一项，其目标管理服务于人才培养层面，"育人"是一个大的整体范畴，学校对学生所进行的德智体美劳各方面的教育培养都是"育人"。而网络育人则需要借助网络平台、手段，通过新媒体等方式实现对人才的培养。网络育人对人才培养的贡献主要体现在人才引导和培养方式选择两个方面。在传统的人才培养格局中，培养的空间相对封闭，培养方式较为单一，人们的价值取向也比较简单清晰。但是，随着互联网与教育的深度融合发展，人才培养的内容与模式开始向着多样化、个性化方向发展。高校应利用网络育人的目标来要求教育者从学生的自我认知、兴趣爱好出发，聚集学生的专业，关注学生的理想和追求，基于人才培养的过程，帮助学生选择正确的、健康的价值观念。网络育人目标管理应该更多从人才培养方式出发，不拘泥于传统的方式，也不拘泥于"一视同仁"的模式，根据学生的特点、学校的特点、专业的差异而制定个性化的人才培养模式，让学生们在实现人生理想的同时接受理想信念教育，最终形成独立思考的能力，正确地进行道德判断和道德实践。

（三）网络育人目标管理的时代要求

在网络育人目标管理的过程中有两大因素，一是目标从哪里来，二是如何实现目标。要思考如何实现网络育人目标，其中很重要的一个要素是网络育人目标管理需要把握时代脉搏，体现时代要求，包括体现互联网思维，符合青年学生的时代特征和体现思想政治教育的时代特点。

网络育人目标管理中要体现互联网思维。在网络育人目标管理的过程中，管理者需要把握核心要义，需要确保根本目标在实践过程中的时刻彰显，同时，目标管理过程中，要在移动互联网、智能互联网、大数据、云计算等科技不断发展的背景下，对网络、高校学生、行为模式进行重新审视。管理目标要注重人的价值，必须要建立"以学生为中心"的文化，将"以学生为中心"的理念贯彻思想政治教育的各个环节。管理者只有深度理解学生的目标管理模式和文化才能对学生进行科学管理，也只有深度理解学生的目标内容才能够得到高校学生的认同。管理者要有大数据思维，要加强对于大数据的认识，加强对于大数据的开发和利用，在育人目标的设置过程中，要善于运用大数据来进行佐证，在育人目标的完成过程中，要善于运用大数据对育人效果进行复核。管理者要有跨界思维，思想政治教育是做人的工作，是一门较新的学科，不应该对自己有太多的束缚，在网络育人的目标管理中，管理者要从高校师生的需求视角来进行育人目标管理，让师生有更多样化的选择和更多元化的体验。

网络育人目标管理符合青年学生的时代特征。每一代人都有自己的成长环境，因为成长的际遇不同，每一代人都有自己的成长过程，形成了自己的成长特点。在网络育人目标管理的过程中，我们需要在科技信息化浪潮中，关注当代学生的主体性、独立性和务实特征。因为生活在经济全球化的时代，青年学生较之于上一辈、上上辈的长辈而言，他们的理想主义色彩较为薄弱，对于物质的追求和自我意识的表达更加的直接，但这并不是全是拜金、享乐主义的体现。当代青年作为科技信息化和经济全球化的原住民，他们对于现实的人和现实的社会生活更为关注，对于自我的认识更为明显，对于自身精神和物质的追求更为清晰。较之于长辈，青年学生很早就能够通过互联网了解世界、感受国外的文化，而在一线城市和经济发达地区，很多青年能够出国留学，出国旅游、购物也已经成为当代青年人日常生活的一部分，这极大地开拓了青年学生的视野，活跃了青年学生的思维。管理者要关注当代青年学生的易变性和随意性。在互联网时代，为了增加沟通的便捷性和沟通的趣味性，在网络的沟通中易变性强，且不太正规与严肃，这在一定层面上造成了青年易产生兴趣，但是也使他们很难进一步获得更系统、更深入的认识和思考，对事物的看法缺失自身的思考，易被他人左右，出现迷茫、动摇的状况，对事物的看法更加随意。

网络育人目标管理体现思想政治教育的时代特点。网络时代，"互联网＋"

与各行各业、各项工作都有了深度的融合，需要人们从不同角度进行新的审视和思考。从"互联网＋"时代这一特殊的角度来看，网络育人目标管理必须体现思想政治教育的时代特点，要把握思想政治教育的亲和力。网络的便捷性对于教育主题的选择、教育内容的选取、教育过程中教育者与学生的交互起了十分积极的作用，这也改变了传统的授课方式，让青年学生有了更多的参与感，不但在时间上可以随时与教育者进行沟通，在空间上也能够通过互联网的信息平台进行交流学习，甚至学生也可以成为教育者，同时，因为网络已经成为生活的一部分，在思想政治教育的过程中，教育的渗透性与融合性增加，大大增强了思想政治教育的亲和力。"满足学生成长发展需求和期待"[1] 是习近平总书记在全国高校思想政治工作会议上强调的重要内容之一，这反映出思想政治教育逐渐加强教育对象在实际获得和主观感受这两方面的关注度[2]。获得感也成为思想政治教育的重要特征。网络育人的目标管理，需要关注学生的内在需要，满足学生在思想政治教育活动中在思想、政治、道德以及心理等多方面的获得。再内化于心，外化于行，促进学生思想政治教育获得感的最终生成。

二、高校网络育人的队伍管理

毛泽东指出："政治路线确定之后，干部就是决定的因素。"[3] 同样，高校在确定网络育人目标之后，人才队伍管理成为影响网络育人在高校系统运行中的重要因素，因此必须加强高校网络育人的管理。一方面要创新发展思想政治教师队伍，另一方面要加强日常网络思想政治教育队伍管理，以发挥各自特长，实现队伍之间的有效沟通、理解和融合。同时，要加强队伍之间的协同，在高校网络育人的方向、工作内容与形式等管理工作中下功夫，以取得成效。

---

① 习近平.全国高校思想政治工作会议：把思想政治工作贯穿教育教学全过程，开创我国高等教育事业发展新局面 [N].人民日报，2016-12-09.

② 王易，茹奕蓓.论思想政治教育获得感及其提升 [J].思想理论教育导刊，2019（3）：107-112.

③ 毛泽东选集（第二卷）[M].北京：人民出版社，1991：526.

（一）网络育人中思政课教师队伍的创新发展

思想政治理论课教师要积极应对新时代的新问题新挑战，要运用互联网的思维，把握高校青年的特征，创新话语体系，尊重学生、关心学生、信任学生，把习近平新时代中国特色社会主义思想融入课程，让理论与实践相结合，加强价值引导的效用。

1. 推进思想政治理论课内容的创新

加强思想政治理论课的内容创新在网络育人工作管理中至关重要，只有思想政治教育理论课的内容立足国情，及时使党的理论，特别是新时代中国特色社会主义理论生动地进教材、进课堂、进学生头脑，才能达到思想政治教育的目的。要实现思想政治理论课网络育人工作管理的目标，一要理直气壮地开好思政课。教师不光需要在课堂讲，也需要通过网络平台讲，要会讲，要敢于讲，要以自信、奋斗、有担当的精神去讲，高校要鼓励教师去讲。二是要结合思想课教师的个人特色去进行内容创新，在思政课堂，每一个思政课教师的兴趣爱好、个人的成长经历都会有所区别，思政课教师需要根据这些自身最熟悉的内容来推进内容创新，让思政课情真意切、发自肺腑，最大限度地吸引学生的注意力，触动学生的心灵。三是结合交叉学科知识进行内容创新。思政课是一块有待开疆拓土的学科，它应该吸收融合更多的专业知识，将这些专业知识为我所用，让思政课变得更加丰富多彩。四是结合学校特色、学生专业来进行理论创新。学校应该思考如何贴近学生实际需求，激发学生的积极性、主动性和创造性，将思想政治教育课内容创新与学生的成长成才实际联系起来，要讲清楚思想政治理论知识在学生未来实际工作当中发挥的关键作用，要把思想政治课理论与学生发展实践相结合，推进思想政治理论课的创新。

2. 加强思想理论课教师的课程管理

习近平总书记在学校思想政治理论课教师座谈会上发表重要讲话中指出："办好思政课关键在教师，关键在发挥教师的积极性、主动性、创造性。"思政课教师责任重大，在落实立德树人根本任务中发挥着不可替代的作用。高校要积极推动思政课教师队伍建设，对思想政治理论课程进行科学管理和搭配，择优配齐建强思政课教师队伍，释放思政课高质量发展的强大效能。要实现思想政治理论课教师网络育人工作管理，一是要实现课程管理规范化。高校要将壮大网络高校育人的实效作为教师开展思想政治教育的重要环节纳入教师的职称评定和绩效考核，鼓励理论课教师在"课程育人"中投入。目前，思想理论课教师的职称评定和考核主要以发表论文、完成课题的多少来进行界定，当前的改革应该聚焦"以人为本"，应着眼于健全课堂教学考核机制，完善课程运行考评体制，优化课堂教学评价体系，充分挖掘和运用课堂育人成效对于学生的影响。二是要合理规划课堂安排。面对信息爆炸下成长的一代学生，高校开设提升学生思想品德、人文素养、认知能力的思想理论课是贯穿大学的重要安排。思想政治理论课要保证课程的设置在达到国家有关部门规定的同时，向着精细化方向发展，合理安排学生思政课的学时数，合理安排课程人数，灵活地安排课程与课程之间的时间，满足学生的需求，保证思政课的效果。三是优化课堂教学模式。传统的思想政治理论课堂受限于课堂教学的时间、地点安排，教学的手段已经无法全面覆盖"课程育人"的目标，当前，师生充分运用视频、语音互联网技术手段，运用 MOOC 等现代化的网络教学手段，可以实现传统课堂与网络教学的有机结合，教师在新的技术手段支持下，也能够实时更新教学案例，跨学科联合教学，不断丰富课程内容，提高课程的吸引力，提升课程育人的工作成效。

3. 加强思想政治理论课教师的表率作用

办好思想政治理论课的关键在于教师，教师不仅需要通过课堂完成对高校青年学生的知识传授，更加需要以身作则，把自身打造成立德树人的责任担当，把学科知识教学与自身的行为结合，成为学生的榜样。高校首先要完善各项政策措施，特别是配齐西部一线理论课教师的人数，要给予一定的政策倾斜，让一线教师更有自信、更有底气。当然，思想政治课教师队伍需要具备扎实的理论功底、真正的马克思主义信仰，不能滥竽充数。高校应壮大思想政治教育教师的队伍，不但要求配齐，更要建强，要严格把关，加大思想理论课教师的培养和培训力度。其次，正如习近平总书记所说的"用高尚的人格感染学生、赢得学生"，要提高思想政治理论课教师的思想品质，思政课教师要真信、真懂、真做。高校要构建激励机制，奖励以身作则、品德高尚的教师，采用大学生喜闻乐见的方式，宣传这些高校学生身边的故事去引导学生思考理想、责任，铸造强大的信念，通过具有仪式感的表彰，让广大师生切实感受到"行为师范"教师的人格魅力，真正打动学生、影响学生，给学生以心灵的启迪。高校要发挥思政课教师的亲和力，团结学生，影响学生。思想政治理论课要想有亲和力，首先思政课要有亲和力，能够团结学生，这是思政课教师的凝聚力和影响力所在。在理论课教学过程中，教师应关心学生，团结学生，与学生亲密接触，给予学生实际帮助和人生指导，从心底里把学生当作平等相处的对象，尊重学生，在面对互联网时代更加敢于表达、乐于沟通的高校学生时，要善于倾听学生在成长过程中的烦恼、了解学生在不同阶段的不同需求、期待和困惑，做到与时俱进、因事而新，在与学生的相处中教学相长，引导学生树立正确的世界观、人生观和价值观。

（二）网络育人中校园网络工作队伍的创新发展

习近平强调："建设网络强国，要把人才资源汇聚起来，建设一支政治强、业务精、作风好的强大队伍。"[1] 这为高校开展网络育人工作提出了明确的要求，政治素质高、专业技能扎实、信息敏感度高、乐于奉献的新时代高校网络工作人员队伍建设刻不容缓。

高度重视网络工作人员队伍建设，加强网络工作人员队伍顶层设计。网络育人的成效和思想政治教育目标的实现离不开一支懂网络、熟悉网络下成长的青年学生特点的育人队伍，这支队伍的能力水平，直接决定了网络育人的成败。高校要高度重视网络工作人员队伍的建设，要加大投入，有大局观，能够从整体上宏观把握人才队伍建设。一是要结合高校的实际情况，科学制定本高校的《网络工作人员队伍建设管理办法》。当前，我国部分高校缺乏网络育人的专门队伍，或者说网络育人队伍的建设远远落后于网络在高校的发展，网络育人工作由一般的思想政治工作者兼顾，且培训和实践锻炼工作不足，责任分工不够

---

① 习近平.在网络安全和信息化工作座谈会上的讲话[N].人民日报，2016-04-10.

明确。高校必须加强网络工作人员队伍的选拔，要拓宽选拔视野，严格选拔的条件，将高校网络工作人员队伍的招聘要求、程序和步骤制度化，坚持高标准、严要求、高门槛，把真正有本事，能够干成事的优秀人才纳入高校网络工作人员队伍，保证这支队伍的高水平、高质量，在关键的时候能够用得好。二是要加强培训，注重实践锻炼，使教师在实践中不断地增长才干、积累经验。高校要科学制定培训目标，培训的目标需要与时俱进，不断地更新迭代，不能停留在传统的网络育人培训的技术目标层面，只单纯强调达到技术目标和任务，忽视了互联网思维和高校青年的学生特点。因此，在制定目标的时候，高校需要从先进的工作理念，一流的网络技术手段以及较好地掌握高校青年学生的特点三方面着手，制定科学的培训目标。要有针对性地选择培训内容，对于网络育人工作队伍的培训，高校应要求培训人员必须具备相应的培训资格、较高的综合素质和乐于学习的态度，同时，在选择培训内容的过程中，不能简单地满足于常规式的培训安排，在网络育人工作队伍的培训过程中，既要有针对所有的网络育人工作队伍成员共性的、常规性的、常态化的内容培训，又要根据工作队伍的人员构成、工作岗位，有针对性地安排工作的内容。比如对于辅导员，要更多的加强对思想政治理论知识的培训，要加强对互联网思维的培训，要了解新媒体手段，学生感兴趣什么就要研究什么，才能够更好地了解学生、贴近学生、赢得学生。同样的，针对从事网络育人不同年限的工作队伍成员，也要有不同层次的培训内容，对于新人，要注重细节的教育，以帮助他们迅速地进入工作状态，对于从事了一定时间的工作成员，要加强宏观层面的培训，强调实践的总结和理论的积累。三是完善网络育人工作队伍的管理机制。网络育人队伍管理工作是高校网络育人工作不断适应新时代新形势的重要保障。为此，要有明确的管理任务，对于网络工作队伍而言，高校需要对他们的职责有明确的分工，让他们清晰地知道自身的任务分工，只有明确这一点，才能够正确把握管理的方向，让管理有章可循。高校要制定考核奖惩制度，在明确分工的基础之上，要建立合理的工作绩效考评机制，激发网络育人工作队伍的积极性和创造性，不断提升整个队伍的综合实力和水平，增强队伍的战斗力。四是要评定专业职务，要将网络育人队伍的工作作为高校思想政治教育队伍的组成部分，其成员队伍要有与其他的思想教育工作者享受职评定的机会，而在网络育人的过程中作出突出贡献的队伍成员，要拓展他们的职业发展通道，激发网络育人工作队伍的工作热情。

合理搭配网络工作人员队伍，实现全员育人的目标。要打造专职网络育人工作队伍。网络育人的工作性质与传统的思想政治教育内容有所不同，对网络育人工作队伍有专门的要求，在其要求上有与辅导员、理论课教师相重合的部分，但是也有很多相异的部分，网络育人工作队伍一定要熟悉网络平台、具备互联网思维、了解当代青年学生，工作方式上需要更加主动，更加开放，更加善于引导以及更加善于与学生进行交互。要吸引兼职的网络育人工作队伍。贯彻落实全国高校思想政治工作会议精神，坚持立德树人为中心环节，需要推进高校的全员、全过程、全方位育人，这一思想体现在网络育人工作队伍的建设过程中，体现在要吸纳尽可能多的高校教师进入网络育人的工作队伍，这里面包括日常思想政治教育工作者、思想理论课教师、专业课的教授博导等名师、网络宣传队伍成员等。不管是专职的网络育人工作队伍，还是在校园内行使网络育人职能的高校教师，都需要了解网络文化规律，掌握互联网技术，分工合作，协同育人，只有这样，才能够将实践的经验总结上升为适应高校特点、具备可推广价值的理论成果，再通过理论指导实践工作探索，从而进入由实践到理论，再从理论到实践的良性循环，最终使学生以习近平中国特色社会主义思想为核心，以弘扬社会主义核心价值观为己任，增强网络育人的感染力和实效性。

（三）网络育人中日常思政工作队伍的创新发展

随着互联网技术的普及和迅猛发展，网络已经成为大学生日常生活学习不可分割的一部分，互联网思维已经成为当代青年大学生理解和看待世界的重要思考方式和途径。在互联网时代，对于高校的事务，高校学生的参与度高、愿望强烈，高校学生工作队伍是教师队伍、育人队伍必不可少的一部分，是高校教师教育、管理、培养学生的重要帮手和重要组成部分。面向新世纪，高校需要培养挖掘优秀学生，打造一支"政治强、业务精、作风正"的学生工作队伍。

发挥学生干部的特长，丰富校园文化，让形式多样的思想政治教育活动潜移默化地影响学生，真正起到凝聚人心的作用。在网络时代，培养一批优秀的学生干部队伍，最关键的应该是基于朋辈之间的共有特征、思维方式和价值观的亲近感，通过开展丰富多彩的校园文化活动来吸引高校青年大学生，培养他们在思想政治教育活动过程中的获得感，不管是网上宣传交流活动，还是网下的实践活动，都能够让大学生感受到校园文化独有的魅力，鼓励更多的青年学生参与校园文化活动。学校各部门之间都可以通过学生干部，通过线上线下的合力，组织推进学生发展、适应学生特点的校园文化，比如就业指导中心可以通过就业实习等丰富多彩的活动让学生切实感受职业生涯，引导大学生做好职业生涯规划，鼓励学生将国家的前途命运与个人的专业发展相结合。学生处教育管理部门可以通过主题班会、公益活动、社会调查研究、特殊节日等红色文化体验来吸引大学生，让大学生走出校园、走向社会、了解社会，在活动中体验助人为乐，感受当今社会的文化和生活，树立团结协作的集体主义精神和奉献精神。而这些学生参与度高、活动效果好的鲜活事迹可以总结为新的典型案例，通过网络传播的手段感染更多的高校青年学生，实现从网络中来、到实践中去、再回到网络中的良性循环，潜移默化地帮助高校青年大学生掌握鲜活的社会主义核心价值观理念，树立正确的世界观、人生观和价值观。

加强学生干部的培训和学习，提升学生干部队伍的综合水平。在当今网络信息技术日新月异的时代下，信息量呈几何式爆炸增长，学生需要加强学习，不断地思考、实践学习，以提高自己的水平，与时俱进以适应网络时代思想政治工作的需求。同样的，作为教育者重要帮手的学生干部，在网络信息技术掌握上有着天然的优势，但仍然需要不断加强学习。一是要开展集中的培训，学校各部门需要根据时代的特征、国家形势政策的变化和具体工作部门的实际需要，针对本部门的学生干部开展有针对性的培训，主要为业务培训，让他们熟悉本部门工作的要求和程序，特别是工作的理论需求，要组织一定的学术探讨和研究，让他们熟悉工作的理论基础，同时有学习新理论、创新技术手段、更新知识的意识，让他们做到知其然，知其所以然。二是要针对学生干部面临的重点和难点问题，开展专题研讨，学校要定期召开座谈和工作会议，带着学生工作团队一起思考、一起应对、一起开拓创新，同时需要布置作业，提出需求，要求学生干部注意吸取教训，总结经验，不断积累创新。三是学校要加强对网络运用的培训，主要是培训网络的法律意识、保密意识和安全稳定意识，帮助学生从宏观大局思考问题，让学生在协助教师开展网络育人实践工作中有主见、有自信、有分寸，能够自主探索学生工作的新途径和方法，只有如此，学生干部队伍才能和教育者一起应对思想政治教育的新特征和新情况，能够更好地解决高校青年学生在网络时代中的困难，积累经验，使思想政治工作卓有成效。

正视网络对大学生的影响，教育者及时了解网络，通过学生工作队伍树立榜样的力量，消解网络的负面作用。随着移动互联网、智能互联网络与设备的普及，对于当代的青年大学生而言，网络如同空气一样如影随形，一方面，网络给当代大学生带来了多样的生活方式、多元的思维方式、丰富的学习机会和更广阔的知识技能提升空间，但是网络也是一把双刃剑，在青年学生的成长过程中，网络在给他们带了正面影响的同时，也不可避免地产生了负面影响。一是碎片化的知识获取易使学生产生学习的功利性。网络上虽然有丰富的学习资源，但是在快速更新迭代的时代，学生在自主学习的时候，更容易满足于快餐式的知识获取，在网络的世界，从文字到思想，都在"复制"和"粘贴"。针对这种现象，教师要鼓励、支持学生干部改变"快餐式"的网络信息传播，要不断总结，在更深入的思考前提下，做出有深度的报道，开展有意义的活动，对高校青年学生起到引领作用。二是网络生活的便利性容易让高校青年学生产生依赖，忽视线下实践活动的重要性。不可否认，有的学生对现实生活不满，逃避现实或者缺乏参与感，加上自制力比较差，很容易沉迷网络游戏、网络小说等，学生干部队伍要发挥榜样的力量，以身作则，要开解需要帮助的同学，在线上线下帮助同学增强获得感。三是网络社会里的思想具有一定的隐蔽性。有一些大学生因为缺乏交流、现实受挫，会产生一些极端的思想和行为；有的学生心理失衡，会做出伤害自己的行为；有的人会偏信偏听，在谣言、极端言论面前抵抗力差；有的学生会陷入传销、诈骗；有的学生会被洗脑，做出对国家和社会的伤害行为，最终害人害己。学生干部脑中要时刻有一根弦，关注网络社区中同学的言论，注意现实生活中同学的异常行为，通过自身的努力和向老师寻求帮助，共同应对这些行为带给青年学生的挑战和伤害，并通过有效的思想引导和行为管理克服这些负面的冲击和影响。

（四）网络育人中校内外工作队伍协同发展

在互联网的管理上，协同合作是高校网络育人的重要途径和方式，这也为高校校内外网络育人队伍协同提供了根本的遵循。深化校内外网络育人队伍的协同是贯彻落实习近平总书记网络育人思想的重要体现，是提升网络育人实效性的重要步骤。

1. 与网络监管队伍的协同

高校党政干部和共青团干部、思想政治理论课以及哲学社会科学教师、辅导员都是高校网络育人队伍的主力军，针对网上海量的信息，既需要网络育人队伍扩展，引导诸多进步、健康、有正能量的有益信息，也需要网络育人队伍去抵制和屏蔽一些黄色的、反动的、迷信的负面网络信息，消解这些信息带给大学生思想政治教育和大学生思想的冲击。然而，校园网络监管存在手段有限、权限不足、资源欠缺等问题，为营造积极健康的网络文化阵地，深化校内监管队伍与网络监管队伍的协同显得尤为重要。一是要统一思想，恪守网络监管的基本原则。虽然校内外网络育人队伍行动的内容、手段和风格有所区别，但是校内外网络监管队伍的目标是一致的，需要将行动统一于"维护校园网络安全，促进大学生成长成才"的原则，认真学习新时代习近平中国特色社会主义思想，以丰富多彩、形式多样的正面教育引导高校青年大学生，建立健全功能全面、防范森严的网络管理体系，严格监控管理，消解和减少网络中色情、反动、暴力、迷信等信息，净化网络空间，对网络不良信息进行疏导，把握网络信息的正确导向。二是要灵活运用网络监管手段。学校应该完善顶层的制度设计，运用规章制度加强校园网络管理，根据国家对于互联网的法律法规，制定相关管理制度，加强对于校园网络的统一管理。校内外网络监管队伍要通力合作，通过技术手段加强校园网络监管，充分发挥大数据技术在网络监管中的作用，加强对于社交网络软件中"关键词""关键字"的搜索筛选智能分析功能运用。三是要加强校内外网络监管队伍的管理。学校要招收一支政治素质过硬、具备一定技术手段和熟知高校学生思维模式的网络监管队伍，要通过讲座、培训、交流会等方式，不断提高网络监管队伍的政治素质和网络技术专业水平，只有校内外网络监管队伍互通有无，共同进步，才能承担网络监管的任务，保障校园网络安全。

2. 与网络媒体队伍协同

联合国新闻委员会在1988年5月举行的年会上正式提出把网络媒体作为新媒体形式，被称为"第四媒体"，起到社会文化传播的作用[1]。网络媒体基于计算机与互联网技术的日益发展和壮大，信息承载量越来越大、传播速度越来越快，操作愈加便捷，信息的传输的模式从单纯的文字发展到图文、视频信息并存，交互性、便利性都大幅提升，给人类带来了深刻的影响。要深化校内网络育人队伍与网络媒体队伍协同，首先要确保信息的正确性，杜绝谣言。由于互联网开放自由的特点，加上网络信息发布方式的特点不难看出，信息的正确性、随意性和匿名性会降低，而网络的开放性、快速性会使不实信息在短时间内扩散开去，增加了信息控制风险[2]。而事实证明，在面对一个爆炸性、足够吸引人的谣言时，我们的网络媒体很容易"中招"，在追求信息新鲜、快速的基础上，往往忽略了对于真相的调查和信息的核实，而且有些谣言能够多次反复性的出现。因此，网络舆论的引导一定要基于正确的信息之上，要与谣言做坚决的斗争，同样的，对于错误观点，也要旗帜鲜明地进行批评和纠正，从而保证信息的正确性。其次，要确保网络信息的正确传播，建立健全信息传播渠道。在保障信息基本面的情况下，学校对于网络信息传播过程的管理至关重要，

① 匡文波. 网络媒体概论 [M]. 北京：清华大学出版社，2001：1.

② 王凤莉. 主题网站在思想政治教育中的作用及其完善 [J]. 重庆邮电大学学报（社会科学版），2009，21（6）：135-138.

网络媒体的传播速度快，受众广，且即时交互性强，因此，校内外网络育人队伍要加强对于传播渠道的建设，要通过微博和公众号来与教育者、与高校的大学生进行交流和沟通，利用自身的经历和个人特点来与大学生进行平等的交流和讨论，解决青年大学生的实际困难，有策略地引导青年大学生把握有争议的问题，精准把握大学生的思想动态。再次，要加强信息的筛选和深度思考。学校要挖掘信息背后的价值，把握信息的正确价值导向，从而引发大学生的思考共鸣，在潜移默化中融入高校的思想政治教育内容，提升大学生对于网络信息的思考和辨识能力，使大学生接受思想政治教育内容，达到"随风潜入夜，润物细无声"的效果。最后，要尊重互联网的产业利益，杜绝唯利是图。互联网技术的发展与互联网产业的发展是相辅相成，正是由于企业追逐利益的天然属性，促进他们加大互联网的资金投入，催生了互联网技术的更新迭代。在互联网的产业当中，流量是利益的保障，尽可能多地覆盖高校青年学生，吸引学生的注意力是互联网产业的核心，一些互联网企业的估值与发展都基于此。但是由于大学生的身心尚未完全健全，有时候难免会陷入狭隘的、错误的观点和思想中难以自拔，比如让很多大学生卷入其中的校园贷，正是由于大学生一时的消费冲动，不顾后果，不计成本地借用网络平台的金钱，以平台还平台，以贷养贷，最终造成诸多不可挽回的悲剧。因此，与互联网产业队伍的协同应该要在关注企业的正当利益基础上，要杜绝唯利是图的企业进入校园，要帮助大学生树立正确的消费观，克服大学生社会经验的不足，为大学生搭建平台，保障大学生的身心健康，达到"既让他们开遍漫山遍野，又在悬崖边给他们树立屏障"的效果。

三、高校网络育人的资源管理

高校网络育人的资源具有自身的特殊性。在高校网络育人资源管理过程中，管理者需要结合校内资源、校外资源，深入挖掘校内外可用的资源，并在此基础上，寻求校内资源与校外资源的有效融合，加强校内外资源的管理，以此确保高校网络育人系统能够有效运行，不断提升高校网络育人的质量和水平，促进青年学生成长成才。

（一）网络育人校内资源管理

当前，随着全社会对于思想政治教育的重视程度不断提高，全员育人、全过程育人格局不断形成和发展，高校对于网络育人形式愈加重视，人力、物力和财力的投入也越来越多。在高校网络育人校内资源不断丰富的基础上，在资源开发利用和形成合力上也存在很多问题，对教育效果产生影响。因此，我们需要在加强资源开发的同时，不断改善网络育人校内资源的管理，推动思想政治教育的进一步发展。

1. 加强校内网络工作队伍的资源保障

高校网络育人的总体发展需要各个资源之间高度融合，而其中网络工作人员队伍在资源配置中占主体地位，包括理论课教师、宣传工作队伍、日常思想政治教育管理者在内的高校的网络工作队伍，他们的意识和思想观念都在资源要素中起到至关重要的作用。但是这并不意味着，在推动网络育人的校内资源当中，人能够完全抛开其他的要素，独挑大梁。网络育人的总体发展需要各种资源之间的高度融合和协作创新，学校要围绕人力资源，加强财力和物力的供应，保障网络工作队伍需求。学校要充分发挥教育者的作用，需要加强工作队伍的资源保障，促进各要素之间的高度融合，不断协作创新。网络育人为高校思想政治教育提供了更多的途径，为教育者和学生都提供了丰富的信息资源，有利于资源共享。结合自身的实际情况，高校在原有学生工作队伍的基础上积极探索，建立了网络工作队伍，"互联网＋"思想政治教育被广泛运用到高校的思想政治教育当中。网络是实现思想政治教育的有效创新方式。通常来说，青年大学生对于新生事物接受程度高，接受的速度快，因此，一方面，我们需要积极引导，让网络工作队伍采用新兴的技术，主动引领网络思想政治教育的蓬勃发展；另一方面，要加强网络工作队伍的资源保障，在物力方面，要通过规章制度，保障网络工作队伍的所需物资，包括办公场地、办公设备、网络设备、网络场域和网络终端，同时还要创新网络资源平台，建设网站、微信平台、App 等网络平台；在财力方面，要通过规章制度，保障网络工作者的资金需要，包括网络育人工作的活动经费、实践经费、更新换代的经费等。

2. 推动校内有形资源与无形资源的有效整合

随着互联网技术的快速发展，高校逐渐进入网络化、信息化的世界，高校必须顺应时代发展，加强对网络育人校内资源的保障，要不断开发利用思想政治教育的资源。学校要充分利用网络，挖掘更多的校内有形资源，提升校内资源的供给水平，要利用网络的便捷性提供切实的信息资源，站在学生的角度来帮助他们解决实际问题。例如，在对大学生的职业生涯规划的指导上，教师可以利用网络开展前期调研，从帮助学生挖掘兴趣爱好，能力特长，到帮助学生不断学习，再到收集就业信息资源，提供就业服务指导等。此外，还可以利用网络开设特色课程，丰富社会实践、建设网络平台，线上线下相结合，充分利用网络资源，丰富课堂的内容和形式，满足师生的需求。另一方面，要利用网络挖掘、传播包括高校的治学理想、办学理念、管理制度、校园文化等无形资源。作为全社会文化建设成果当中珍贵的精神财富，校园无形资产有着鲜明的时代发展烙印，体现了一个学校的个性、特色、风格和精神风貌，是校园师生共同价值、理想、信念的集中体现，是一所高校独有的魅力，具有凝聚人心的力量和旺盛的生命力。在高校网络育人过程中，网络育人要充分把握校园无形资源，让思想政治教育更接地气、更有吸引力、更具认同感，使学生更加乐于接受，真正让高校青年学生"入耳、入脑、入心"，促进大学生网络育人教育朝着正确的方向发展。高校还要有效整合校内有形资源和校内无形资源，使校内有形资源和无形资源结合常态化、制度化，只有校内有形资源和无限资源有效整合，才能增强大学生思想政治教育实效性，否则网络育人就是无水之源，无本之木。

3. 加强传统资源与数字资源之间的共享、互补和聚合管理

随着互联网的发展，校园信息化的建设正朝着智慧校园的方向迈进。《教育信息化十年发展规划（2011—2020年）》指出要"建设智能化教学环境"[①]。在

---

① 熊频，胡小勇.面向智慧校园的学习环境建设研究：案例与策略 [J].电化教育研究，2015，36（3）：64-69.

现在这个阶段，高校要建立传统资源与数字平台协同创新，健全传统资源知识管理制度。随着互联网技术兴起，高校为青年学生提供了学习的平台，结合传统的资源，支撑教育者通过数字平台开展教学活动，同时还能拓展用户对学习内容和学习资源的储存和应用。学校要搭建传统知识资源与数字资源的平台，一方面让知识更好地服务于学生，另一方面学生能够利用数字平台，即时、便捷地与任课教师进行沟通，或者创建网络学习小组，随时与校园其他的用户进行沟通交流。要建立智能数据分析的资源平台，更好地挖掘传统资源。当大数据技术运用到传统的课堂和传统的校内资源当中，能够实现对传统资源的充分研究，一方面是传统课堂中记录的师生课堂上课、测试等诸多数据，另一方面是高校青年学生的学习行为记录数据，只有建立两者之间统计分析的常态化分析机制，才能够形成学生学习行为的指导报告，帮助学生评价学习效果，预测学习的趋势，改善学习效果。学校要以学生为中心，针对学生不同时间，不同阶段的特点和需求，提供差异化的指导和服务，满足学生的个性化，要培养学生的数字素养和创造性能力，帮助学生从丰富的网络学习空间当中选择适合自身的学习内容，使用各种网络平台、网络工具进行学习内容创建，实现自身的学习目标，从而增强大学生思想政治教育的实效性。

（二）网络育人校外资源管理

在传统的教育模式之下，学校和社会存在较为明显的界限，是相对独立的个体，学生主要是通过自己就读的高校来获得知识和资源。因此，我们习惯称呼学生毕业后迈入的阶段为"进入社会"阶段。互联网的出现与发展，为校内外资源的平台搭建、共享提供了新的思路，校外资源进入高校已经是不可逆转的趋势，高校应该秉持"开放、共享、融合"的理念，鼓励校外资源进入高校，为高校师生提供优质的学习资源和便捷的学习平台，激励高校师生的学习热情。同时，又要注意对校外资源加强管理引导，厘清校外资源共享和建设中的问题和障碍，建立健全规章政策，保证校外资源有效融入高校。

发挥网络共享特征，实现社会各界的教育资源内容共享，丰富校园网络育人内容。当前，鉴于高校的建校历史和发展过程，高校的教育资源都存在一定的局限性，在内容和形式上都难免会出现无法满足社会、学校和学生学习需要的现象。以安全教育为例，近年来，社会上出现了多例大学生遭遇电信诈骗、传销诈骗、裸贷、校园贷等多种诈骗形式的新闻，受害者轻则损失钱财，重则失去生命，这引爆了大家对于大学生安全教育的关注，也引起了高校对于安全教育的重视。但是这是一个时效性很强的课题，需要不断丰富、更新，紧跟社会的发展，贴近学生生活，与时俱进地提升高校学生对于学校、社会和国家安全的认知。单纯依靠学校过往的经验往往难以满足学生的需求，学校需要借助互联网技术和互联网平台，引入校外相关资源，加强对学生进行教育和指导，更好地满足学生的需求。但是在资源内容的引入上，既不能以偏概全，也不能一味贪全，要有重点、有步骤、有目标地引入课程内容，首先要确保引入的校外资源的权威性，使相关专业人员对引入资源的内容进行甄别、分析，要保证内容的正确性，不能将错误的知识传授给学生。其次要确保引入的校外资源的内容形式符合学生的使用习惯，能够让学生发现其中的乐趣，乐于学习。最后要确保引入的校外资源能让学生有参与感，借助互联网的平台，能够满足学生的即时互动心理，使学生在互动中提高学习知识的能力。

合理合规地引进社会资本，加强校园网络育人的平台建设，形成全社会育人效用。随着互联网技术的发展，诸多互联网企业如雨后春笋般出现，形成了如腾讯、新浪、阿里巴巴等互联网巨头企业，在人们生活必需的衣食住行行业也出现了互联网服务企业，如大众点评、滴滴出行、自如等致力于某一个服务专项的企业，甚至出现了"双十一"这种全民的购物狂欢节，可见互联网已经融入每一个人的日常生活。在高校，搭建信息平台、运用信息平台、优化信息平台功能的迫切性成为高校师生的共识和选择，然而，由于人力、财力、物力的限制，高校并没有资源和能力来开发自有的信息平台，这就需要引入专业的社会资本。一方面社会资本积极参与高校的信息化建设，能够加快高校信息化平台和信息化建设的更新迭代，弥补高校信息化需求与相对薄弱的开发能力的缺陷；另一方面也能让互联网企业实现创收，从而企业能够有资本加大对技术的研发、对人才的培养、对高校事务的把握和研究，提升与高校信息化建设的融合水平。对社会资本的引入上，高校已经有相关的经验，包括与社会资本成立产投基金、教育发展基金，成立校企合作、校办产业等，促进科技成果转化。在网络育人信息平台的建设过程中，引入社会资本同样需要严格流程，一要认真细致梳理各部门的信息平台需求，不能单纯简单地建立信息平台，要深度挖掘岗位的需求，结合实际情况，探索学生的实际需求，与互联网企业认真沟通，制定个性化的建设方案。二要和所有的社会资本引入一样，要有严格的竞标、审核流程，要把最具实力、最贴近高校需求的企业筛选出来，为我所用。三要加强与互联网企业的后续沟通，根据学生的使用效果、使用数据、使用习惯，再基于学生的新增功能需求，不断地优化信息平台。

加强校内外网络工作队伍协作，充实网络育人工作队伍力量，推动校园全员育人进程。作为多种育人方式的其中一种，高校网络育人工作队伍任务重，压力大，一是要不断深化对网络育人的认识，加大对网络育人规律、过程、理论和实践路径的研究；二是要通过网络育人把教育育人、科研育人、实践育人、管理育人、服务育人、文化育人、环境育人、组织育人串联起来，实现对于网络育人资源的整合；三是要加强网络人才队伍的协作与交流，与校外互联网企业、自媒体和大众协同，实现全社会的网络育人资源整合。高校网络育人工作的队伍主要是来自校园内部，包括理论课教师、日常思想政治教育工作者、班主任、党政宣传工作者，但是，高校要注重推动校内外的网络工作队伍的协作，注重与国家党政机关网络宣传部门工作队伍的联系，熟悉国家的大政方针，把握国家的政治方向，要注重与互联网企业的人才队伍合作，了解互联网的前沿技术，熟悉互联网技术的最新应用发展情况。高校要实现校内外网络工作队伍的协同，一是要以问题为导向，结合各部门、各岗位的需求，明确任务目标，精心组织实施，把解决校内的网络育人需求作为硬要求，细化目标任务，在学校顶层设计、资源保障的基础上，以项目的形式推进；二是要结合主题活动，有序开展工作。在高校整体设计的基础上，各部门、各岗位的网络思政工作者，要充分发挥网络育人的特点，突出工作重点，创新育人模式，与国家各类主题紧密结合，有序推进队伍协同。

（三）校内外资源管理协同

尊重人才、培养人才是全社会的共识，也是全社会的努力方向，在传统的教育过程中，人才培养一直是在学校进行，校外资源的介入较少，合作领域比较单一，而随着网络的出现、发展，互联网技术的飞速发展，互联网平台的日渐成熟，日益使得高校能够通过网络来整合校内外资源进行育人，并且通过网络与校外的人、财、物资源建立多层次、深度的联系，形成全社会的育人格局。

1. 校内校外资源管理协同原因解析

一是营造风清气正的社会氛围。国家教育事业事关国家的发展全局，只有社会教育水平高，教育生态好，才可以凝聚人心，培养人才，为社会输送人才。加强校内校外资源协同的原因，一方面是校外知识资源对于高校青年学生的辐射和影响，使高校学生在身处象牙塔的同时，能够广泛接触全国，甚至全世界的知识资源，能够帮助校内的学生增长知识，磨砺品质，提升综合素质，以更精神和更积极的姿态融入新时代。另一方面，校内校外资源的协作，是一个高校校园内高水平、高素质人才，先进理念，高效管理制度辐射社会的过程，这对于整个社会的理念、制度都能起到推动作用，从而促进全社会的不断进步。二是促进国家互联网事业积极发展。随着智能互联网与实体经济、国家安全、公共服务、国家文化等领域深度融合，互联网事业成为国家政治、经济、文化、社会创新发展的新平台和新渠道。当前，互联网技术、平台、应用和商业模式在校内、校外资源中的紧密连接，很好地起到了校内校外桥梁搭建的作用，高校要坚持协作化发展和规范化发展并行，增强校园网络服务能力，提升高校师生获取知识的服务性价比，更好地促进国家互联网事业发展。三是培养"时代新人"是全社会共同的任务。习近平总书记指出："要以培养担当民族复兴大任的时代新人为着眼点，强化教育引导、实践养成、制度保障。"[①] 刘建军老师指出，培养时代新人要着眼于其应具备的基本素质，要着眼于其应具有的精神状态，要着眼于其所担负的时代责任。这三点都要求校内外资源的管理协同，

---

① 习近平. 决胜全面建成小康社会夺取新时代中国特色社会主义伟大胜利：在中国共产党第十九次全国代表大会上的报告 [N]. 人民日报，2017-10-28.

无论是理想信念的培养，还是坚定、自信、奋进的精神状态，或者是中华民族伟大复兴的历史使命，这些都要求校内外理论知识与实践知识共同培育、共同影响，达到共同培养时代新人的目的。

2. 校内校外资源管理协同的领域分析

一是协同维护互联网信息安全。网络时代，信息安全问题不光发生在社会层面，高校师生上当受骗的案例也时有发生，2017年，清华大学教授被骗1 760万元的新闻在社会上引起了巨大的反响。校内外如何协同合作，维护互联网信息安全成为重要课题，高校要积极响应国家互联网监管措施，利用高校师生的创造力，进行自上而下的学习、全方位的学习，通过刊物和学习资料，与时俱进，了解网络信息安全的重要作用和现实意义，同时利用高校师生创造力强的特点，发挥特长，通过轻松幽默的文案、精准到位的配图、逻辑清晰的讲解树立正确传播行为，为净化网络环境，营造"健康、和谐和绿色"互联网环境发挥作用，共同维护互联网信息安全。二是结合社会需求协同培育人才。改革开放以来，随着经济水平和科学技术的迅猛发展，社会对于专业人才、创新人才的需求越来越大，变化越来越快，而高校对于专业设置和专业更新的速度是落后于社会变化发展的，这也在一定程度上造成了大学生适应能力差、创新能力低的局面，而高校自身也面临着专业冷清、无人问津的现象。而通过网络对于学校和社会资源的协同、互通，共同培育人才，既能够符合人才培养自身的规律，又能够满足社会需求，通过网络使得二者良性融合，相得益彰。三是协同共建校园网络文化。校园网络文化是以微信、微博、论坛等为载体，师生员工共同参与，以发送和接受数字化信息为核心内容的文化[①]。其影响主体已经不单指师生，而是包括了全社会。构建校园网络文化，要校内外协同，有效应对社会舆情，针对事关本校的内容，高校要抓住舆论应对的黄金时期，及时响应，有效控制负面网络舆论扩散，从而更好地针对舆情实际问题提出有效的解决方案。

---

① 王明生，王叶菲.发挥高校网络文化育人功能 [J]. 中国高等教育，2017（Z2）：10-12.

3．校内校外资源管理协同机制构建

一是校内外联合培养机制。创新校内外的联合培养机制，需要高校与互联网企业、科研机构、产业园协同培养，有效借助社会的科研实践平台，提高高校学生的科研水平、创新能力和实践能力。高校积极加强校内外的联合，打破传统的人才培养体系和固化模式，不断创新联合培养的方式和特色，对于人才培养、满足社会需求都是有益的。二是构建网络事件应急联动机制。虽然网络实名制的推进日渐成熟，但是互联网具有虚拟性、隐蔽性、发散性、渗透性和随意性等特点，是网民表达观点的主要场所。对于高校而言，加强网络舆论的及时监测、有效引导以及化解网络舆论危机，对于高校的稳定至关重要，对于社会而言，在舆论事件频发的今天，如果应急联动机制能够有对于事情深度的思考、深度的解析，对于网友和民众的引导将具有重要的意义，更加有利于促进国家发展、创建和谐社会。要实时监测，校内外人员要对网络舆情的内容、走向、价值观等方面进行密切关注，互相沟通，将最新情况的研究判定及时反映到有关部门。要有预警环节，对舆论内容进行判断和归纳，了解哪些内容易引起人民的关注，哪些环节能够引发无端的联想，哪些事件易受到境外势力的关注和利用，为接下来的舆情走向做好应对的准备。最后是应对环节，舆情发展成危机之时，高校和社会层面要有效采取具体行动，共同行动，化解危机，消除舆论的不良影响。

四、高校网络育人的安全管理

高校网络育人过程中安全性容易受到互联网自身的特性、国际客观环境和互联网用户人为因素的影响，在育人的实践过程中难免会遇到诸多现实难题和实践偏差。在开展网络育人的过程中，高校需要加强意识形态安全工作，抵制网络低俗文化，推动网络法律的建设，通过有效的管理提升网络育人的质量，推动高校网络育人的持续发展。

（一）加强高校网络意识形态安全

网络信息技术的发展，网络自身平等、自由、共享的特征，以及网络空间

的虚拟化弱化了国家的边界意识，给国家的意识形态安全带来了一定的冲击。夏保成在《国家安全论》一书的绪论中，在分析了国家的三个组成部分之后说："国家的安全，其实是构成国家的三个组成部分的安全，肌体的安全、环境安全和意识形态安全。"[①] 我们必须检视我国主流意识形态建设的薄弱环节，通过高校网络空间的治理，坚定不移地维护马克思主义之于我国意识形态的引领和指导作用。

1. 加强高校网络环境下的意识形态安全建设的特点研究

媒体是潜移默化传播观念、影响人民大众的主要方式，互联网环境下媒体的特点与传统媒介有很大的区别，高校网络意识形态安全建设，必须牢牢地把握网络媒体的特点。我们要意识到网络已经打破了传统媒体的话语权垄断，是当下最受高校师生欢迎的大众传播媒介，也要认识网络媒体的缺点。如汤普森所言："现代社会中的意识形态分析，必须把大众传播的性质与影响放在核心位置，虽然大众传播不是意识形态运作的唯一场所。"[②] 同时，我们也要意识到互联网媒介传播中存在易发散、易失真、易偏差等特点，比如一条简单正常的横幅宣传内容，经过过度的解读、裁剪、修图就可能引发大量失真的报道和错误的认识。我们还要注意平衡意识形态的规范性和新媒体传播的开放性、互动性、虚拟性。社会主义的意识形态内容和价值理念是固定的，在传统媒介的传播过程中，互动往往是自上而下的，信息的流通是单向的，而网络新媒体传播的过程中，开放性、平等性和互动性的特点明显，信息的流通是双向的、是即时的、是有互动的，因此，网络时代意识形态的传播，既要把意识形态的内容、精髓通过新媒体传播，又要满足受众交互、探讨的需求，官方不能盲目自大，高高在上，不能以传统的思想，低估公众的认知能力，不能以权威来代替沟通，要正视网络时代信息对称的事实，尊重大众的意识，创新传播的途径，与大众亲切交流互动。

---

① 夏保成. 国家安全论 [M]. 长春：长春出版社，2008：9.

② 汤普森. 意识形态与现代文化 [M]. 高铦，译. 南京：译林出版社，2005：104.

2. 加强高校网络意识形态安全建设的制度保障

"教育和媒体日益成为资本主义社会最主要的意识形态机器"①。许多西方国家的网络技术发展和应用起步早，在一定时期内强于我国，因此，西方国家在很早的时候便开始从网络空间的层面，对我国的意识形态实施攻击，这对高校师生的健康发展造成了巨大的挑战。因此，我国要完善顶层制度设计，加强党委对于网络意识安全的高度重视和统一领导。高校党委要意识到意识形态安全的重要性以及当前我国技术实力与西方国家的差距，高校应该坚决贯彻2018年国家网络信息化和安全工作会议精神，并将其纳入党委年度重点工作计划，提高党对网络意识形态安全建设问题的调查分析、科学决策能力，并将其作为年度考核标准分级考核，要求各学院、各部门的领导干部主动适应新时代网络化的要求，提高理论和实践能力，提高对网络意识形态的把控力、引导力和保障力。高校要以学生为中心，要通过网络及时组织学生、引导学生、服务学生，以应对网络意识形态安全面临的新挑战。高校要加强党的领导班子建设和干部队伍建设，培养自身的专家学者型"知名博主"和"意见领袖"，对错误的言论进行抨击和批判，正确引导网络舆论的方向。弘扬国家主流意识形态要保障高校的意识形态安全，运行机制的建设必不可少，在顶层设计之上，我国要建立高校意识形态安全运行机制，要加强职权责制度建设，使职责分明，对于出现重大漏洞、引发网络舆论的重大事件严惩不贷；要建立良好的信息沟通制度，对于高校的主流意识形态问题需要多沟通，对于把握不住的问题需要建立健全审批制度；要建立理论学习的长效制度，在党委统一领导的前提下，提升高校党政干部在国家意识形态方面的相关知识的熟悉和了解程度。

3. 加强高校网络意识形态安全的内容建设

在新媒体的视域下来探讨高校意识形态安全，除了新媒体本身的特点把握、新媒体运行机制的确定，我们要掌控高校网络意识形态安全，还需要注重内容为王，保证传播内容的整体性、真实性和准确性，也要保证内容的趣味性、

---

① 富兰克林.新闻学关键概念：意识形态国家机器词条 [M].诸葛蔚东，译.北京：北京大学出版社，2008：79.

关联性和时代性，要加强网络意识内容的输出建设，要把最新的理论、最新的研究成果通过网络及时地输出，宣传积极向上的正面内容。如"思政热点"公众号，每周都会推送两篇关于思想政治理论的前沿和热点问题研究的文章，内涵覆盖了思想政治教育的各个研究领域，都是学者和师生关注的前沿和热点问题。如"思政学者"公众号，每天都推送一篇思想政治学者的理论文章，传播名家的观点，这些都是马克思主义原理和中国具体实践相结合的产物。另外也有一些辅导员的微信平台，把理论问题融入高校师生关注的实践问题，把意识形态具体化、具象化，变成师生关注的身边事，使之真正能够走进师生的心里，将高校师生培养成坚定的马克思主义者。教育者要加强马克思主义内容表现形式的多样性。在确保意识形态内容真实性的基础上，不只拘泥于文字的表现形式，可以通过图像，可以通过图文结合，可以通过视频来展示内容，避免内容僵化和抽象，让意识形态的内容活起来，生动起来，让师生在收听、学习的过程中能够看进去，能够用心感受，能够入脑入心，最后内化于心，外化于行。"短视频的语言和视觉特征极具亲和力和感染力，生活化与情感化是短视频基本的表达策略，与日常生活勾连，以温情感染人心，才能达到较好的传播效果"[1]。如中国中央宣传部的学习强国 App，集文字、图像、微视频、微动画、微课程于一体，不仅能够使用户知晓国家大事、大政方针，还集聚了大量的视频学习内容，并不局限于意识形态，还包括文化、文艺、科学、自然、电视剧等内容，让人愿意来看，愿意细看，愿意分享与传播，还能够收获很多的启发，这就为维护高校网络意识安全提供了保障。

（二）加强网络法律建设保障

随着互联网的飞速发展，网络社会以其开放性、平等性、互动性和及时性的特点，深刻地变革了世界的政治、经济、社会和文化格局，也改变了人民的生产和生活方式。我国网民的数量已经跃居世界首位，而虚拟世界的诞生及其后续的发展，从一定程度上给我们的国家造成了或多或少的新问题、新挑战，

---

[1] 隋文馨，秦燕，黎红友.跨界与融合：短视频时代高校网络文化育人的价值困境与路径探析 [J]. 四川师范大学学报（社会科学版），2021，48（2）：112-118.

所以加强网络世界的管理能力和管理水平，加强互联网的法治建设已经成为当今社会迫切需要解决的重点问题，我们只有在网络法律法规建设上做大量工作，才能够正本清源，更好地为未来互联网信息管理和健康发展奠定基础。

1. 网络引发的法律新问题层出不穷

现实中的网络违法行为层出不穷，主要有以下几类，一是散布虚假信息，即假消息或歪曲的事实。伪造或歪曲事实在网络上发布虚假信息，是扰乱社会秩序的行为。开头一张图，内容全靠编。因为道听途说，张冠李戴，给受害人造成极大的困扰，影响社会稳定。二是诽谤他人，在网络上诽谤他人、损害他人的行为，被点击浏览5 000次以上或转发够500次以上的，构成情节严重。在微博，为了博取关注，制造热点新闻，一些娱乐博主会发布一些捕风捉影，甚至捏造的信息。三是损害国家的言论，就是在网络上发布损害了国家利益或信誉的言论。四是利用网络实施犯罪，就是利用网络进行诈骗、敲诈勒索、非法经营活动的行为，如电信诈骗、中奖欺诈、假冒银行、假冒公检法、网购欺诈、身份冒充、泄露个人隐私、侵犯知识产权、非法传销、校园贷、套路贷、敲诈等行为。五是传播犯罪，即传播宣扬色情、赌博、封建迷信、暴力或教唆犯罪等行为。

2. 网络引发法律新问题的原因解析

网络不是法外之地，相比中国传统部门法律法规的建设，网络领域的法律法规建设有诸多难点。一是网络虚拟社会是一个多节点、多中心、扁平结构的社会，网络的匿名性、平等性、自由性、即时互动等特征与传统社会相比有很大的差异，信息的流动和传播渠道也有别于传统社会，难以沿用传统社会的管理模式，这对政府解决问题的速度造成影响，从而使得政府公信力下降。二是整个网络立法较晚，法律的更新相对互联网发展不够及时。1994年国务院发布了网络安全保护条例，2012年国务院也发布了关于大力推进信息化发展和切实保障信息安全的若干意见。但是面对云计算、大数据和智能互联网的发展，尤其是发生棱镜门事件、用户隐私被大规模盗窃事件后，网络安全形势更为严峻复杂。虽然存在制度，但是未能考虑最新的违法行为。三是打击网络违法行为的执行力度欠缺，我国对于网络违法犯罪行为、网络违规经营行为的处罚还没有出台具体的实施细则，即使有处罚，但力度过小，难以起到惩戒作用，而一些网络违法行为，比如出售或者非法向他人提供公民个人电子信息等，民众取证难，维权难度大。四是对于网络违法行为缺乏统一的管理部门。《中华人民共和国网络安全法》于2016年11月7日发布，自2017年6月1日起施行。中华人民共和国主席令（第五十三号）公布。但是，不无遗憾的是，《网络安全法》除个别条款明确到具体主管部门（如第23条、第28条、第63条），其他条款均笼统使用了"有关主管部门"表述，未能明确具体执法部门，这对公民维权造成一定影响，也将给网络安全监督管理和执法工作带来一定的不便。

3．加强网络法律法规制定

当前，中国网络的立法在实用性上有待进一步提高，有关部门要尽快制定并颁布国家互联网的专门法律法规，摆脱立法的单兵作战，需要与时俱进，把互联网领域所涉及的相关基本法律，搭建起一个整体架构来实现依法管网。我们要提高对互联网时代网络的法律法规建设的关注度，但法律法规的建设不是为了限制互联网的发展，相反，是为了推动世界对互联网问题的解决，保障互联网能够得到更好的发展。

（三）减少网络低俗文化的影响

"网络是一个特殊的领域，是一个高度开放的空间，网络上的信息参差不齐，有正面的信息的同时存在着负面的甚至反动的信息。"[1] 因此，在网络育人的安全管理中，管理者要尽可能地减少网络的负面影响，发挥网络在育人方面的正面影响，其中很重要的一项工作就是要减少网络低俗文化的影响。

1．网络低俗文化的内涵及其特征

低俗文化指的是某些内容低级庸俗，与社会道德和文化传统相背而行，最终使人意志消沉，甚至影响文明进步的"文化"内容，它主要有网络恶搞、网

---

[1] 刘建军.论思想政治教育的主渠道与微循环[J].思想理论教育，2014（9）：56-59.

络色情等形式①。"网络恶搞"大多情况下指的是恶意搞笑，就是把之前看起来非常严肃的事物改造为低俗的东西，或是通过改造前后二者的巨大反差来造成喜剧效果。在一定程度上，大家对于事物的加工搞笑是可以接受的，但是一旦上升到"语不惊人死不休"、肆意杜撰歪曲事实的程度，就会严重损害他人的名誉，造成不良的社会影响。"网络色情"是指在网络当中以性行为或者人体裸露为主的信息。网络技术不断发展的同时，网络色情逐渐泛滥，且形式越来越隐蔽，对网络色情的打击越来越困难。

2. 网络低俗文化的负面影响

网络低俗文化现象的出现使得网络产业和事业的健康发展受到一定程度的阻碍，与此同时，也对我们所处社会的健康发展带来负面影响。从两大方面来说：一是网民沉迷快餐简单文化，会降低理性判断能力和深度思考能力。快餐式的传播方式使得网民沉迷于被动地接收肤浅的信息，从而逐渐失去了对阅读内容的思考能力和对现实世界问题的研究判断能力。同时，基于互联网人工智能技术，诸多App的大数据的算法会把人们局限在一个越来越狭窄的小范围内。二是网络低俗文化易误导网民的关注重点，造成网络成瘾。网络低俗文化现象的大量出现，使网民受不良思想影响，被扭曲了价值观念。网络当中的低俗文化会大大刺激人的感官，2019年爆出新闻，湖南常德一高校老师赌球欠巨债，涉嫌诈骗147名学生，金额达到85万。在道德观上，网络低俗文化易导致人们崇尚网络世界的无序、自由，忽视现实社会中的道德规范，崇尚个人主义。在物质观上，网络低俗文化易使人们一味贪图享乐，重视物质生活，忽视个人的成长和发展，忽视自我价值的实现以及对国家、社会、民族责任的担当。如此形势之下，国际、国内恐怖分子、分裂主义者都在利用网络传播自己的主张和观点，制造流血恐怖事件，而一旦事件爆发，势必危害社会秩序和公共安全。

我国应当注重优秀网络文化的传播与价值引导，积极打造卓越的网络文化

---

① 徐园. 当前网络低俗文化对大学生负面影响及对策分析[J]. 海南广播电视大学学报，2016，17（1）：112-115.

民族品牌，传播正能量。在打击低俗网络文化的过程中，我国要注意利用法律法规，倡导行业自律，提高信息技术水平以堵住网络当中的一部分低俗的信息。同时，我们也要注重加大优秀网络文化的输出力度，深度挖掘中华优秀传统文化，培养网民的道德责任感和个人自律意识，挖掘网络的正面信息，传播更多的正能量。此外，我国应当建立健全体制机制，将网络文化成果纳入职务职称评审环节，建立网络文化成果的评价认证机制，将优秀网络文化成果纳入科研成果统计范畴，列为职务职称评聘条件，作为评奖评优依据，从而激励不同领域的专家和学者，激发网络育人的内生动力。

我国要发动人民群众的力量，加大社会监督力度。网络是一个人人参与，人人都可以发挥自主性、主观能动性的场域。我国要减少低俗文化的影响，就必须鼓励社会大众参与，增强全社会的监督力度。我国要加大宣传力度，培养公众的责任心和监督意识，在面对网上传播的各类非法、虚假信息以及吸毒、赌博、嫖娼等危害社会公众的信息时，要勇于监督和揭发。另一方面，政府相关部门应主动提供渠道，为公众监督提供便利条件，如开设网站、开设公众号、开通举报电话等接受大众监督、举报，并及时处理问题，通报给社会大众。同时，相关部门还要注意社会监督的数据分析，实现城市之间、部门之间的数据资源共享，最大程度上实现公众与相关监管部门的联系，有效落实舆论监督。

完善高校网络育人的科学管理，能够明确网络育人主体的责任，加强高校互联网人才队伍建设，促进高校协同育人的人、财、物有效衔接和统一协调，确保网络育人发挥整体效果。

第六章　高校网络育人的实践聚焦

一、助推理论视域下网络舆情群体极化的引导

当前我国网络媒体发展日新月异，公众能够随时随地通过网络来发表自己对于社会现象、热点问题和重大事件的意见，人们更容易成为信息的发布者和传播者。网络舆论对于公众事件的影响力不断增强，但随之而来的是网络舆情群体极化现象的逐渐普遍化，这成为影响社会稳定的重要因素。若不能对其进行及时引导和有效控制，会威胁到社会的正常秩序。诺贝尔经济学奖得主理查德·塞勒提出的"助推"理论，是指轻微但有针对性的政策可以发挥更好的作用，助推并不限制人们选择的机会，也不显著地改变经济诱因，而是通过心理和社会机制，构建个体选择的"环境"，来优化选择和改善福利①。在网络思想政治教育中，国家应尊重网民自由表达、选择的意愿，优化网络环境，帮助网民做出更好的决策，使网民在网络空间的决策更为理性，这样会更好地约束网络舆情群体，从而化解网络舆情群体极化现象给现实社会和个人生活带来的消极影响。

（一）网络舆论群体极化中人的非理性存在

经济学家亚当·斯密认为，人是理性的，能做出对自己最有利的决策。而通过对现实生活和虚拟世界的观察我们可以发现，事实并非如此。网络舆论群体极化现象就是一个很好的证明，在网络生活当中，我们不是总在做对自己最有利的选择，网络暴力、网络舆论操作、网络事件延伸到现实生活的网络舆论

---

① 泰勒，桑斯坦，塞勒，等.助推：事关健康、财富与快乐的最佳选择 [M].北京：中信出版社，2009：30.

群体极化现象层出不穷。从"助推理论"的角度，对这些非理性行为因素进行分析，有助于我们进一步找出网络舆论群体极化的内在规律，提出积极有效的调控和应对措施。

首先，从众行为，追求群体认同心理。社会心理学把个体因为团体压力的影响，在知觉、态度、判断与行为上表现出的与团体内大多数人一致的现象叫作从众。人们对自己的判断越不确定，就越容易受其他人的影响。第一，群体特征对于从众心理的影响很明显，如果群体是由三个或更多个体组成的，凝聚力高、意见一致、地位较高，则从众的程度最高[①]。古斯塔夫·勒庞在《乌合之众：大众心理研究》中表述："群体只知道简单而极端的感情；提供给他们的各种意见、想法和信念，他们或者全盘接受，或者一概拒绝，将其视为绝对真理或绝对谬误。"[②] 这样的个体一旦进入互联网世界，就容易受到"权威"的影响和左右，甚至容易走向思想和行为的极端。第二，虽然中国网络平台增加了实名认证，但网络空间表达匿名性弱化了网络空间言论表达的责任，网民对于自己的言论表达趋向于用激烈的语言、犀利的观点吸引关注和获得认同。由于网民对网络空间"法不责众"的认识误区，容易放松对于法律法规的遵守，网民在网络空间的言论易出现"失范"的现象。第三，传播学中"沉默的螺旋"理论也能够解释网络舆论群体极化现象，那些处于网络舆论群体中的态度中立或者模糊的网民会逐渐地附和群体意见，使不同的声音彻底消失。

其次，直觉思维，在互联网空间做"不费脑"的选择。在心理学视域中，人的大脑分为两个思维系统，一个是自动的，依靠直觉和情感反应，称为直觉思维系统；一个是理性的，更具计划性和自觉性，称为理性思维系统。在个体做决策的过程中，两个系统都会发挥作用，他们的区别在于，理性思维系统需要刻意地启动，需要高度集中，会占用更多的大脑资源，如做一道难解的高数题。而直觉思维系统则是一个下意识的动作，不需要思考就能轻易地决策，如走路避开眼前的水坑。在网络空间，相较于理性思维系统，直觉思维系统发

---

① 迈尔斯.社会心理学（第8版）[M].北京：人民邮电出版社，2006：167.

② 勒庞.乌合之众：大众心理研究 [M].桂林：广西师范大学出版社，2007：55.

挥了更多的作用。当一个网民普遍关心、涉及网民现实利益、能引起网民共情、又迫切需要完善和解决的公共事件出现时，网民搜到的信息、看到的意见和观点往往是根据热度来进行排序的，这些观点和信息的传播速度会快于其他信息，给网民造成一个先入为主的观念，大脑自动进入"不费力"模式，只是转发、点赞看到的观点，而没有去启用理性思维思考：事件描述是否有"坑"，是否存在不合逻辑的地方，是否被"带节奏"。同时，我们处于大数据精准推送时代，一旦我们形成有倾向的观点和偏好，大数据计算会把同质的、接近的信息推送给我们，导致我们无法获取更全面的信息，出现"信息窄化"，网络的互动变成了"自说自话"和"自证自话"，易造成观点的偏激和极端化，加快网络舆论极化的速度。

最后，利益驱使，追求做互联网中的"意见领袖"。网络舆论群体极化的形成是一种"刺激—反应—极化"的过程，而且这个过程的发生时间非常短[1]。一个社会新闻对网民的刺激可能只需要几秒钟，而这正是舆情群体极化现象的"着火点"。对于社会公共事件，掌握话语权的意见领袖能够对事件的进展产生巨大的影响，他们对于一个热点事件的评述、表态和定性，会使网民在没有做出全面思考的前提下，跟风传播，导致舆论往不理性的方向发展。当公共危机事件发生的时候，也给了境外媒体抹黑、诋毁中国政府的机会，在国外媒体、利益集团的利益诱导和驱使之下，部分网络意见领袖故意忽略事实的真相、偏离事件本身，大大加快网络舆论群体极化的速度。

（二）网络舆论群体极化中决策环境的优化

决策环境是网络舆论群体化的重要影响因素。马克思和恩格斯指出："人创造环境，同样，环境也创造人。"[2] 在助推理论中，"助推"机制的框架设计中一个很重要的特点，就是通过优化学生做决策时所面对的环境来干预学生的决策，从而使其克服非理性行为的元素，推动学生做出更好的决策。因此，在

---

① 史波.网络舆情群体极化的动力机制与调控策略研究 [J]. 情报杂志，2010，29（7）：50-53+69.

② 马克思恩格斯选集（第1卷）[M]. 北京：人民出版社，2021：172.

调控网络舆论群体极化现象的过程中，我国同样需要优化社会现实环境，优化网络监管环境，提升网络信息供给渠道和环境，来促进网络舆情的健康有序发展。

1. 优化外部社会环境

网络舆情是社会舆情的重要组成部分，是社会现实在网络中的反映，因此，网络舆情的产生、发展情况与外部现实环境密切相关。在过往网络舆情群体极化的现象中，能够引起民众共情、让民众感同身受的社会公共事件是重要诱因。首先，政府要营造良好的社会现实环境，尽可能避免出现社会公共危机事件，这样网络舆情群体极化现象就会失去生存的土壤。其次，对引起网络舆情群体极化的公共事件，特别是群体性的事件，政府有义务进一步提高对危机事件的处理能力。在广大网民的广泛猜测、质疑和抱怨声中，政府的处理不能停留在控制信息流动、统一宣传口径等阶段，要有效回应网民关切，避免网络舆情群体极化现象爆发。最后，政府需要进一步提升对网络舆情群体极化现象的处理速度，在舆情群体极化事件中，政府的声音和解释不能落后于事件的发展，政府要及时进行解释和处理，避免舆情群体极化进一步发展。

2. 优化网络监管的环境

随着互联网监管部门技术的不断进步，我国网络监管水平日益提升，对于网络突发事件的处理也更加及时有效。但是面对日趋复杂的网络生态和网络环境以及由此产生的各种矛盾和问题，网络监管仍然需要不断地与时俱进。我国要形成网络空间的法治文化。法治文化的生成与人的劳动生产实践密不可分，它是人在处理自身与自然、自身与社会、自身与他人等复杂矛盾的实践探索中逐渐生成并发展的，虽然法律的形式有所不同，但是对规则和法律的追求与遵守却成为人们熟知的生活方式[①]。一方面，网络监管要把握好尺度，既不能偏废也不能过度，要用公众能够接受的表达方式及时地干预，不但要做到"春江水暖鸭先知"，还应该做到"润物细无声"。另一方面，网络监管要建立在实名

---

① 冯刚，王振. 以文化人在国家治理现代化中的价值意蕴 [J]. 北京大学学报（哲学社会科学版），2019，56（6）：83-92.

制的基础之上，加强网络立法和对网络法律法规的宣传力度，明确网络违法行为，加大网络执法力度。需要强调的是，网络立法要把握好发展和管制的度，既要预防和解决出现的问题，也不能因噎废食而过度约束和控制，而是要营造和建设一种有序的法律保障环境。此外，政府要通过各种渠道，如新闻媒体、文章、短视频等对网络立法进行宣传推广，详细说明哪些行为合法和哪些行为不合法，让网络监管者把握好尺度，让普通网民知道自己的话语边界。

3. 优化网络信息供给环境

在互联网时代，网络生态系统由网络信息的生产者、网络信息的传递者、网络信息的消费者和网络信息的分散者组成，它们共同丰富着网络文化。从广义上讲，网络文化是一个复杂的综合性文化，包括网络物质文化（计算机、网线、网络连接设备等）、网络精神文化（网络世界中的具体内容、使用网络过程中的主观心态等）、网络制度文化（使用互联网的制度、准则等）、网络行为文化（使用互联网的行为以及由此衍生的其他行为）等[①]。优化网络环境，需要管理者从广义网络文化的视角，准确把握不同网络文化形态的主客体，有针对性地优化广义上的网络信息环境。作为网络信息的生产者，媒体从业机构和人员在追逐流量、抢占头条、吸引关注的同时要做到以下几点。一要保证网络信息供给的真实性，减少误导。要增强责任意识，对社会公共事件做深度的分析和报道，不能只顾眼前利益，人云亦云。二要制作合理的热点文章推送，要适时展现网民不同的意见，引导网民在一个良好的氛围中畅所欲言，增进互相的理解与认知。三要鼓励知识渊博、思辨能力强的学者、高级知识分子加入网络，勇于表达自己的观点，针对网络世界的错误观点进行批判和辩驳，推动网络舆论朝着丰富、多元和理性的方向发展。

（三）网络舆论群体极化中价值判断的引导

在互联网时代，由于互联网潜移默化的影响，网民乐于遵循自己的意愿做出选择，即"我的地盘我做主"。在助推理论的框架设计中，很重要的一个环节就是在尊重网民自己选择的基础上加强引导，增强舆情群体极化现象在事件

---

① 王振 . 思想政治教育视域下以文化人研究 [M]. 北京：社会科学文献出版社，2021：36.

前、事件中、事件后的价值引领。

1. 加强网络舆论及时反馈

网络舆情群体极化现象不是一蹴而就的。从事件发生到网络舆论发酵，再到群体极化现象产生是一个过程，权威机构只要在舆论事件发生的几个时间节点及时有效地反馈应对，就能够阻止网络舆论朝群体极化现象发展。心理学研究发现，及时激励的有效性比滞后激励高出60%[①]。助推理论认为，如果想对作用对象产生影响，那么在网络舆论事件处理过程中，一方面，政府机构和部门要善于及时反馈，让公众能够迅速地获得真实、全面、客观的消息，对网民的疑问和困惑给予及时的解答，让网民感受到重视、认可。另一方面，政府机构和部门要善于把长反馈的过程拆解成较短的反馈，让网民能够不断地感受到政府在处理社会事件过程中的努力，向网民传达处理社会事件具有时序性，提高广大网民的素养。

2. 培育具有科学权威的公共媒体

在网络舆情爆发的过程中，公共权威机构的声音是网络生态中的"定海神针"。以新浪微博平台的许多官方媒体为例，运营时间较短，发布内容较少，但粉丝群体十分庞大，且民众对官方媒体的信任度极高。当网络社会中出现公共危机事件，特别是充斥着各种流言蜚语、虚假消息时，网民在经历愤怒、质疑、无所适从等多元情感的过程中，迫切需要官方媒体或者公共权威机构平台发声以答疑解惑，解析事件的来龙去脉。需要注意的是，一方面，官方媒体机构需要即时发布消息，在公众事件中保持事件的信息透明度，维持政府的公信力。另一方面，官方媒体发布的消息要能够经得起推敲，权威的公共媒体要适时邀请各个领域的专家、学者或者官员对公共事件进行探讨，并和网民直接互动，解答大家的疑惑，引导网民理性看待问题、分析问题，在扩大影响力的同时也能提升网民的素养，起到更好的舆论导向作用。

---

① 王易，张莉.试论激励法在大学生思想政治教育中的运用[J].思想理论教育导刊，2010（7）：78-82.

3. 运用合理的议程设置

在网络舆论事件中，网络媒体和网民的素养直接决定了人们对网络舆论的判断力，网络媒体和网民的素养越高，就越不容易被网络事件轻易"绑架"。当然，网络媒体和网民素养的提升需要一个长期的培养过程，设置合理的议程就是培养网络媒体和网民素养的重要手段。网络媒体应该围绕网民自己的切身利益、相对集中的问题进行讨论。首先，网络媒体要选择权威的、有深度的观点进行推介，从理论层面对事件本身进行阐释和解读，做到事出有因。其次，网络媒体要选择接地气、有质量的网络原创文字进行推荐，或者对相关的新闻评论进行推荐，贴近广大网民的实际，在最大的范围内引起网民的讨论。最后，为了避免网络舆论只出现一种声音，在设置事件的专题讨论时，网络媒体要引导各种观点交锋，拓宽网民知识面，增长广大网民的见识。

（四）网络舆论群体极化中心理引导的机制

在助推理论中，助推主体需要在尊重助推对象自由选择权的基础上，优化决策环境，帮助网络大众做出更好的决策。网民享有自由选择的权利，在整个助推过程中，助推主体需要加强对网民的心理引导，由外及内，激发网民的内生动力。

1. 培养道德优良的意见领袖

美国社会学家拉扎斯菲尔德提出的二级传播理论认为，信息应通过意见领袖传递给追随者，即培养网络当中的意见领袖，也就是我们俗称的大 V，是心理引导的重要步骤。网络大 V 出现的时间并不长，但他们所发挥的作用却越来越重要，是网络生态系统的"中坚种群"，也是"关键性物种"。因此，政府和网络媒体都应充分重视意见领袖的作用。当一个网络热点事件爆发时，意见领袖的言论、态度、分析深度都会影响网络空间的意见表达和现实社会网民的素养。意见领袖可以分为两类：一类是在网络社会成长和发展起来的资深网民，他们接地气、具有号召力，能将深度的道理和政策，进行最基础的解释和传达；另一类是具有学术素养的高级知识分子，他们能够对网络事件进行学理上的分析和辩证的推论。政府要严厉管理一些利益驱使下的网络大 V，有的网络大 V 为了一己私利，不惜损害国家和人民的利益，在网络社会事件发生后，刻意抹黑中国，我国应当对其进行依法治理。

2. 提升网络用户的社会素养

网络舆论群体极化现象发生时，作为群体中的每一个网民都是重要的信息参与者和传播者，在网络舆论的传播过程中，网民受到群体认同心理、选择性接触心理、集体无意识等理论和实践的影响，容易传播网络谣言，作为集体中无意识的个体，失去自己的思考能力。这一切的关键就在于网络用户的社会素养，如果网络用户能够具备独立的思考能力和明辨是非的抗诱惑能力，那么网络舆论群体极化现象就难以发生。而只有当单个个体的网络素养都得到了提升，那么网民个体与个体间才能进行高质量的交流和互动，真正形成和谐的网络环境，从而创造一个和谐的现实社会环境。

3. 设置自动触发行为

针对网民在激动情绪下容易做出过激选择的情况，管理机构需要设置预防机制。针对网络大数据，从大数据的技术属性来看，无论数据的体量多么庞大，其本身都是没有价值的，只有通过对海量数据进行整理、加工、筛选、分析，才能挖掘出隐藏其中的有用信息，加以合理利用，从而使大数据产生实用价值，发挥积极作用[①]。网络舆情群体极化现象的形成是网民高度一致偏向性选择的结果，网络舆论群体极化依赖于网民的心理导向。网络监管部门或者网络的媒体平台，有责任、有义务在充分尊重网民自主选择的基础上，及时提醒网民不能违背法律法规，不能传播未经核实、有待查证的信息内容。比如，针对一些网民空间的爆料、来源不真实的微博，监管部门可以在网民转发时设置自动提醒。此外，监管部门也可以在适当的时间节点，通过构建自动触发行为，将理性、务实的舆论声音展示给网民。如通过在微博平台中将"微博热搜排行榜"进行分类，把国家大事、党政要闻在特定的时间节点推送给网民。我们还要能够运用心理学知识，借助大数据的技术，经过筛选分析，向关注某些问题的网

---

① 冯刚. 大数据应用于思想政治教育的局限与突破 [J]. 重庆大学学报（社会科学版），2021，27（2）：1-7.

民推送"关于某某事件的十大分析"等榜单，通过增加事件信息量缓解他的情绪，提升其网络知识素养 [①]。

二、网络时代大学生文化认同特点及应对策略

在以和谐共生、和平发展为主题的全球化时代，文化作为一个国家贯穿始终的灵魂主线，正发挥着比经济、政治更为持续久远的力量。习近平总书记在十九大报告中指出："文化自信是一个国家、一个民族发展中更基本、更深沉、更持久的力量。" [②] 而文化认同作为文化自信的前提和基础影响并制约着文化自信的深度和广度。随着网络的迅猛发展，作为网络原住民的"90后""00后"大学生在这场数字化技术革命中经历着从思想到行为的洗礼，在此背景下他们对于文化认同的方式、特点、途径等都悄然发生着变化。如何准确把握网络环境下大学生文化认同的发展特征，辨析网络对大学生文化认同产生的影响，探究网络时代大学生文化认同的应对策略，是高校思想政治教育者坚守网络阵地、帮助大学生科学理性地对待网络文化，并对其进行文化认同教育时必须理清的问题。

（一）网络时代大学生文化认同的基本特征与发展趋势

文化认同作为身份认可、情感归属的抽象概念，"包括了对以往的共同历史、共同记忆的认同，也包括对未来共享价值、共享理想的愿望" [③]，同时还包含着对现有时代体验的肯定和融入。网络作为文化的新兴传播媒介，以其巨大的潜能改变着大学生的生活习惯、思维方式和行为举止。当今，网络时代的大学生文化认同是他们在社会化过程中，在原有内在文化认知结构基础之上，通过对网络信息的分析、判断、选择、过滤、吸收等一系列反应和加工，从而形

---

① 此部分作者发表于《北京教育（德育）》2021年第10期，原标题为《助推理论视域下网络舆情群体极化的成因及引导》。

② 习近平.决胜全国建成小康社会夺取新时代中国特色社会主义伟大胜利：在中国共产党第十九次全国代表大会上的报告 [N].人民日报，2017-10-28.

③ 吕芳.我国大学生国家认同与国际主义支持的实证研究：基于对北京高校大学生国家认同观的调查 [J].马克思主义研究，2011（8）：129-135.

成的新的个体认知结构和认同内容，其与网络时代之前的大学生文化认同相比较有了新的变化特征和发展趋势。

首先，文化认同主体呈现交互性。在网络时代之前，纸媒、电视、广播等传统文化传播媒介都是单向线性地传播文化信息，这使得文化认同主体单一，认同环境相对单纯。对于高校思想政治教育而言，"文化传播者和接受者之间有着明显的界限"[①]，大学生仅作为思想政治教育的对象而存在。互联网的兴起不仅改变了人们的生产、生活和思维方式，还为实现思想政治教育的主体性及主体间的交流、互动提供了载体和平台。与传统的思想政治教育不同，网络思想政治教育的主体性带有"交互"特点，我们称之为"交互主体性"。教育者的引导和学生的参与之间的相互作用、相互影响，使互联网环境下的文化认同呈现出主体多元化特征，受众既是文化信息的接受者，也是文化信息的传播者。文化认同途径打破了"主—客"的简单模式，实现了"人—机—人"双向互动，以及"一对一""一对多""多对一""多对多"等非线性"去中心化"的文化交融模式。大学生在网络社会中，通过阅读文章、观看视频等方式接收文化信息，再经过点赞、转发、评论等方式进行外界信息的加工，最终影响他人。

其次，文化认同的地域特征趋同化。亨廷顿指出："人们用祖先、宗教、语言、历史、价值观、习俗和体制来界定自己。"[②] 在很大程度上，地理位置是文化认同的现实基础，如不同区域有不同的宗族追溯、语言特征、风俗习惯、历史沿袭、风土人情、人文背景等。这种区域文化在日积月累、潜移默化中会融注于个体，从而使个体达到对区域文化的肯定性体认。随着社会的发展，传统文化传播媒介已经在很大程度上打破了地域文化的限制，但给地域文化特征带来最大冲击的是互联网。当今，高校大学生多为"00后"，作为网络原住民的他们从小接触网络，纷繁芜杂的信息通过互联网的传递使他们面对的是形形色色没有地域制约的文化。因此，在一定程度上，地缘文化正随着网络的普及

---

① 陈敏. 网络环境下大学生主流文化认同机制探赜 [J]. 思想政治教育研究，2017，33（3）：150-155.

② 亨廷顿. 文明的冲突与世界秩序的重建 [M]. 北京：新华出版社，2010：5.

和发展被淡化，进而取代的是逐渐趋同的文化认同。

最后，文化认同的"自我保护性"弱化。文化认同是一个自我建构的过程，具有持续性、相对稳定性的特征。在这个过程中，当"他我"的文化通过各种方式植入个体文化认知结构，从而变成"自我"时，文化认同便会启动一套"防御机制"，即当外界质疑或攻击原本的"他我"时，就等同于质疑或攻击个体本身①。传统媒介单一单向的文化传播方式，使个体所受文化影响较为稳定，文化认同的"自我保护性"较强。而网络空间中，图像、声音、文字、动画、视频等一系列符号化的信息对视觉、听觉的猛烈冲击让个体有更真实的代入感；读帖、回复等各式互动交流让个体有更好的参与感；不同主题的虚拟社区让个体有更强烈的融入感等。生动有趣的网络环境渐渐瓦解了个体的文化认同"防御机制"，弱化了个体的"自我保护性"功能。

（二）网络时代大学生文化认同教育的应取之策

习近平总书记指出："当高楼大厦在我国大地上遍地林立时，中华民族精神的大厦也应该巍然耸立。"② 这就要求我们在互联网时代应充分把握网络思想政治教育的规律和特点，直面挑战和难题，坚持内容为王，注重对大学生的内在引导，加快建立制度保障机制，进一步加强文化建设，建设完善文化认同的机制，增强高校大学生文化认同的内在动力，为大学生构筑一个和谐的网络生态环境，增强大学生对中国特色社会主义文化的认同。

首先，坚持"内容为王"，完善网络文化产品供应。一是要从中国优秀传统文化中吸收营养。"中国特色社会主义文化，源自中华民族五千多年文明历史所孕育的中华优秀传统文化，熔铸于党领导人民在革命、建设、改革中创造的革命文化和社会主义先进文化，植根于中国特色社会主义伟大实践。"③ 这就要求我们一方面要加大凝练中华民族的传统文化和光辉历史的力度，总结民族历史上的道德传承、各种文化思想、精神观念的总体表征，坚持古为今用，取

---

① 弗洛姆. 生命之爱 [M]. 北京：工人出版社，1988：63.

② 习近平在文艺工作座谈会上的讲话 [N]. 人民日报，2015-10-15.

③ 冯刚. 新形势下推动高校网络文化建设的思考与实践 [J]. 思想教育研究，2015（8）：3-5.

其精华，去其糟粕，增强文化的底气；另一方面，要遵循网络传播的特点和规律，增加宣传力度，提高网络传播中优秀传统文化的议题内容比重，要转化话语体系，提高网络文化里中华民族传统文化的有效发声能力。对于中国优秀传统文化，我们不能把网络当作一种展示工具，简单地把中国优秀传统文化直接搬到网上，而是要对中华优秀传统文化进行深加工，既提升其内容的深度和宽度，也提高其覆盖面的广度和感染的力度。同时，要从社会主义核心价值观中汲取力量。社会主义核心价值观是中国特色社会主义文化的内核与精髓，它从三个层面指明了国家、社会、公民的价值走向和价值目标；它包含差异，满足了中国不同人群的价值取向，体现了广泛的价值共识和共同的价值追求，具有强大的民族凝聚力和社会感召力。而文化认同的核心便是价值观认同，因此政府要对大学生进行社会主义核心价值观教育，引导他们践行社会主义核心价值观；要讲清个体价值需求与集体和社会需求的辩证关系，让大学生认识到"国家兴亡匹夫有责"，认识到"国富则民强"，认识到国家和民族的发展是个人发展的基础和前提，从而增强自身对中国特色社会主义文化的认同和自信。

其次，注重内在引导，增强文化认同的内在动力。一是提升大学生文化辨识能力。文化具有社会"遗传性"，即个体通过在原有集体、民族等社会性结构中的生活、劳动，逐渐对该文化进行思维吸收和行为表达，从而使文化得以继承和延续。同时，文化也具有"触激性"，即个体如果处于一个稳定的环境中，不会有文化"应激反应"，但如果有他文化的闯入，则会产生摩擦、碰撞、比较等一系列回应。当代大学生既生于多元文化的碰撞时代，又继承了中华文化的良好"基因"，如果教育者没有在他们价值观形成和稳定的关键时期做好合理的文化取向引导，便难以促进其健康成长。因此，在网络环境下，教育者要帮助大学生提高对文化客体的辨识能力，把握文化认知、发展和建设的规律，提升文化品位；要帮助大学生客观、理性地看待各种文化，在理解、尊重多元文化的同时，辨析文化全球化与文化霸权、文化侵略的本质区别。同时，增强大学生网络法制意识。网民身份的隐蔽性容易让人产生有别于现实生活的"自由感"，而部分大学生也因此将网络的"自由性"与"不用承担任何责任"画上了等号，从而毫无顾忌地盲目跟从、大放厥词、煽风点火，甚至散播不实言论，说出一些与现实形象完全不符的话语，直至触犯法律才追悔莫及。因此，教育者要帮助大学生正确理解"网络自由"一词的含义，增强大学生网络法制意识，提升大学生对网络法律的认知程度，让大学生做到知法懂法守法，减少负能量，共同维护网络环境。

最后，增强外部保障，完善文化认同的机制建设。一是加强网络法律制度保障。网络的发展让公民的权利和义务从现实社会进入了虚拟空间，而网络法律法规是保障每一个公民都能在网络空间享受到公平权益和公正待遇的规范性制度，同时也给予了大学生在网络环境下进行中国特色社会主义文化认同的政策性保障。目前我国互联网法律法规的建设无论是在国家还是地方层面都取得了长足的进步，但网络政策条例分散、不成体系、针对性不足，某些法律概念上的含糊不清、执法力度不够以及尚有部分法律空白之处等亟待解决的问题使网络犯罪有隙可乘。网络法制的不完善也影响着大学生对中国特色社会主义文化的认同，如网络中一些外来敌对势力利用网络法律的漏洞，通过传播诋毁革命文化、质疑社会主义先进文化、攻击中国传统文化的视频、文字，干扰了大学生的文化认同；或通过网络传教，企图从信仰上诱导、腐化大学生，弱化了大学生对马克思主义信仰的追求。因此，为大学生文化认同建立一个强有力的法律制度保障，帮助大学生用法律的手段系统地抵御各类网络违法犯罪事件，抵御各种反马克思主义言论，是对大学生进行文化认同教育必不可少的重要环节。除了进行网络法制建设，教育者还应建立一套完善的网络监控体系，形成政府部门、网站管理机构、高校网络中心、教师以及学生群体的舆情监控系统，做到早发现、早制止，缩小和降低不良信息对大学生文化认同的影响范围和影响程度。同时，加强高校人才队伍建设。高校是大学生学习和生活的主要场所，也是大学生获取知识的主要渠道。教育者要在高校中建设一支高素质的教师队伍，帮助大学生在纷繁复杂的网络世界里找准方向，把握规律，做好学生思想引领。教育者要集合多岗位、多学科背景的人才队伍，为大学生营造一个进行网络文化认同教育的良好环境，专业课老师可以利用课堂教学的主渠道将科学的、正确的理论知识和系统的文化知识传授给大学生；辅导员在日常与学生的接触中应了解和掌握大学生的网络习惯和网络行为，并通过线上活动与线下实践相结合的方式，将中国优秀传统文化、革命文化和社会主义先进文化"润物细无声"地传递给青年大学生；职能部门的行政人员应通过网络技术支持、满足学生的上网需求，维护网络文化空间等。

除了制度保障、队伍建设、内容把控以外，提升网络安全技术是从源头上切断不良信息和违法行为对大学生文化认同的干扰；政策保障是给予大学生网络文化认同教育顶层设计的支持；而促进网络和各类媒体的融合式发展"实现从'我加上你，你加上我'到'我中有你，你中有我'再到'我就是你，你就是我'的转变"① 则为大学生文化认同提供了更加全面、立体的环境。总之，教育者要从社会各层面为大学生文化认同教育创造一个和谐的网络环境，构筑一堵坚实的保障外墙。

网络的普及与深化既给大学生带来了丰富的多元文化，又给大学生的文化认同教育带来了挑战。在全面深化改革的今天，教育者要进一步提升网络文化产品的供给能力，进一步提升大学生网络法制意识，促进从"他治"到"自治"的转变；要把握网络环境下文化认同的特征和规律，理性地权衡传统文化与现代文化，辩证地思考中国文化与西方文化，正确地对待文化的民族性与文化全球化发展，提升高校大学生的文化归属感，实现青年大学生对中国特色社会主义文化的认同与自信②。

三、公共危机事件中境外媒体网络谣言的治理

网络谣言是互联网研究领域的一个重大问题。随着移动互联网的迅猛发展，互联网成为改变全球政治、经济、文化最重要的工具，为全世界人民带来了巨大的便利。但是，互联网自身的特征也使得谣言呈现出传播速度更快、覆

---

① 冯刚. 思想政治教育创新发展的四个着力点 [J]. 教学与研究，2017（1）：23-29.
② 此部分作者发表于《学校党建与思想教育》2018年第3期，原标题为《网络时代大学生文化认同的特点及应对策略》。

盖面更广、危害性更大、更容易引发社会恐慌的局面。

（一）公共危机事件中境外媒体网络谣言的特点

国内有学者认为，网络谣言就是通过计算机互联网络产生或者传播的谣言，其在本质上也是谣言，区别于一般谣言的最主要特点是其传播途径由口头传播变为网络文字或者多媒体信息传播[①]。对于网络谣言的表述虽有不同，但其中的关键词却存在一定共性，即互联网、传播、未证实、信息。公共危机事件中的境外媒体网络谣言具有以下特征。

1. 即时性更高

谣言的传播与事件的模糊性呈正相关。事件的模糊性指的是事件发生后信息的流通量和受众对于信息获知的需求之间不对等的一种状态。在公共危机事件发生后，公众有大量的疑惑、不安的情绪，急需获取大量的详细信息，以消除不稳定的情绪，正如有学者指出的"信息是用来消除不确定性的东西"[②]。而国外的部分媒体，在面对重大事件时，迅速地利用信息不对称以及中国民众对信息的渴求，浑水摸鱼，迅速散布各种各样的谣言，抓住公众眼球，迷惑、欺骗公众。

2. 覆盖面更广

在时间上，境外媒体炮制的谣言会第一时间提供信息输出，最迅速地进行传播；在空间上，境外媒体炮制的谣言覆盖的受众更广。一方面是长期、专职的造谣"大 V"深谙谣言传播机理，谣言内容往往与大多数民众的切身利益相关，从而吸引大多数的民众观看；另一方面，炮制谣言的媒体之间，会互相进行转发并发表补充性的评论，甚至在中国的社交媒体上培植网络"大 V"进行转发评论，形成多空间、聚集性多媒体的联动。境外媒体在扩大受众数量的同时，降低受众对于谣言内容的警惕性，从而导致网民误信，产生影响社会稳定、扭曲社会心态、妨碍公平正义等行为。

---

① 邓国峰，唐贵伍. 网络谣言传播及其社会影响研究 [J]. 求索，2005（10）：92-94.

② 牛佳佳. 突发事件中的网络谣言传播：以九寨沟地震为例 [J]. 新闻研究导刊，2017，8（18）：68-69.

3. 煽动性更强

在境外媒体炮制的谣言里，造谣者会针对事件的态势和网民关注的热点灵活应变，转换重点，煽动性更强。造谣的着眼点，一是会针对民众最关心的热点进行造谣，信息往往都涉及民众的切身利益，引发民众的情绪；二是常会用内幕消息、模棱两可的内容，用貌似重大机密的方式勾起民众的兴趣。因为是凭空捏造，谣言内容往往更加夸张、不可思议，更能抓住人们的眼球、刺激人们的神经。在谣言的传播过程中，如果造谣效果不够理想，没有达到预期的混乱效果，境外媒体会不断地翻新包装出新的谣言，并再次在各大社交和舆论媒体中掀起波澜。

4. 传播性更强

在境外媒体炮制的谣言中，除了网络即时性更强、覆盖面更广、煽动性更强带来的强传播效果之外，还有几方面助推了更强的传播性。一是谣言形式多样，有看似铁证但完全没有出处的文字、图片、录音、视频，以大家喜闻乐见的话语形式、符合大众情感需求的述说方式，综合利用各种载体进行大肆传播。二是信息会具备"有用性"，让受众出于关心家人、朋友的心理进行转发，而忽略了对于信息真实性的考查。三是境外媒体与国内大型社交平台的无良自媒体无缝对接。研究发现，往往境外媒体发布了某种谣言，国内大型社交平台上的无良自媒体就会转发，更加直接地扩大了这些谣言在国内的影响。

（二）公共危机事件中境外媒体网络谣言的主要形式

1. 无中生有

在疫情防控的过程中，不断有境外媒体捏造各种信息、杜撰各种事件，借以扩大疫情在中国的严重性，人为制造各种恐慌，试图引起社会的动荡和骚乱。

2. 捕风捉影

在疫情爆发时期，民众的神经都特别敏感和脆弱，对于疫情信息有迫切的需求，这使得许多似是而非的信息得以广泛传播，这也是捕风捉影式谣言能够大行其道的重要原因。

3. 移花接木

移花接木是指把一种花木的枝条或嫩芽嫁接在另一种花木上，比喻暗中用手段更换人或事物来欺骗别人。比如，一件事情确有发生，但是事件的时间地点和解读都被进行了更换。又或者一个句子，在不同的情境理解有差别；一张图，在不同的视角和文字解释下有不同内涵；一个视频，安放在特定的时间和事件之下就有完全不同的效果。境外媒体在炮制谣言的过程中，对这一招用得非常熟练，最常见的就是"开局一张图，内容全靠编"。

4. 夸大其词

在疫情爆发后，常会有"惊天内幕"式的夸大其词式谣言，而这些夸大其词式的谣言往往结合看似可靠的来源进行传播，越夸张越有人相信。

5. 断章取义

现如今，随着互联网的普及，人们越来越相信证据，比如视频、图片，相信耳听为虚、眼见为实，而境外媒体正是利用这一点，通过对视频、讲话稿、图片的"断章取义"制造谣言，引起恐慌。

（三）应对公共危机事件中境外媒体网络谣言的策略

应对境外媒体炮制的网络谣言，与应对一般的网络谣言相比，有很大的差别。国内谣言处理的最大撒手锏是实施网络实名，明确网络谣言立法，但这对境外媒体是无效的，境外媒体游离在中国的法制之外，这也是他们如此肆无忌惮的根本原因。因此，境外媒体网络谣言需要政府更加有针对性、更加有效地进行应对和治理。

1. 充分准备，在公共危机事件爆发前做到有备无患

在境外媒体有组织的攻击之下，谣言在制造恐慌的同时，更会挤占信息通道、浪费公共资源，往往会造成中央、地方相关机构和权威媒体疲于应对，"造谣一张嘴，辟谣跑断腿"，因此，在重大事件爆发前或者在萌芽期政府应及时应对，做到有备无患。一方面，积极建立网络谣言预警机制。政府要深刻认识到谣言的破坏力，正视谣言给社会、民众可能造成的伤害，要总结过往的经验，

建立数据库，密切关注境外媒体的动向，预见重大事件发生可能产生的谣言，比如，对每次重大事件都会出现的造谣方要有提前的预警，要对公众获取信息的地点、媒介有清晰的公示，以实现正确引导民众的目的。政府要关心民众的日常生活问题，比如吃饭问题、出行问题有预判和建议，并对相应的问题有迅速的反应。另一方面，要建立专业的官方辟谣机构。政府应将谣言的防控上升到国家层面，要成立专门机构负责网络治理，引导民众以国家公布的权威信息为准，对任何编造不实信息并传播的行为，应予以坚决回击。要建立政府主导、机构配合、民众参与的辟谣模式，并且要在以往的过程中不断通过辟谣工作来树立权威，培养民众的阅读习惯，在对诱惑性引导、模棱两可信息、事件捉摸不透的时候，民众能够有地可查、有信息可信。此外，官方权威机构一定要对待发布的信息反复核实，要有理有据，从标题到内容再到表述都要严谨，同时不能轻易发布信息，一旦产生出现信任危机的事项，会极大地损害政府权威，影响民众对于官方权威机构的信任度，在重大事件中不利于帮助民众抵制网络谣言。治理谣言、管理互联网离不开公共教育，通过教育项目和社会项目提升民众的媒介素养和科学素养，是各国在谣言治理上的重要一步[①]。谣言的传播有一种现象，即民众因为一时考虑不慎会大量转发评论谣言，而当民众看到辟谣帖后，却不太会转发辟谣帖；还有一种现象就是部分网民对这些谣言嗤之以鼻，根本不屑于去驳斥，这就造成谣言往往易传播且有沉积作用，同样的谣言会一次又一次地出现。因此，政府要鼓励高水平、有知识的志愿者团体和社团，专门从事破除谣言和向社区邻里传播真相的工作，要鼓励学者、专家在传播面广的社交平台发声，抑制、解释谣言，微博、微信等用户众多的社交平台要成立专门的辟谣账号和辟谣平台，主动解释，通过大数据算法加大推送力度，以抑制谣言的扩散和传播。

2. 加强防备，在公共危机事件爆发期做到迅速响应

公共危机事件在爆发期的最大特点就是信息量会剧增，网络谣言极易趁乱混杂其中。因此，在事件的爆发期，需要多渠道、多途径地发布信息、开展工

---

① 张艳秋，王嘉培. 国外是如何治理网络谣言的 [J]. 理论导报，2013（9）：7-8.

作，减轻其对于重大事件应对的冲击和负担。首先，官方媒体主动即时公布信息。在重大事件爆发时，公众有迫切的信息需求，官方媒体要及时回应民众的关切，主动公开事件发生的实情，把事件的情况、处理过程、处理结果告知民众，通过新闻发布会、电视新闻、网站新闻等曝光事件的真相来降低谣言的攻击空间。当然，要注重维护官方媒体的公信力和权威性，对于发布的内容要慎之又慎，不然就会被境外媒体利用，成为新的造谣内容。其次，建立24小时工作机制，以"快"制"快"。对于重大事件谣言处理，政府要建立24小时工作机制。因为时差和国外自媒体有意为之，很多谣言都会在中国时间的深夜放出，而一到工作时间，谣言已经扩散开来，辟谣工作非常被动，造成的影响也无法挽回。在当今网络时代，政府需要在官方媒体之外，用好新媒体这一块"高地"，要以"快"制"快"，一旦网络谣言露头，就要进行打击，随时遏制网络谣言的传播。而且针对谣言不能够简单粗暴地删帖，要拿出说明、发出声音，通过对谣言进行信息披露，打脸造谣者。最后，在重大事件爆发时期，官方媒体一定要借助新媒体、自媒体的力量，开展合作性的行动，遏制和破解谣言传播，迅速纠错。

3. 总结善后，在公共危机事件后期做到主动出击

事件总有消弭的时候，但是事件的结束不代表谣言防御阻击的结束，事件过去的时候我们更加需要主动出击。首先，要及时总结事件过程中的谣言。这些谣言有一个特点，就是即便在这个重大事件中人们逐渐将它遗忘，但是到下一个重大事件时，这些谣言往往会再次出现，造成社会秩序混乱。因此，在重大事件过后，要有专门的网站，将这些谣言的传播及处理进行明确的公示，供人查询。其次，及时总结事件过程白皮书。政府要总结重大事件的谣言，同样要对谣言有更深层次的研究，要对谣言的发布者以及谣言的特点、内容、规律做到心中有数，并时刻进行监督，要对国内有意涉及转载、发布境外媒体谣言的账号进行永久的封禁，要对涉及捏造事实造成社会秩序混乱的机构和人员进行依法处置。再次，建立海外官方信息发布渠道。境外媒体之所以能够混淆视听，在国内无止境地造谣中国政府，一个很大的原因就在于国外的民众对于中

国认知的固化,他们并不了解真正的中国,他们看到的中国都是境外媒体丑化的或者是片面化的中国,因此,我们需要在网络空间走出去,建立官方的信息发布渠道,连同中国的媒体一起,对国内的最新变化、中华优秀传统文化进行积极的推广,主动发声,让大家感受到开放中国、进步中国的魅力。

一个谣言一旦被创造出来,就会被嵌入互联网知识世界,像病毒一样迅速地自我复制、传播、变异,就像从瓶子里放出来的魔鬼,任政府、科学家、杂志怎么声明、强调、以正视听,也再也收不回去了。对待谣言,我们需要时刻准备好,不仅要在谣言发生时重拳出击,同样要查明谣言产生的规律,构建完备的谣言预防机制,以防止谣言持续不断地污染人的心境、扰乱人的价值判断[①]。

四、以网络载体创新深化毕业生思想政治教育

在数据爆炸、大数据飞速发展的今天,毕业生不但要主动适应社会,更应该积极地挖掘、把握机遇。网络载体是毕业生思想政治教育与"大数据"联系最为紧密的环节和有力抓手,在"大数据"容量大、内在关联丰富、速度快、价值高等自身特点的影响下,毕业生思想政治教育的大量数据能够在网络载体上共享、提取、分析及应用,移动终端和物联网终端给予了网络载体更为强大的技术支持,庞大的数据也使得毕业生思想政治教育分析结果更为全面和科学。有效把握"大数据"背景下的网络载体是推动毕业生思想政治教育创新发展的重要途径。

(一)强化网络载体服务功能,实现毕业生思想政治教育寓教于乐

教育者要强化网络载体的服务功能,提升毕业生思想政治教育的成效,实现毕业生思想政治教育寓教于乐。

1. 毕业生网络载体的建设应强调扬长避短

与传统载体相比,网络载体在传播方式上更具交互性与平等性,信息内容

---

① 此部分作者发表于《学校党建与思想教育》2021年第21期,原标题为《公共危机事件中境外媒体网络谣言治理》。

上涵盖更多、覆盖更广，传播手段上更加的兼容并包，传播速度上更具时效性。但是，网络快捷的传播特点和庞杂的信息量，使网络载体往往不够严谨，数量多而质量差、可控性差，易导致服务功能大打折扣。毕业生网络载体建设应当建立有效管理机制，加强信息管理，形成统一的协同工作平台，完善和丰富网络载体服务功能，从而有效完成思想政治教育的目的。

2. 载体内容设计应强调满足求知欲

毕业生的思想政治教育网络载体主要使用角色为教师、学生、单位和家长，在网络载体的服务功能设计上，载体内容设置需要更合理，编排更加精细，更加贴近客观需求。载体框架应更具层次性，满足教师、学生、单位和家长使用诉求和使用习惯，只有满足了各种角色的教，才能谈及乐于接受和使用。

3. 载体技术手段使用要注重新颖性

毕业生思想政治教育网络载体需要借助现代科技，使载体的传播手段更丰富，教育者应利用计算机和大数据手段，为载体使用者自动概括、归纳、总结以及匹配数据，发挥人的优势和特征，调动人的主动性、积极性，在载体的展现形式上，满足喜闻乐见的原则。

4. 载体的展现形式应当紧跟受众要求

教育者要根据受众要求改变过去一味说理的刻板方式，用毕业生更喜欢听、更愿意听、更容易懂的话语体系来展示毕业生思想政治教育的内容，融合图片、视频、FLASH 等多种技术手段展示内容，突出生动性、趣味性，提高毕业生的兴趣和学习积极性。

（二）提高网络载体针对性，突出毕业生思想政治教育个性定制

在大数据时代的毕业生思想政治教育实际沟通中，思想政治教育的网络载体不应该仅限于日常的沟通交流，而应致力于善用大数据，围绕毕业生思想政治教育的内容，提高毕业生思想政治教育的精准性，有效提升毕业生思想政治教育的针对性。

1. 基于大数据通过网络载体的有效运用，在宽度和深度上能够更加全面及时、深入有效地了解学生

学生的宽度是指大数据时代下网络载体需要全面及时了解毕业生群体整个毕业季的思想动态。根据毕业生所处的时期不同，毕业生思想政治教育内容应全面覆盖、突出重点，教育者应当发布毕业生在特定时期、特定阶段感兴趣的相关内容，根据学生阅读、收藏、留言回复的大数据进行分析，在毕业季进程中有预见性地提供就业宣讲信息，简历制作，面试指导，就业、考研、出国经验谈，手续派遣，离校教育等内容指导，从而提高毕业生思想政治教育内容的针对性。学生的深度是指大数据时代下通过技术手段，教育者能够深入有效了解某一群或者某一名毕业生，对他们感兴趣、有疑惑、学习生活密切相关的问题进行互动交流，为某一群或者某一名毕业生提供"定制化"的思想政治教育引导，有针对性地解决问题。

2. 将大数据运用在教育过程的互动和交流上，优化升级、灵活调控教育过程

在教育过程中，应利用网络载体加强教育者与毕业生的互动交流，并通过互动交流进行反馈。教育者要运用大数据技术挖掘毕业生信息，分析毕业生相关情况，有针对性地调整毕业生思想政治环境设计、教育内容安排、教育方法选择，根据毕业生不同特点，及时开展有针对性的"定制化"思想政治教育工作，实现诸如通过同学们对岗位的收藏、投递简历情况能够分析出单位的受欢迎情况，甚至能对有意向参与此单位招聘的学生的成绩、综合素质、地域等进行详尽的分析，从而采取更为精准化的指导。而通过留言中的各类问题，教育者即时反馈，针对不同的问题进行分类解答，能够给每一个毕业生提供需要的信息。

（三）增强网络载体时效性，推动毕业生思想政治教育内容与时俱进

面对当今时代信息复杂繁多，热点问题、焦点问题和疑难问题层出不穷的特点，大数据时代的网络载体应从培养教育者、紧跟思想政治教育内容和构建良性互动机制三个方面着手，增强毕业生思想政治教育时效性。

1. 培养教育者，是增强毕业生思想政治教育工作时效性的根本保证

推进毕业生思想政治教育内容与时俱进，"需要一批具有较高政治理论水平、熟悉思政工作规律、掌握网络文化特点的人员队伍"①。面对毕业生网络思想政治教育者缺乏的局面，学校应当加强网络思想政治教育队伍建设，壮大思想政治教育者群体，通过统一组织培训，及时分析就业资讯、解读就业政策，通过线上的评论引导和线下的咨询沟通，对毕业生的思想行为产生潜移默化的影响，同时锻炼思想政治教育人才队伍，切实为推动毕业生思想政治教育内容与时俱进提供队伍基础和人才保证。

2. 紧跟思想政治教育内容，是增强毕业生思想政治教育时效性的根本举措

根据受众的差异，思想政治教育的内容也会有所不同，针对毕业生思想政治教育内容的时效性而言，高校应该重点关注新时期、新形势、新政策下毕业生的就业去向和成长发展的新问题、热点问题，以时代感强、新鲜有力的内容作为毕业生思想政治教育内容的素材，以接地气的语言风格，在提供全面资讯的同时，引领毕业生思想政治教育的方向。

3. 构建良性互动机制，是增强毕业生思想政治教育时效性的重要保障

网络载体良性互动机制的建立，主要包括三个步骤：第一个步骤是教育者树立大数据意识，顺应时代要求，转变思维方式，掌握大数据的相关知识，这是良性互动机制建立的前提；第二个步骤是教育者熟悉大数据基本原理和运行方式，在数据挖掘基础上进行分析研究，这是良性互动机制建立的条件；第三个步骤是大数据下良性互动机制的运用，教育者在网络载体完成大数据搜集之后，将数据进行可视化处理，方便对大数据所反映的情况一目了然，在此基础上，迅速做出反应，"网上舆论的引导必须注重信息的及时反馈，从而争取主动"②。教育者应及时开展相关教育，最终实现"教育者发布内容—毕业生反馈—教育者再引导"这种有来有回的"乒乓式"良性循环，增强毕业生思想政

---

① 冯刚. 创新网络思想政治教育的几点思考 [J]. 学校党建与思想教育，2014（5）：4-6.
② 冯刚. 关于做好高校网上宣传和舆论引导工作的思考 [J]. 学校党建与思想教育，2005（5）：15-18.

治教育内容的时效性。

（四）强调网络载体主体性作用，落实毕业生思想政治教育以人为本

在网络载体上实践毕业生思想政治教育工作的过程中，高校需要坚持"以毕业生为本"的原则，充分发挥毕业生思想政治教育者性。

首先，在当今社会，学生具备较强的自主与独立意识，更加注重个性表达和自我价值的实现。与此同时，网络载体的出现，丰富了毕业生与教育者、毕业生与毕业生、毕业生与外界社会互动的技术手段，为毕业生表达自己的诉求提供了机会和平台。在毕业生的思想政治教育网络载体当中，要牢记"以人为本"原则，改变过去强制和单向的灌输，高校应通过各种途径激励毕业生表达自己的兴趣和见解。毕业生通过网络载体阅读文章、查看通知、发起讨论的过程中，一旦有兴趣、有疑问、有想法，都可以立即通过网络载体与教育者沟通、与毕业生交流、向他人表达自己的看法和意见，达到思想政治教育工作的"我说你思""你思你说"和"你说他议"的状态，使得整个思想教育活动呈现出独立自主、积极主动和富有创造力的状态。

其次，对于毕业生来说，了解思想政治教育内容并不是最终目的，高校通过让毕业生了解思想政治教育内容，增强毕业生思想政治教育内容的认同度，增强毕业生的思想政治教育者性才是目的所在。通过网络载体的有效运用，丰富毕业生思想政治教育内容的传播路径，从而实现毕业生对于思想政治教育内容的认同，使毕业生对于思想政治教育行为采取积极、配合的态度，克服知行不一的问题，自愿理解和自行接受毕业生的行为规范和道德原则，自觉接受和认同自身利益与社会利益的根本一致性。最终随着社会的发展，进一步增强毕业生的主体性。

（五）网络载体的创新实践——以华北电力大学就业信息平台为例

华北电力大学不断创新了"三位一体"就业平台，优化了载体体系，完善了服务框架，全面提升了就业服务质量和毕业生思想政治教育水平，为新时期大数据在毕业生网络载体的运用提供了一种现实视角。

1. 合理优化信息平台内容服务体系，毕业生思想政治教育工作质量有抓手

华北电力大学就业指导中心切实加强网络载体建设，全面打造就业网站、就业微信平台、就业 App"三位一体"的就业信息平台，科学设计网络载体服务功能，有效整合网页、微信、App 网络资源，形成统一的协同工作平台，占领毕业生思想政治教育的制高点。完善就业官方网站的建设，传达官方权威声音，建设和完善学生端、企业端、教师端等就业功能，将网站的全面性、权威性和便利性融为一体。大力发展就业微信平台，增强其影响力和控制力，建设"就业印象""就业嘚吧嘚""我是华电人"和"说再见之前"等一系列融思想性、实用性、趣味性、服务性于一体的教育引导类版块，引导毕业生积极参与、相互影响，发挥毕业生主观能动性，积极开展毕业生思想政治教育。开发就业 App，突出就业工作的精准化和个性化，以图片、视频、FLASH 等多种手段扩大毕业生思想政治教育的影响范围，以耳目一新的技术手段、喜闻乐见的形式展示毕业生思想政治教育的内涵，保证毕业生思想政治教育的时效性和精准性，积极开展毕业生网络思想政治教育。

2. 全面升级专业化服务平台，毕业生思想政治教育时效性有保障

学校应用最新的云计算和移动互联网技术，全面升级就业信息化服务系统，有序推进毕业生思想政治教育与时俱进。一是网站、微信平台、App 三个平台相辅相成，整合了不同来源的数据，满足了不同用户的需求和使用习惯，在毕业生思想政治教育中实现了路径信息化、渠道多元化的工作目标，保障毕业生思想政治教育渠道顺畅。二是整合信息高度系统化，通过就业信息平台，学校合理规划布局，全方位促进学生、企业、指导教师用户与平台的交互体验，且实现了各个角色之间的功能交互，如单位发布一条招聘信息，学生可在线一键申请将简历投递给该公司，教师可在后台查看并统计收藏或申请该职位的学生人数与姓名，而校友方面可以在毕业去向查询系统中查阅本校各届学生的毕业去向。多渠道同时反馈毕业生的信息需求，以保障思想政治教育工作的时效性。三是根据平台数据及时反馈，随时调整发布内容，对学生的讨论、想法、诉求进行即时反馈，满足学生参与热点问题的讨论，给予毕业生表达自己的观

点和意见的平台和机会。

3. 大力拓展信息平台个性化服务内容，毕业生思想政治教育工作有内涵

华北电力大学就业信息平台打造多移动终端定制服务，为学生提供就业全程覆盖和职业规划的个性化指导。个性化方面，在日常消息通知上，推送内容既能发布给一个年级、一个班，也可以定点推送给某一个同学。而且就业信息平台真正实现了求职信息自动匹配与个性化推送。在 App 的学习模块中，学生经过对职业体验的测评，能够根据自己的测试报告选取不同的学习内容，教师也可以根据学生的测评结果推荐不同的指导课。同时，信息平台系统完善了数据统计，支持各项工作精细化管理，实现数据统计到育人工作无缝对接。通过学生求职申请次数与行业选择等情况，精准掌握学生就业状态，有助于相关老师跟进与辅导。通过平台的建设，学校能够将就业相关、思想政治教育相关 MOOC 课程等内容集中于 App 之上，扩大思想政治教育的范围，保障思想政治教育的精准发力[①]。

---

① 该部分内容，笔者以《大数据视域下以网络载体创新推动毕业生思想政治教育研究》为题发表于《学校党建与思想教育》2017年第2期。

结　　语

网络育人是思想政治教育的重要渠道，同时也是其他育人方式的工具和重要补充，在新时代思想政治教育、特别是在高校思想政治教育当中扮演着重要角色。新时代高校网络育人研究，强调思想政治教育实践中人这个要素的重要性，尊重网络环境下学生的特点和成长规律，只有充分了解网络环境下成长的学生，才能在网络环境下以"随风潜入夜，润物细无声"的方式不断提升教育效果，使得教育者能够在教育过程中更具针对性、更具时效性，也更有成效。

高校网络育人是新时代思想政治教育创新发展的重要着力点。首先，高校网络育人的理论蕴涵和实践规律，在提升思想政治教育发展内生动力方面，有着不可忽视的重要作用。思想政治教育，是一种意义非凡的理论和实践形式，若是想要提升思想政治教育的内生动力，就必须要针对其理论知识进行深入研究，丰富思想政治教育的实践，深入探索"网络育人"这一育人方法的创新发展，这正是网络育人所要解决的主要问题。其次，高校网络育人有助于将育人实践落细、落小、落实。网络育人的突出效用主要体现在，如今高校思想政治教育研究中已经从某种程度上达成了共识，但是，如果要突出地发挥网络育人的显著作用，就需要深入地探究这种方式转换为具体可操作的途径和方法，特别是与其他育人方式的补充、融合，高校网络育人作为思想政治教育的一个方式和工具，正是实现育人实践的积极探索。最后，高校网络育人也彰显了思想政治教育的育人力量。高校思想政治教育作为塑造当代青年价值观的重要形式，需要客观分析互联网青年学生思想特点、文化模式和行为逻辑，高校网络育人正是思想政治教育"内化于心、外化于行"的重要助力。

本书的完成不代表该研究问题的结束，网络育人作为思想政治教育相关研究方向中相对新的研究领域，包含着深厚的理论命题，涵盖着诸多实践探索，本书作为一项尝试性、基础性的研究，仍然存在着许多问题，需要进一步思考与探索。首先，网络育人的基础理论仍需深化。网络育人的相关研究可以说是交叉学科的研究典范，其包含着哲学、心理学等众多学科，网络育人问题在上述多种学科中所体现出来的一般性以及特殊性，均需要我们进行更加深入的探寻和完善。其次，新时代高校网络育人不单单是理论研究的范畴，更是一项值得深究的实践领域的重要问题，它作为由国外传入国内，再融入中国特色社会主义高校思想政治教育的育人方式，探寻了不同时期、不同方式的网络育人实践，对于深化网络育人认识、把握网络育人规律是十分重要的，对于其他育人形式也是极好的补充。最后，新时代高校网络育人应用广泛，从高校网络育人中研究的规律和特点，同样能够应用到不同的场域，比如企业中的网络育人、军队中的网络育人、中小学中的网络育人等等，同样值得深入探讨。

本书最后的修改时期，正值新冠肺炎在中国以及全球蔓延。从这次世界级的公共卫生事件中，我们看到了高校网络育人的研究前景和实践的迫切需要。首先是新时代高校网络育人要防范重大灾害事件中的谣言传播。疫情防控期间，国外媒体不断持续性地、有预谋地爆出了各种各样的谣言，并且通过网络媒体进入国内，给国内民众造成了很大的心理负担和持续的社会恶劣影响，研究这些网络谣言的特征、方式及应对，应是高校网络育人的重要内容。其次，新时代高校网络育人研究应该关注大学生成熟成长的方式方法研究，疫情防控期间，高校的课堂教学与学校日常思想政治教育管理工作都在借助网络的手段进行，如何通过网络软硬件的建设更及时、更全面、更有效地开展各项工作意义重大。最后，新时代高校网络育人研究应当关注公共卫生事件防控的舆情应对方式方法，疫情防控期间的信息发布、新闻宣传等都需要以"人"为核心，要基于互联网时代人们的思想特点和行为方式转变思维、行为和语言方式。鉴于笔者能力和时间有限，上述提及的问题，留待日后与学界各位学者和实务工作者共同探讨。

后　记

　　目前的这本书是我在博士论文基础上，结合最近几年的思考完成的。2020年我博士毕业时，写下了这一篇致谢，算是内心的肺腑之言，今日读来仍觉激情满满。贴出来，与大家共勉。

　　从备考中国人民大学马克思主义学院思想政治教育博士，到成为中国人民大学博士毕业生，已经过去整整五年的时间。

　　回顾这五年：

　　有很多早起，很多夜归，很多辗转反侧，很多头发离我而去。

　　有很多思考，很多感悟，很多绞尽脑汁，很多收获收入囊中。

　　五年来，我逐渐向后撤退的发际线，零星到聚集的白头发，不用抬头就远远可见的抬头纹，他们共同见证了我的收获，收获了成熟、感情、经历、知识和思考。

　　最重要的是我收获了克服恐惧的勇气，收获了面对新事物、新挑战、新问题的那一丝淡定和"不怕"。

　　记得收到人大博士录取通知书的那个晚上，在办公室兴奋又忐忑，兴奋能成为人大的博士生，害怕不能很好的完成博士学业，当时，博士表哥袁顺波劝慰我一句话：

　　"读博最难的不是毕业论文，也不是小论文，而是克服自身对于读博的恐惧。"

　　现在想想，何止是读博士呢？

　　曾几何时，我们内心的小火苗，思想的小悸动，头脑中的小灵光，多数因为恐惧，因为怕"出丑"，怕"不行"，怕"丢人"，最后成了自身行动的小退却。

从人大毕业，我会带着这份收获前行，不管大的小的梦想，不管多困难凶险的前路，我都希望自己不会身未动而心生恐惧，不会用"算了吧""没必要""就那样吧"安慰自己，"亮剑"而行，不一定成功，但不给自己说"如果当初"的机会。

在这条克服恐惧的路上，有很多人和事给了我打怪升级的武器和帮助，在此一并梳理，致以我最崇高的敬意。

要感谢我的导师——冯刚先生。

我觉得老师"颠覆"了我的三观，原来人生观可以有"远近通达道，进退过逍遥"这般平和豁达；世界观应该是"世界眼光、中国情怀、时代特征"般宏大；价值观是"路漫漫其修远兮，吾将上下而求索"般简约而不简单。

冯唐在《成事》里面说：如果只记住曾国藩的一句话，那就记"大处着眼，小处着手"，我觉得老师完美地践行了这一句话，高瞻远瞩又事无巨细，知识渊博又脚踏实地，治学严谨还朴实可亲。

在学习上，老师会根据我的长处和经历，挖掘我的兴趣，尊重我的想法，在学问研究和选题上，不固化，不僵化，让我满山撒野，又帮我在悬崖边树立屏障。回想老师给我指导论文的场景，有刚下飞机拖着皮箱来给我指导的身影，有在医院外麦当劳店看我论文的模样，有在讲座的间隙给我提意见的片段，有中秋请我们吃饭的桌上教授的印象，有在北师大遛弯时给我提醒的瞬间……

在生活中，老师也会时刻关注我的变化，遇到挫折了，怕我灰心会鼓励，取得点成绩，怕我飘了会敲打，经常会提醒我工作中去总结实践、提升理论，要用理论去指导、改进实践，真正是操碎了心式的360度全方位无死角指导。

感念、感激、感动、感谢。

要谢谢刘建军老师，大家对刘老师的评价是：一个有魅力的学术大家，只要讨论学术，就能感觉刘老师沉浸在学术当中，很享受、很快乐，全身散发着魅力。我向刘老师请教过三个问题，算是我心目中的学术三问。"一篇上万字的论文，您是咋写出来的？"刘老师答："先写二百字。""写出来后，感觉写得不好，怎么办？""改。""改完之后，还是对文章没有自信怎么办？""投稿，继续修改，直到印成铅字，看着就自信了。"大道至简，克服恐惧的方法就是正面的、直接刚。

要谢谢王易老师，她教会我，克服恐惧最重要的是要真诚。做学问要真诚，做人要真诚，万事皆可处之泰然，有一回学术讲座，做完主持的王老师，就侧身坐在地上听讲座，被学生拍照片，疯转，王老师表示：这是咋了，不是很正常吗？我老婆一直收藏着这张照片，她说大了给孩子看，因为这照片能生动地回答，人为什么要读书？读书能让你在任何环境下，都能够气自华，能让你美，能让你优雅，能让你闪着光。

要谢谢邱吉老师，她教会我克服恐惧的方法是要实践，脚踏实地的调研与考察，能让学术更踏实。如果对一个理论无法领悟，对一件事情无法判断，就要去实践中探索和找寻，大到一个理论，小到一碗麻辣烫，都应该，都可以联系实践，回归实践，嗯，听完邱老师的课，再眼馋街边的麻辣烫，我也能默默走开。

感谢我的师兄，现任北京师范大学老师的王振，克服恐惧需要一个优秀的榜样。从头发的多少和发际线的位置就能看出来，师兄是一个踏实做学问的人。可令人生气的是，他不但学问做得好，酒量、人品、见识也都是需要我抬头仰望的，就连消解忧愁的方式都是边酒边弹边歌唱，如此高级。高级知识分子的生活，就是这么多姿多彩且丰富。

感谢中国人民大学，这是我儿时梦想中的大学，是高中偷偷写在笔记本上的学校，而如今能够成为人大的一分子，我知道自己的幸运大过我的实力，但人大的严谨的治学精神、深厚的文化底蕴给了我学习的压力、进步的动力，也给我克服恐惧、自信满满的勇气，我想我也会继续学习，不负人大的盛名。

感谢华电的领导，你们的关心、支持是我努力的动力，知道有优秀的你们在身边，随时可以请教、可以寻求帮助亦是我勇敢尝试的底气。

要感谢我自己，感谢自己的"无知无畏"。我是个反应迟钝，不擅长分析利弊的人，骨子里是典型湖南人的文化性格，说得好听点叫敢想敢做，说得难听点就是莽撞。我当辅导员时写了本书，直接找上了时任思政司司长的冯刚老师，后来闲暇时聊起，我说老师，当时的我好像有点突兀，老师笑笑说：可以把"好像"去掉。

后来我冲着冯刚老师报考中国人民大学，报了就认真复习，认真备考，没查过历年分数，也没纠结报考人数多少、录取比例高低，甚至不知道博士考试是可以报考多所学校，一心一用，一心一意，倒也成全了自己的梦想。

要谢谢我老婆，她总在我恐惧的时候陪伴在我身边，默默地"心大"支持。她是个神奇的女孩，住在出租隔间，她嫁；遇到挫折困难，她不尴尬，还能让我觉得云淡风轻，不过如此。我说开车剐蹭到人，她说"啊，那你回来吃晚饭吗？"我说"要不我们出去玩一趟吧"，半小时后就能收到一份翔实的玩耍攻略。

她以物喜、以己悲，但来得快，去得快，万事穿肠过，平常心中留，充实、清醒、自足快乐，注定是要长命百岁的人。可就是这么"心大"的老婆，却在我攻读博士期间，无条件地支持我，搞定两个"狗都嫌"年纪的儿子，照顾家里，让我的大后方固若金汤。

感谢我的爸妈、我的岳父。我有两个儿子，一个五岁半，一个二岁半，按最新的家庭等级划分，我属于最最底层的那一类，可是我还能有余力来学习、锻炼、认真较劲，我的家人给了我最大的支持。记得有一天晚上，老大老二齐拉肚，老二症状轻，我爸在家给他按摩，老婆奔波买药，我和妈妈在医院陪老大输液，妈妈握着我大儿子的手，靠在病床睡着了，那一刻我知道，欠父母的，这辈子都还不清了。

要感谢华电的任艺同学，我从她身上学到克服恐惧需要周详的计划，明确的目标和极致自律、持之以恒的执行，并且不要给自己找任何的借口。我时常会想起她文章里写过的一句话："为了能在周末做我喜欢的事情，我愿意周一到周五学习到深夜两点。"她让我明白，如果你想达到一个目标，比如你决定每天要锻炼两个小时，就不要说"加班、忙，身体痛"，你可以"早上练、中午练、晚上练，加班后练"。

要感谢我的健身教练，他让我明白克服恐惧的方式需要突破自己的思维模式，对自己狠一点。刚运动时，健身教练问我，你速度6，坡度20，能走多久？我说最多20分钟，他说，好，走一个小时。我说我会死，他说你不会的。后来聊天，他说他的梦想是当健美冠军，我说你够疯狂的啊！他说你呢，我说我想考中国人民大学的博士。他说，你刚才说我什么来着？是的，现在我博士毕业了，而他2年拿下了七个健美冠军。

要谢谢就业小伙伴们，谢谢靖、思宇、佩宏、丁宁、博阳，李健、一飞、韩晖，谢谢你们对我的支持，在那些个备考、刚论文的、加班的深夜，谢谢大家的分担和烧烤，毕竟没有忧愁和烦恼是一顿烧烤解决不了的。

感谢我"善小"组织的小伙伴们，这里有我的好友陈强、贾彦龙、桂维振、徐强烈，我的学生王吉亚、刘吉昀、王俐、郝晨耕、王宇、崔婧，我的同学李远茂。我们一块向这个世界传递了一份小小的善意，你们告诉我，网络育人，就是我们可以从未谋面，却能够一块做一件小小的善事，"勿以善小而不为"，有一分，做一分，能做一分，是一分，贡献绵薄之力，让这个世界美好一点点。

安于规，一生安稳，创新轨，一生颠簸。都是人生的活法，并无优劣之分。在我的理解中，如果想做一件事情，给自己五年的时间，再将事情分成几个阶段，一点点学习，一点点实践，一步步向目标靠近。成功或失败，传世的作品或者仅仅是过程中的微笑，星光夺目或者寂寂无闻，我都会由衷地开心，爱意满满地奔波好过碌碌无为地待着。

"我愿意不断地面对恐惧，克服恐惧，做内心不断有惊有喜的小鲜肉。"

老婆经过，说："老腊肉。"

今天下午接到一个电话，说："先生，想不想提升学历？本科也是可以的。"

我说："不用了，我是博士，中国人民大学的博士。"

她说："真的啊，恭喜你哦。"

我说："谢谢，你也要加油。"

大家都好好加油！